WANGLUO FANZUI JIBEN YUANLI

网络犯罪基本原理

刘耀彬◎著

中国政法大学出版社

2022·北京

图书在版编目（ＣＩＰ）数据

网络犯罪基本原理/刘耀彬著. —北京:中国政法大学出版社,2022.12
ISBN 978-7-5764-0850-8

Ⅰ.①网⋯ Ⅱ.①刘⋯ Ⅲ.①互联网络－计算机犯罪－研究 Ⅳ.①D917.7

中国版本图书馆 CIP 数据核字(2023)第 039052 号

出 版 者　　中国政法大学出版社

地　　址　　北京市海淀区西土城路 25 号

邮寄地址　　北京 100088 信箱 8034 分箱　邮编 100088

网　　址　　http://www.cuplpress.com (网络实名：中国政法大学出版社)

电　　话　　010-58908586(编辑部) 58908334(邮购部)

编辑邮箱　　zhengfadch@126.com

承　　印　　北京旺都印务有限公司

开　　本　　720mm×960mm　　1/16

印　　张　　13.25

字　　数　　220 千字

版　　次　　2022 年 12 月第 1 版

印　　次　　2022 年 12 月第 1 次印刷

定　　价　　59.00 元

前言 // Preface

记得中国有一首最短的诗，诗名是《生活》，而全诗仅有一个字：网。该诗创作于互联网发达之前，用比喻的说法形容人类生活的困顿逼仄。如今的人们，既生活在现实的世俗社会，依然如"网"一般，又生活在一张网之中，那就是互联网。如同人人都要经历白天和黑夜，我们每天都在现实和网络之间来回穿梭，俨然生活在一个"双层社会"。网络如此重要，社会的所有领域已经离不开网络了。信息技术和互联网的迅猛发展给人类社会带来巨大的变革和便利，我们都受惠于此，但同时网络也是一柄双刃剑，汹涌而至的网络犯罪也给社会秩序带来了巨大的冲击。网络犯罪是在传统犯罪与网络因素结合下催生出的不同于传统犯罪的新型犯罪，其形式和手段都很多样化，一定程度上冲击和挑战着传统刑法理论。由于网络具有即时性、延展性、虚拟性、跨区域性、高智能性等特点，过去传统的犯罪网络化后不仅危害性会大大增加，而且也为网络犯罪的侦查带来了困难。随着网络技术的广泛应用，网络犯罪将会愈演愈烈，新型疑难案件也会层出不穷。面对日益多发的网络犯罪，作为社会治理的一种强有力的手段，刑法虽然只是其他法律的后盾和保障，但必须挺身而出作出回应以打击预防网络犯罪。为此，我国通过制定《国家安全法》[1]《网络安全法》《互联网信息服务管理办法》《刑法修正案（七）》和《刑法修正案（九）》以及一系列司法解释初步构建了规制网络犯罪的法律体系。但是，因为立法主体多元、法律层级不一、立法准备不足、概念范畴模糊、定量因素随意等诸多原因，可能会产生法律之间多有冲突、理论界和司法界对法律理解不一、立法不足和立法过剩同时并存等问题，也给网络犯罪的司法实践带来了困惑和挑战。所以，虽然关于网络犯罪的研究已有很

---

[1] 《国家安全法》，即《中华人民共和国国家安全法》。为表述方便，本书中涉及我国法律文件直接使用简称，省去"中华人民共和国"字样，全书统一，后不赘述。

多成果，但仍有进一步探讨研究的必要。

从技术上来看，先有计算机后有连接计算机的网络，然后再发展出互联网。与此对应，先有针对计算机的犯罪，然后是针对网络的犯罪或利用网络进行的犯罪，后来形成网络空间后，又产生了网络空间里的犯罪。计算机犯罪被网络犯罪所取代，已是大势所趋。一般把网络犯罪分为三种类型：一是以网络为对象的网络犯罪，二是以网络为工具的犯罪，三是网络空间中发生的犯罪。本书着重探讨以下问题：一是对我国网络犯罪的立法进行检视。不可否认的是，随着各国刑事立法的活性化，我国的犯罪圈也逐步扩大。体现在网络犯罪中，就是增加了数个新的罪名，其趋势是网络犯罪共犯行为的正犯化和网络犯罪预备行为的实行化。但是需要注意的是，打击网络犯罪不能一味地采取严打政策，而是应该宽严相济，既要注重网络自由与网络秩序的平衡，也要把握刑法谦抑与刑法扩张的平衡。二是对网络犯罪司法解释的梳理和反思。司法解释是刑事立法的重要补充，甚至可以说，在司法实践中，司法解释比刑事立法更加重要。司法解释的合理与否，关系到一个行为的罪与非罪、此罪与彼罪。比如，把网络谣言认定为寻衅滋事罪，在理论上存在很大争议。在网络犯罪已经大大扩张的背景下，司法解释宜采取严格解释的方法，以防止刑法的恣意扩张，体现刑法的最后保障性。三是对网络犯罪中的常见罪名进行教义学分析。在刑法涉网络的犯罪罪名中，拒不履行信息网络安全管理义务罪、非法利用信息网络罪和帮助信息网络犯罪活动罪是为网络犯罪量身定做的，笔者称之为纯正的网络犯罪。其他涉网络犯罪，笔者称之为不纯正网络犯罪，包括：①以网络为对象的犯罪。主要包括非法侵入计算机信息系统罪，非法获取计算机信息系统数据、非法控制计算机信息系统罪和破坏计算机信息系统罪。②以网络为工具的犯罪。主要有网络财产犯罪、网络集资诈骗、网络赌博、网络恐怖主义犯罪等。③在网络空间中的犯罪。主要有制造网络谣言构成的寻衅滋事罪以及利用网络进行的侮辱诽谤等。四是探讨网络服务提供者的刑事责任承担。网络服务提供者可以分为网络接入服务提供者、网络平台服务提供者、网络内容及产品服务提供者。网络服务提供者的义务主要是协助执法、内容信息监管和用户数据保护。但是违反这些义务应该承担什么责任，国内外有所不同。外国网络服务提供者违反管理义务的法律责任主要是民事责任和行政责任，而我国则可以构成拒不履行信息网络安全管理义务罪。不同的网络服务提供者承担的义务不同，其责任也应该不同。网络中立帮助行为是否具有可罚性也值得探讨。五是对新型疑难的网络犯罪进行分析。网络技术的发展突飞猛进，同时新型网络犯罪也层出不穷。比如刷单和反向刷单、贩卖 VPN 翻墙软件、网络爬虫、深度链接、偷换二维码、微信群抢红包、抢劫网络游戏账号、网络 PUA 教唆致人自杀等。这些行为是否构成犯罪，构成何罪也是值得探讨的。

本书是《网络与人工智能法基础理论研究》文库之一，受到中央高校基本科研业务费专项资金资助，课题号为 No. NR2020026（supported by "the Fundamental Research Funds for the Central Universities"，NO. NR2020026）。感谢文库负责人王炳教授的组织、策划、督促和指导。感谢我的研究生胡晗辉、高彦锋、赵茜等同学的帮助和贡献。

目 录//Contents

第一章
网络犯罪概述

第一节　网络犯罪的概念

一、网络犯罪的现状

随着计算机网络技术以及人工智能技术的飞速发展，人们的生活方式得以极大的改变，可谓和前计算机网络时代的生活方式有着天壤之别。现在的社会由现实的物理社会和虚拟的网络社会叠加构成，"信息网络不再限于单纯的信息媒介，而是已经成为公众不可或缺的生活平台，成为人们日常活动的第二空间。可以说，网络空间与现实空间正在逐步走向交叉融合，双层社会逐步形成"。[1]如同日月更换，寒暑交替，人们在双层社会中来往穿梭，人类的工作学习和生活已经须臾离不开网络。不管是主动入网，还是被动地被网进网络空间，整个世界都被一网打尽，那些"漏网之鱼"也几乎成为世界的弃儿。[2]网络社会产生以后，以前发生在现实物理世界的犯罪大都可以在网络实施，实现了犯罪网络化，网络犯罪日益猖獗，犯罪数量呈井喷态势。最高人民法院官网上的《司法大数据专题报告之网络犯罪特点和趋势（2016.1-2018.12）》显示：2016 年至 2018 年，全国各级法院一审审结的网络犯罪案件共计 4.8 万余件，在全部刑事案件总量中的占比为 1.54%，案件量和占比均呈逐年上升趋势。2016 年网络犯罪案件占当年刑事案件的 1.15%；2017 年案件量同比上升 32.58%，占比上升 0.24 个百分点；2018 年案件显著增加，同

---

〔1〕　于冲：《网络刑法的体系构建》，中国法制出版社 2016 年版，第 19 页。

〔2〕　这些弃儿往往是文盲或老年人，他们没有网络，没有智能手机，在当今社会寸步难行。他们打车难、医疗预约难、网上购物难，尤其在疫情期间，更是难上加难，甚至发生令人唏嘘的悲剧。

比升幅为 50.91%，占比继续上升 0.63 个百分点。[1]从中可以看出，网络犯罪每年都呈大幅度上涨趋势。该报告的数据截止到 2018 年底，从 2019 年至今网络犯罪的数据不清，但网络犯罪呈高发态势，这种情况可以从 2022 年最高人民检察院的工作报告中得到印证。报告指出："积极推进网络依法治理。会同公安部等出台办理电信网络诈骗等刑事案件指导意见，全链条打击、一体化防治，起诉利用网络实施诈骗、赌博、传播淫秽物品等犯罪 28.2 万人，同比上升 98.5%。协同推进'断卡'行动，起诉非法买卖电话卡和银行卡、帮助提款转账等犯罪 12.9 万人，是 2020 年的 9.5 倍；针对一些在校学生涉案，会同教育部发布典型案例，开展校园反诈，既防学生受害，也防受骗参与害人。继取快递女子被造谣出轨案自诉转公诉，接续发布公民人格权保护指导性案例，从严追诉网络诽谤、侮辱、侵犯公民个人信息等严重危害社会秩序、侵犯公民权利犯罪，起诉 3436 人，同比上升 51.3%。吴某从网上下载一女子与其外公的合影照片，编成'老夫少妻'的恶搞信息发布，阅读量逾 4.7 亿人次。广东公安机关以公诉案件立案，检察机关批准逮捕。注重源头防范，办理个人信息保护领域公益诉讼 2000 余件；上海、重庆等地检察机关对利用手机软件违法收集使用个人信息开展专项监督，推动网信、通信管理等部门综合治理。网络虚拟空间，依法治理要实。"[2]

二、网络犯罪的内涵与外延

要研究网络犯罪，首先要界定什么是网络犯罪，而谈及网络犯罪，则需要和计算机犯罪区别开来。网络犯罪和计算机犯罪有着紧密的联系，计算机犯罪是在计算机发展初期所产生的犯罪形式，随着信息互联网时代的到来，网络犯罪开始出现，这是计算机犯罪发展到一定阶段的产物。从字面上来看，计算机单纯是指能根据预先编制的程序和指令对信息进行处理的机器，即计算机硬件。但是，刑法上所指的计算机犯罪中的计算机实质上指的是由计算机硬件和软件结合在一起的计算机系统。关于计算机犯罪的概念，有广义说、狭义说和折中说。广义说认为计算机犯罪就是和计算机有关的犯罪，很显然

---

[1] "司法大数据专题报告之网络犯罪特点和趋势（2016.1-2018.12）"，载 https://www.court.gov.cn/zixun-xiangqing-202061.html，2022 年 3 月 28 日访问。

[2] "最高人民检察院工作报告——2022 年 3 月 8 日在第十三届全国人民代表大会第五次会议上"，载 https://www.spp.gov.cn/tt/202203/t20220315_549263.shtml，2022 年 3 月 30 日访问。

这个定义失之过宽，没有揭示犯罪本质。狭义说从涉及计算机的所有犯罪缩小到计算机所侵害的单一权益，如财产权或个人隐私权或计算机资产本身或计算机内存数据等来界定概念，很显然又失之过窄，没有涵盖计算机犯罪的全部。折中说一般认为计算机犯罪就是行为人以计算机为工具或以计算机资产为攻击对象实施的严重危害社会的行为。现在研究计算机犯罪的概念，已经没有什么意义和价值了。

国内关于网络犯罪的概念并未形成统一认识，可谓莫衷一是、言人人殊。例如，有学者认为网络犯罪泛指使用网络信息技术进行的各种犯罪行为。[1]也有学者指出，网络犯罪是由计算机犯罪演变而来的，网络犯罪包括计算机犯罪，犯罪网络化是网络犯罪的主要特征。[2]其实，网络犯罪并不是刑法里面一个特定的犯罪，如同"青少年犯罪""校园犯罪""套路贷犯罪""腐败犯罪"一样，是一类犯罪的总称。它可以是针对计算机网络进行攻击的犯罪，也可以是利用计算机网络作为工具实施的犯罪，还可能是在网络空间里的犯罪。总之，一切和计算机网络有关的犯罪都可以纳入网络犯罪中来。从这个意义上来说，给网络犯罪下一个明确的定义并不重要，重要的是明确网络犯罪的外延，即涉网络犯罪到底包括哪些犯罪？

笔者认为，网络犯罪的外延可以分为三个层次。第一个层次是刑法中明确规定的涉计算机网络犯罪，具体包括：第 285 条规定的非法侵入计算机信息系统罪，非法获取计算机信息系统数据、非法控制计算机信息系统罪、提供侵入、非法控制计算机信息系统程序、工具罪；第 286 条规定的破坏计算机信息系统罪；第 286 条之一规定的拒不履行信息网络安全管理义务罪；第 287 条之一规定的非法利用信息网络罪；第 287 条之二规定的帮助信息网络犯罪活动罪。第二个层次是利用计算机网络实施的犯罪，第 287 条是利用计算机实施犯罪的提示性规定："利用计算机实施金融诈骗、盗窃、贪污、挪用公款、窃取国家秘密或者其他犯罪的，依照本法有关规定定罪处罚。"虽然刑法中列举了一些利用计算机实施犯罪的提示性规定，诸如金融诈骗、盗窃、贪污、挪用公款、窃取国家秘密，但利用计算机网络实施的犯罪远远不止这些，还有一些犯罪极有可能利用计算机网络实施，如开设赌场罪，诽谤罪，侮辱

---

〔1〕　参见郭玉军主编：《网络社会的国际法律问题研究》，武汉大学出版社 2010 年版，第 43 页。

〔2〕　参见皮勇：《网络安全法原论》，中国人民公安大学出版社 2008 年版，第 12 页。

罪，寻衅滋事罪，强制猥亵、侮辱罪，传播淫秽物品牟利罪，编造、故意传播虚假信息罪，煽动性质的犯罪等。此时，计算机网络仅仅是犯罪工具而已，当然应以有关规定定罪处罚。第三个层次是利用计算机网络进行共同犯罪。其实，利用计算机网络可以实施刑法中所有的犯罪，虽然不能利用计算机网络作为诸如放火罪，强奸罪，聚众斗殴罪，聚众哄抢罪，武装叛乱、暴乱罪，暴力危及飞行安全罪等罪的实行犯，但完全可以在共同犯罪中利用计算机网络进行教唆行为和帮助行为。因此，可以说，网络是如此普及，已经渗透到人们生活的每一个角落，犯罪也不例外，所有犯罪皆可借助网络实施，最起码可以构成共同犯罪。当然，这么说可能会产生的疑问是过失犯罪难道也可以借助网络实施吗？过失致人死亡、过失致人重伤、过失破坏交通工具、过失以危险方法危害公共安全等犯罪很难想象会通过网络实施，另外，过失犯罪也不存在教唆帮助等共同犯罪行为，也不会产生利用网络构成共同犯罪的问题。但是，对于重大责任事故罪、重大飞行事故罪、铁路运营安全事故罪等事故类的犯罪，因为现在多使用计算机网络进行操作，还是极有可能因计算机网络使用过失而导致犯罪。

有争议的是能否使用网络成为故意杀人罪、强奸罪、猥亵类犯罪的正犯或实行犯。笔者认为，使用计算机网络可以成为故意杀人罪和猥亵类犯罪的实行犯即正犯，而能否成为强奸罪的实行犯则值得探讨。就故意杀人罪而言，如果通过网络诱骗胁迫一名不满 14 周岁的儿童自杀毫无疑问可以构成故意杀人罪，另外，通过网络逼迫他人自杀，逼迫手段足以使被害人丧失意志自由而不得不选择自杀也可以构成故意杀人罪。通过网络猥亵儿童或他人当然可以成为猥亵儿童或强制猥亵罪的正犯，而且司法实践中已有不少判决。例如，被告人沈某通过 QQ 与 15 周岁的被害人包某某聊天，获知其基本信息后，于 11 月 17 日 23 时许，谎称包某某电脑中了病毒，已秘密拍摄包某某的裸照，以发裸照到互联网为由，胁迫包某某脱衣露乳房、下体等隐私部位，裸体与其视频聊天，沈某边观看边自慰，同时将包某某裸体视频进行录像并保存在自己电脑中供以后自慰时观看。沈某采取类似的手段，后又胁迫了包某某及包某某同学不满 14 周岁的卢某某在视频中脱掉衣服，互相舔对方乳房，供其自慰观看。胁迫被害人不满 14 周岁的游某某、15 周岁的文某某裸体与其视频聊天，供其自慰时观看并录制了相关视频。[1]司法实践中，一种意见认为：沈某的行为不构成猥亵犯罪，主要是因为网络裸聊仅在于聊和看，行为人和被害人不在同一物理空间，双方没有身体上的接触，不属于刑法中的猥亵行为。另一种意见认为：沈某的行为构成猥亵犯罪，认为不能以被告人与被害人是否在同一个物理空间，是否有身体实质接触来判断是否存在猥亵犯罪行为。沈某对被害人形成了精神强制，迫使被害人脱光衣服暴露身体隐私部位供其观看，侵害了被害人的性自主权，与直接进行身体接触的猥亵行为相比，二者侵害的法益本质上是相同的。笔者认为，强制网络裸聊属于猥亵行为。对猥亵的通常理解和行为方式的列举，大多停留在对被害人人身直接接触的层面，但从猥亵犯罪的本质来看，只要是妨害或者推定妨害被害人的性自主权，足以刺激或满足性欲，并冒犯普通公民性的羞耻心或引起其厌恶感的淫秽行为，即属猥亵，行为方式不一而足。因此，不应局限于行为人是否直接接触了被害人身体。比如，行为人威吓被害人并当场自己脱光衣物进行自慰供其观看，尽管行为人没有触摸被害人隐私部位，但同样妨害了被害人的性自主权，是一种足以刺激或者满足性欲、冒犯公民性的羞耻心的淫秽行为，将该行为解释为对被害人实施了猥亵是合乎逻辑的。上述案例中，沈某要挟被害人在视频中露出隐私部位供其观看，侵害了被害人的性自主权，属于有伤风化的淫秽行为。该强制网络裸聊行为与其直接进行身体接触的猥亵行为相比，只是表现形式不同，本质上均是对被害人的伤害，与普通猥亵犯罪侵犯的法益具有相当性，将其解释为猥亵犯罪构成要件预设的行为类型，并未远远超出一般公众所能理解和接受的认知范畴。

三、元宇宙中的犯罪

利用网络实施强奸在前网络时代是不可想象的。但是随着网络技术的发达、人工智能的出现、现实和虚拟的混同，实现网络中的强奸也并非天方夜谭，这已经在世界各地多次发生，也给刑法理论带来了新的挑战。比如，"比利时多家媒体曾报道警方针对一起发生在网络游戏《第二人生》（'SecondLife'）中的虚拟强奸案展开调查的消息。到底虚拟世界中的犯罪行为算不算真正的犯罪，或达到何种程度应该接受制裁。这一问题立刻引发全球媒体广泛的讨

---

[1]　"强制他人网络裸聊属于猥亵行为吗?"，载 https://china.findlaw.cn/，2022 年 6 月 1 日访问。

论······事情源于数月前，《第二人生》虚拟世界内发生了一起前所未有的风化案。一名比利时玩家报警称自己在游戏里扮演的虚拟女人被一个虚拟色魔强奸了，据她描述，虚拟色魔利用一组程序编码控制了她在游戏中角色的身体，对她实施了'强奸'。当时多数传媒仅仅把该事当作花边新闻报道，因为从未听说过这样离奇的事情，而且受害者和罪犯都只是虚拟角色，在现实中根本不存在。但比利时警方却出人意料地在接警后立即着手调查，不过截至今天，仍尚未有任何相关人员因这单案件遭到起诉"。[1]另外一起类似的案件发生在美国，"5月底，美国元宇宙领域首例'性侵'事件引发了广泛关注。受害者是一名21岁女性，她在科技巨头Meta发布的元宇宙概念在线游戏《地平线世界（Horizen Worlds）》中创建了一个女性虚拟形象，想通过体验元宇宙完成相关研究。而不到一小时，她便遭到一位男性虚拟人物的'性侵'，旁边还有另一位旁观者在起哄。由于虚拟人物的接触能使玩家手中的控制器产生振动，受害者感到非常不适。Meta回应称，受害人没有开启《地平线世界》的多项安全功能，其中'个人边界'功能会在玩家周围形成半径大约一米的'防护罩'，使得其他虚拟人物无法触碰，以此杜绝骚扰。除此之外，Meta并未提到平台监管以及维权申诉问题"。[2]

"元宇宙（metaverse）"，由词根"meta"和"宇宙（universe）"合并而来。其中"meta"为希腊语，有"超越""在······之上"之意。"元宇宙"一词最初出现在美国科幻作家尼尔·斯蒂芬森于1992年发表的科幻小说《雪崩》之中，是指一种现实世界与通过增强现实技术和虚拟现实技术创造出的虚拟世界的混合状态。目前，元宇宙并没有清晰的官方解读，各个行业都可以基于自己的产品线或者未来发展作出不同理解。粗浅地说，元宇宙可以理解为虚拟世界和现实世界在最大程度上的融合，是一个能为用户提供沉浸式体验的，把现实世界数字化到了和现实世界几乎等同甚至超越的一个发展阶段的体现。元宇宙离不开人工智能、区块链、虚拟现实和增强现实、5G网络、传感器等多种科技手段。元宇宙作为诞生不久的事物，各项技术与监管都不尽完善。元宇宙会成为新的法外之地吗？发生在元宇宙内的性侵能否构

---

〔1〕"虚拟少女被强奸了怎么办"，载 http://it. enorth. com. cn/system/2007/06/15/001721125. shtml，2022年6月10日访问。

〔2〕"元宇宙竟曝'性侵'案，虚拟世界法律秩序，能思考些什么？"，载 https://lawyers. 66law. cn/s2f13d4e9c0f87_ i1172522. aspx，2022年6月10日访问。

成强奸罪呢？

　　一般认为，构成强奸罪需要符合三大要件：行为违背妇女意志；行为人必须采取使被害人不能反抗、不敢反抗或不知反抗的手段，通常是暴力、胁迫或者其他手段；施暴人和被害人要有实际的身体接触。而此次元宇宙"性侵"的认定存在现实法律困境。首先，从主体看，施暴者和受害者都是虚拟形象，并非真实的生命体。其次，从侵害行为看，身体接触亦发生在虚拟形象之间，现实世界中的施暴人和受害人之间并无实际身体接触。最后，从侵害结果看，有学者认为身体未被触摸，也可以被判定为性侵，因为虚拟行为对人格和尊严的影响是确凿无疑的，研究网络骚扰的华盛顿大学研究院学者凯瑟琳表示：发生在虚拟世界和现实世界的性侵并无太大区别，会令人们产生相同的心理和神经系统反应，虚拟攻击同样可能对人造成强烈的创伤。[1]

　　但是，笔者认为元宇宙中对虚拟形象的性侵还不能构成强奸罪。其一，凭借朴素的法感情判断，对虚拟形象的性侵就构成强奸罪难以令人接受，会超出一般人对刑法的基本认知和预测可能性。其二，强奸罪必须违背妇女意志，但是只有人类才有意志可言，虚拟形象不可能有自己的意志，所以，性侵虚拟形象很难说违背了妇女意志。其三，强奸罪侵害的法益必须是一个具体的个人的性自主权，我国的刑法规定强奸罪应有性交的目的，即使在国外，强奸罪也要求要进入对方的身体。而案例中对虚拟人物的性侵仅仅是使玩家手中的控制器产生振动从而让受害者感到非常不适，这个结果和强奸罪的要求相去甚远。因此，即使采取与时俱进的客观解释方法，把性侵虚拟形象认定为强奸罪也会超出国民预测可能性，属于类推解释而非扩大解释。与此相似的，如果故意杀害或伤害一个虚拟形象当然也不能认定为故意杀人罪或故意伤害罪。

　　刘宪权教授认为："元宇宙技术在发展过程中会带来新的刑事风险。在元宇宙技术初级发展阶段，元宇宙空间可能出现诈骗类、集资类、传销类犯罪以及数据犯罪。在元宇宙技术高级发展阶段，元宇宙空间可能出现侵犯人身权利的犯罪"。[2]元宇宙技术的初级发展阶段的主要特征是虚拟性，但在高级

　　　〔1〕　"元宇宙竟曝'性侵'案，虚拟世界法律秩序，能思考些什么？"，载 https://lawyers.66law.cn/s2f13d4e9c0f87_ i1172522. aspx，2022 年 6 月 10 日访问。
　　　〔2〕　刘宪权："元宇宙空间犯罪刑法规制的新思路"，载《比较法研究》2022 年第 3 期，第 129 页。

发展阶段，元宇宙空间不再仅仅追求虚拟空间的构建，而是更加注重和现实空间之间的连接，表现出从虚拟性发展转变为全真性发展的特征。"随着元宇宙空间的不断发展，元宇宙空间的全真性不断得到提高，尤其是随着元宇宙空间中人身本体五官感受和体验的不断增强。届时虚拟角色的虚拟性下降，全真性上升，人们可以通过元宇宙空间实现自己身体的'复制'。类似于'触摸'虚拟角色的行为也将使被'触摸'者的人身本体具有更为真切的感受。在此情况下，当然会导致某种程度侵犯人身权利犯罪的实际发生。"[1]笔者认为，科技的发展日新月异，一切皆有可能，古代人一定无法想象将来会有计算机网络犯罪，但现在计算机网络犯罪是如此常见。未来的科技发展到什么程度，实在无法想象，无法证实也无法证伪，可以肯定的是，未来一定会出现新形态新种类的犯罪。但是就目前而言，元宇宙毕竟是刚刚诞生的新的技术，还处于初级发展阶段，因此，正如刘宪权教授所说，目前元宇宙中的犯罪还是多集中在诈骗类、集资类、传销类犯罪以及数据犯罪。

元宇宙是一个崭新的概念，也是一个巨大的产业，未来的发展前景不可估量。中国一定会在元宇宙领域加大投资力度并深入研究，不仅要从科技上进行突破，同时也要研究元宇宙中发生的违法犯罪行为以及如何加以规制的问题。元宇宙性侵事件只是该领域违法犯罪的引人注意的一个案例，随着元宇宙科技的发展可能会对法律秩序构成多方面挑战，以元宇宙为代表的虚拟技术的深度应用，将会给违法犯罪、个人信息和隐私保护、网络和数据安全、开放源代码和知识产权、内容规制、智能合约、数字资产、竞争与反垄断等方面带来法律挑战。

第二节　网络犯罪的代际特征

从计算机到网络到人工智能再到元宇宙，技术的发展具有阶段性，与此对应的犯罪类型也呈现出阶段性特征。学者专家们从不同角度对网络犯罪进行总结分类，都揭示了计算机网络犯罪的代际发展特征。有学者认为：中国1997年《刑法》的计算机犯罪条款虽然通过理论解释可以适用于网络时代，但是，它对应的假想敌则是计算机犯罪。从网络 1.0 到移动互联网时代，以

---

[1]　刘宪权："元宇宙空间犯罪刑法规制的新思路"，载《比较法研究》2022 年第 3 期，第 129 页。

网络在网络犯罪中的地位为视角，网络犯罪的发展先后出现了三个基本类型：
（1）网络作为"犯罪对象"的网络犯罪。（2）网络作为"犯罪工具"的网络犯罪。在网络2.0时代，网络在网络犯罪中的地位，开始以一种犯罪工具的面目存在，例如，利用网络窃取公民的个人信息或者账号、密码，等等。这直接导致两个后果，一是网络犯罪平民化时代的到来，几乎所有的传统犯罪都可以在网络中再现；二是网络空间与现实空间的界限开始模糊，网络法益的独立性被贬损。（3）网络作为"犯罪空间"的网络犯罪。网络作为犯罪空间，前提是网络可以被视为一种空间，在网络深度社会化的背景下，这一点不成为问题。网络作为一个犯罪空间，开始出现了一些完全不同于第二种类型的犯罪现象，它成为一些变异后的犯罪行为的独有温床和土壤，一些犯罪行为离开了网络要么根本就无法生存，要么根本就不可能爆发出令人关注的危害性，例如网络谣言犯罪等。有学者通过对网络犯罪和传统犯罪之间质和量的比较，把网络犯罪分为三类：其一，与传统犯罪本质无异的网络犯罪。所谓与传统犯罪本质"无异"的网络犯罪，是指同一犯罪行为由线下转至线上后，该行为本身的社会危害性既未发生"量"的变化，也未发生"质"的改变。如敲诈勒索、盗窃、诈骗、非法行医等。其二，较传统犯罪呈危害"量变"的网络犯罪。所谓较传统犯罪呈危害"量变"的网络犯罪，是指同一犯罪行为由线下搬至线上后，其社会危害性发生了显著增长的"量变"，传统犯罪的现行规制力度并不足以应对此种变化。这主要是指信息散布型犯罪。其三，较传统犯罪呈危害"质变"的网络犯罪。所谓较传统犯罪呈危害"质变"的网络犯罪，是指线下的传统犯罪被搬至线上后，反而不构成犯罪的情形。当然，这种情况一般发生于特殊领域、特殊时期，具有一定的空间、时间上的特殊性。互联网金融便是这一特殊领域、特殊时期的产物。[1]有学者对网络犯罪的代际特征进行了详细分析，认为：Web1.0/2.0时代网络犯罪的代际特征是物理性。具体是犯罪对象与犯罪方法上的物理性。Web1.0时代，人与网络的关系，类似于读报纸。由于网络以计算机为媒介充当着报纸的作用，这决定了此阶段的网络犯罪，只能是针对"报纸"和其载体的物理性损坏行为，物理性破坏是针对计算机系统的安全系统。Web2.0时代网络犯罪的代际特征也是物理性，具体是犯罪工具上的物理性。Web2.0时代，人与网络

---

〔1〕 刘宪权："网络犯罪的刑法应对新理念"，载《政治与法律》2016年第9期，第6~7页。

的关系，类似于开会。2.0 是双向互动，即网民与网民，网站与网站之间的信息可主动进行交流互动。与 Web2.0 时代相适应，此阶段的网络犯罪，呈现出传统犯罪的网络异化，网络由此成为传统犯罪物理性的犯罪工具或者说媒介。随着 Web2.0 的快速发展，刑法中几乎所有的犯罪都出现了网络化，几乎所有的传统犯罪都可以利用网络实施。Web3.0 时代网络犯罪的代际特征是智能性，Web3.0 是全方位互动的时代，特征是个性化、互动性和精准的应用服务。用户的应用体验与分享对网站流量和产品营销具有决定性作用。在传统物理社会空间之外，多出一个网络社会空间，人们在网络空间中全方位量身定制自己想要的生活。Web3.0 时代的网络是虚拟的社会空间，同时也可能是一个犯罪空间。言论犯罪、赌博犯罪、淫秽物品犯罪等以网络作为空间的犯罪盛行，其中言论犯罪中的诽谤罪和寻衅滋事罪频发，赌博犯罪中的赌博罪和开设赌场罪频发，淫秽物品犯罪中的传播淫秽物品罪、组织播放淫秽音像制品罪频发，还有非法经营罪等以网络为经营场所的罪名同样高发；这些传统犯罪场所从物理世界转移到了网络空间。[1]

　　学者们从不同角度分析了网络犯罪的代际和类型特征，如同盲人摸象，各自摸到了大象的一部分，摸遍了大象的每一部分之后，便知道了大象的整体。总而言之，网络犯罪是一类犯罪的总称，即和网络有关的所有犯罪。在 Web1.0/2.0 时代，网络离不开计算机，早期的犯罪往往是针对计算机本身，所以可以称之为计算机犯罪。但是到了 Web3.0 时代，智能时代来临，随着"三网合一"和手机的普及，网络空间已经成为独立于物理世界的另一个世界，大多数犯罪都和网络有关，网络犯罪取代计算机犯罪便顺理成章。把网络犯罪分为把网络作为对象、作为工具、作为空间的犯罪，这种三分法清晰明了，也把握了网络犯罪的发展脉络。因此，这种观点广为流行，笔者也表示赞同。

---

[1] 参见刘艳红："Web3.0 时代网络犯罪的代际特征及刑法应对"，载《环球法律评论》2020 年第 5 期，第 100~106 页。

第二章
网络犯罪的刑事立法

第一节 网络犯罪的立法沿革

一、我国网络犯罪立法嬗变

我国网络犯罪的立法肇始于 1997 年《刑法》，丰富于《刑法修正案（七）》，完善于《刑法修正案（九）》。从少到多，从简到繁，从粗疏到精密，从以结果犯为主到以行为犯为主，犯罪圈逐渐扩大，帮助行为正犯化，预备行为实行化，体现了打早打小提前预防的刑事政策。加之持续地辅以司法解释，可以说，我国已经编织了一个严密的打击网络犯罪的法网。以 1997《刑法》的计算机犯罪规定、《刑法修正案（七）》以及《刑法修正案（九）》的修改为时间线索，中国网络犯罪的立法可以大体分为确立、发展和转型三个阶段。

（一）1997 年《刑法》：立法确立阶段，奠定了罪名基础

1979 年《刑法》并无计算机犯罪的规定。因为，中国在 1994 年才加入国际互联网。《计算机信息系统安全保护条例》作为第一部专门的、基础性的行政法规，也是在 1994 年才得以颁行。因而在那时有关网络犯罪的立法问题也就无从谈起，直到 1997 年《刑法》首次规定了第 285 条"非法侵入计算机信息系统罪"和第 286 条"破坏计算机信息系统罪"。同时，还增加了第 287 条利用计算机实施的有关犯罪。按照这一概括性的注意规定，"利用计算机实施金融诈骗、盗窃、贪污、挪用公款、窃取国家秘密或者其他犯罪的，依照本法有关规定定罪处罚"。上述两个具体罪名和概括性条款，构成了我国网络犯罪的罪名基础，被学者称为"两点一面"的罪名体系。此时犯罪的核心载体与媒介仍是计算机，因此在理论与实务中更常使用"计算机犯罪"这一概念。

（二）《刑法修正案（七）》：立法发展阶段，拓宽保护范围

基于网络代际的更迭，从"计算机犯罪"到"网络犯罪"是一个历史发展的必然过程。1997年《刑法》规定的"两点一面"的罪名体系在网络2.0时代语境下的新型网络犯罪的冲击下，日渐显示其立法观念的滞后性与内容的历史局限性，这也使司法机关对一些新情况无法进行有效规制。一方面，《刑法》第285条所设定的计算机信息系统的范围过于狭窄，国家事务、国防建设、尖端科学技术领域以外的计算机信息系统没有被纳入《刑法》保护范围之内。有鉴于此，立法者于2009年通过的《刑法修正案（七）》新增了第285条第2款"非法获取计算机信息系统数据、非法控制计算机信息系统罪"，将侵入国家事务、国防建设、尖端科学技术领域以外的计算机信息系统或者采用其技术手段，获取数据或者非法控制该计算机信息系统的行为，纳入了犯罪圈。另一方面，非法侵入计算机信息系统和窃取数据泛滥的重要原因之一在于有人专门制作、销售用于实施此类犯罪行为的程序和工具，大大降低了犯罪难度。因此，立法者特别地将这类技术帮助行为单独入罪，即《刑法》第285条第3款"提供侵入、非法控制计算机信息系统程序、工具罪"。这也开创了网络犯罪领域"共犯正犯化"的先河。至此阶段，我国的网络犯罪立法模式初步与国际接轨，几种世界范围内常见的网络犯罪类型在中国立法中都被涵盖，刑法的保护范围显著拓宽。[1]

（三）《刑法修正案（九）》：立法转型阶段，革新制裁思路

梁根林教授认为，随着传统犯罪网络化，出现了不法变异与归责障碍这样的问题。犯罪总量与不法程度较之在物理空间实施的同类犯罪呈现几何级增长，犯罪预备行为的不法属性发生异化，犯罪参与的刑事归责面临障碍，传统共同犯罪理论难以解决网络犯罪中大量存在的片面共犯问题，遵循传统刑法理论与相关规定已经无法应对层出不穷的新兴的网络犯罪。[2]为此，《刑法修正案（九）》革新制裁思路，增加了三个纯正的网络犯罪。首先，立法者直接确立了以往作为间接责任主体的网络服务提供者的刑事责任。立法机关认为，实践中一些网络服务提供者常常不履行法律、行政法规规定的义务，

---

〔1〕 王华伟："我国网络犯罪立法的体系性评价与反思"，载《法学杂志》2019年第10期，第129页。

〔2〕 梁根林："传统犯罪网络化：归责障碍、刑法应对与教义限缩"，载《法学》2017年第2期，第3~5页。

甚至造成了严重的法律后果，应将网络服务提供者的信息网络安全管理义务在《刑法》中加以确认，因此设立了《刑法》第286条之一"拒不履行信息网络安全管理义务罪"。其次，立法者采取了网络犯罪预备行为实行化的策略。由于网络犯罪出现链条化、产业化发展的特征，仅仅在犯罪产业链下游进行打击难以回应实践需要。网络犯罪在证据提取、事实认定、法律适用等方面遇到了诸多难题，互联网犯罪的跨地域性、灵活性、分散性使得很难对所有犯罪参与人一一查证，因此增设了《刑法》第287条之一"非法利用信息网络罪"，对为实施犯罪设立网站、发布信息等行为作出专门规定。最后，立法者在网络犯罪领域进一步引入了"共犯正犯化"思路。由于网络技术性因素的影响，正犯与共犯对犯罪目标实现的重要性逐渐发生翻转，在很多情况下，共犯（尤其是帮助犯）发挥着比正犯更加重要的实际作用。而且，由于网络犯罪产业化分工的影响，不同参与主体之间的客观联系越发松散。在主观方面，由于上述原因参与人之间的犯罪意思联络也越来越难以认定。因此，司法实践中网络共同犯罪的定罪处罚越来越困难。鉴于这种状况，立法者引入了比《刑法》第285条第3款更为概括性的"共犯正犯化"立法，将为他人信息网络犯罪提供帮助且情节严重的行为整体性入罪，即《刑法》第287条之二"帮助信息网络犯罪活动罪"。此外，《刑法修正案（九）》还增加了非法侵入计算机信息系统罪，非法获取计算机信息系统数据、非法控制计算机信息系统罪，提供侵入、非法控制计算机信息系统程序、工具罪，破坏计算机信息系统罪的单位犯罪。

二、我国网络犯罪立法述评

网络犯罪呈现出的不断扩大的态势是我国刑法立法不断扩张的一个缩影，符合世界范围内立法活性化的趋势，也是积极刑法观的体现。当前，中国存在消极刑法观和积极刑法观两种对立的主张。消极刑法观的基本立场是：立法机关不应当积极地通过刑事立法增设新罪，不能扩大犯罪圈，而应尽可能缩小犯罪圈。积极刑法观的基本观点是：刑事立法增设新罪不会带来刑法过度干预的系统风险，犯罪化与刑法谦抑性没有矛盾；犯罪圈扩大的立法趋向，是当代中国社会治理与社会控制的客观需要。从相关表述来看，消极刑法观与积极刑法观的确表现出明显对立：消极刑法观主张缩小犯罪圈，积极刑法观主张扩大犯罪圈；消极刑法观主张不得再增设新罪，积极刑法观主张积极增设新罪。

众所周知，刑罚并不是一种理想的制裁措施，只是不得已的处罚方法。刑罚如两刃之剑，用之不得其当，则国家与个人两受其害。亦即，刑罚既是人类自由的重要保障，也是人类自由的主要威胁。慎重和人道地使用刑罚，它就是人类自由的保障；如若不加选择地使用刑罚，它就是对人类自由的严重威胁。正因为如此，刑罚应该是国家为达其保护法益与维护法秩序的任务时的最后手段。能够不使用刑罚，而以其他手段亦能达到维护社会共同生活秩序及保护社会与个人法益之目的时，则务必放弃刑罚手段。持消极刑法观的学者，所重视的正是刑罚后果的严厉性可能给国家与个人带来的弊害。例如，何荣功教授指出："过度刑法化体现的是国家刑罚权在社会治理中的膨胀与权力体系越位"；"刑法是社会的产物，人类本性的局限，为刑罚的存在提供了空间与道义基础。但刑法毕竟是以剥夺和限制公民基本权利为主要内容的，无法否认其'恶'的本质，所以，国家毫无疑问应'竭力把刑罚强制限制在最小的范围之内并且不断寻求减少使用它的机会，而不是增加强制的机会并且把它当作挽救一切道德败坏的药方。"[1]。而积极刑法观论者则认为刑法具有社会保障功能，也具有惩罚犯罪功能。刑法不能再像金字塔一样沉默不语，而是应该积极参与社会治理。周光权教授指出：未来的刑法立法，从总体上看，应当建立能动、理性、多元的总体立法方略。能动，是指刑法立法应当根据社会转型的需要及时作出反应，增设新罪的步伐不能放缓，应当适度扩大刑罚处罚范围，保持立法的活跃化和积极干预社会生活的姿态；多元，是指不将刑法作为唯一倚重的对象，而是尝试建立以刑法为核心，以轻犯罪法为辅助，刑罚和保安处分措施双轨制的成文刑法体系。[2]张明楷教授则搁置了积极刑法观与消极刑法观之间的争议，对二者进行了折中。他认为："在刑事立法的活跃化不可避免的当今时代，刑事司法应当摒弃'有罪必罚'的观念，积极推进'犯罪的成立范围与处罚范围的分离'；对于大量情节较轻的犯罪只需认定犯罪的成立（可以同时给予非刑罚处罚），不必科处刑罚，这是最大限度实现刑法的法益保护机能（实现预防犯罪目的）与自由保障机能的最

---

〔1〕 何荣功："社会治理'过度刑法化'的法哲学批判"，载《中外法学》2015 年第 2 期，第524 页。

〔2〕 参见周光权："论通过增设轻罪实现妥当的处罚——积极刑法立法观的再阐释"，载《比较法研究》2020 年第 6 期，第 40~53 页。

佳路径。"〔1〕张明楷教授承认了立法活跃化的现实，增加轻罪是合理的必要的，但是又主张犯罪的成立与处罚相分离，既实现刑法的法益保护机能又发挥刑法的自由保障机能。

笔者认为，积极刑法观和消极刑法观都有合理性，犹如一辆汽车的油门和刹车，相互配合，方能保证行车安全。否则，油门过大一路狂奔车辆容易倾覆，一直刹车则车辆停止不前从而丧失了车辆的价值。但是，刑事立法非同小可，罪名增加一个，国民的自由就减少一分。所以，笔者一直认为，正如奥卡姆剃刀原理所揭示的：如无必要，勿增实体。刑事立法也是如此，如果没有应受刑罚惩罚性，一个行为就没有必要犯罪化。有学者认为我国刑事立法出现了象征性立法现象。象征性立法只会增加立法成本，却难以起到应有的效果。除了使得刑法立法过剩，显得更加臃肿以外，更无裨益。刘艳红教授指出："二十年来，我国网络犯罪的立法如同恐怖犯罪立法一样，是传达立法者姿态与情绪的象征性立法……通过加大网络犯罪的处罚力度与扩大处罚范围，传递给民众政府维护信息网络安全、确保社会安全的姿态……网络犯罪的治理难度极大，对于恐怖犯罪的发生又具有助力作用，由此导致各国频频使用刑法手段，象征性立法由此增多。犯罪行为的多样性，'以及计算机犯罪与传统刑法之间的紧张关系，意味着传统刑法很难充分地解决计算机犯罪环境下出现的诸多复杂问题，这也解释了为什么（特别是）网络犯罪已成为传统国内刑法所面临的最重大的挑战之一'。这也说明，有效治理网络空间安全，并非象征性网络犯罪立法力所能逮。"〔2〕

非法利用信息网络罪即为适例。作为我国新型网络犯罪的罪名之一，该罪的增设在学界一直不乏批评的声音：我国以往的司法实践对犯罪行为的预备基本不予处罚，但该罪的增设却使得一般违法行为的预备也要受到刑罚处罚，且是作为实行犯处罚，明显不具有合理性；该罪所规定的危害行为边界宽泛，情节要件弹性大，使得司法实践中难以把握定罪量刑标准，司法适用率较低，未能实现有效遏制新型网络犯罪的立法目的；将不正当利用信息网络的各种行为作为一种具体犯罪予以规定，并不是理想的立法模式。事实上，

---

〔1〕　参见张明楷："犯罪的成立范围与处罚范围的分离"，载《东方法学》2022年第4期，第75～89页。

〔2〕　刘艳红："象征性立法对刑法功能的损害——二十年来中国刑事立法总评"，载《政治与法律》2017年第3期，第41页。

正是因为该罪存在着罪状表述模糊、行为边界宽泛的天生缺陷，致使该罪面临着"被虚置"与"口袋化"的双重困境。[1]当前司法实践中的生效案件已经暴露了该罪的罪质不明、追诉标准阙如、司法竞合处置有失妥当、积极适用的司法导向淡薄等问题。实践中存在一种普遍现象：只要犯罪与信息网络有关，司法部门通常会毫不犹豫地以涉嫌非法利用信息网络罪对犯罪嫌疑人先行实施刑事拘留和逮捕，然后再以行为符合诈骗罪，贩卖淫秽物品牟利罪，开设赌场罪，非法经营罪，贩卖毒品罪，协助组织卖淫罪，伪造、买卖国家机关证件罪，出售、购买假币罪等罪名为由，进行指控并定罪量刑，事实证明"屡试不爽"。然而，在当下纵深发展、全面覆盖的网络社会中，试问有几项犯罪是不能利用信息网络来实施的呢？因此，该罪的设立只会给司法实践带来困惑。一方面，如果仅仅利用信息网络而没有实施后续的犯罪行为，往往因为情节轻微没有造成后果而不构成犯罪。如果实施了后续犯罪行为造成严重后果，根据牵连犯原理，也应该从一重处断，适用该罪的可能性不大。另一方面，该罪和其他罪名，如帮助信息网络犯罪活动罪之间也有剪不断理还乱的关系，令司法人员无所适从。另外，为了正确适用该罪名，只好把"违法犯罪"解释为"犯罪行为和属于刑法分则规定的行为类型"，而这个解释仍然语焉不详，令人费解，不知所云。由是观之，非法利用信息网络罪并不是一个成功的立法例。克制立法的冲动，保持理性的科学的立法精神仍然是我们需要时刻谨记的。

第二节　风险社会下网络犯罪立法特征

自古以来，人类就面临着各种风险，人类就是在克服各种风险的过程中存活了下来，当然人类还将在各种风险的威胁下谋求生存，但是，以前的风险多是来自大自然的风险，这些风险都不是人为的。现代社会以来，人类面临的风险，却更多地来自人类自身，人为的风险逐渐增加，"9·11"事件就是能带来巨大灾难的人为风险的明证。风险社会是指在全球化发展背景下，由于人类实践所导致的全球性风险占据主导地位的社会发展阶段，在这样的

---

[1] 陈洪兵："非法利用信息网络罪'活'而不'泛'的解释论思考"，载《青海社会科学》2021年第1期，第161页。

社会里，各种全球性风险对人类的生存和发展带来了严重的威胁。自德国学者乌尔里希·贝克于 1986 年出版《风险社会》一书以来，"风险"便成为理解和诠释社会变迁的一个关键性概念，"风险社会"随之也成为解释世界的全新范式。风险社会的理论以及现代社会的实践表明，风险意识加剧了公众的不安全感，如何为个人提供制度性安全保障开始支配公共政策的走向，控制风险以安抚公众成为现代社会压倒性的政治需要。"公共政策的秩序功能决定了它必然是功利导向的，刑法固有的政治性与工具性恰好与此导向需要相吻合。无论人们对刑法的权利保障功能寄予多大期望，在风险无所不在的社会中，刑法的秩序保护功能注定成为主导。现代国家当然不可能放弃刑法这一秩序利器，它更需要通过有目的地系统使用刑法达到控制风险的政治目标。刑法由此成为国家对付风险的重要工具，公共政策借此大举侵入刑事领域也就成为必然现象。"[1]

　　风险社会的一个重要特征是，一些看起来在因果联系上远离结果发生的细微的行为却有可能导致社会难以承受的巨大灾难。如同"千里之堤，毁于蚁穴"那样。在这样的时代中，古典的仅禁止直接的法益侵害的做法显然已经不能达到保护法益的目的。刑法的规制机能和保护机能之间原本存在着对立的关系，在风险社会，为了实现保护机能，有效应对法益侵害，规制机能就要求必须提前防止与犯罪相关联的行为。为此，刑法就不限于侵害犯，而是应该对危险犯和行为犯广泛地进行处罚。在日本，这种现象称为刑事立法的活性化，一个重要表现就是处罚的早期化或称为刑法保护的早期化。"在犯罪现象激增的背景下，对代表被害者的社会感情的顾虑以及与此相呼应的政府、政治家、官僚的迎合民意政策，或者说是因媒体报道而引发的人们对犯罪不安感的提升，再者也可以说是风险社会中人们回避风险行动的体现。换言之，就是犯罪问题的政治化、百姓化现象。"[2]从现在的刑法修正案内容来看，我国的刑事立法有犯罪圈扩张、法益保护提前、预备行为实行化、共犯行为正犯化的趋势。这些特点在网络犯罪中也得到了明显的体现。

一、犯罪圈扩大

　　"犯罪圈"是指一个国家通过刑法的制定和修改对需要追究刑事责任的犯

---

〔1〕　卢建平："风险社会的刑事政策与刑法"，载《法学论坛》2011 年第 4 期，第 22 页。

〔2〕　陈家林：《外国刑法通论》，中国人民公安大学出版社 2009 年版，第 97 页。

罪行为所划定的范围。世界各国在犯罪治理的实践中，对犯罪圈的设定均需不断地加以调整。从理论上来说，小犯罪圈治理的好处是有利于降低刑罚成本，有利于减少刑罚对公民的干预，尽可能减少犯罪标签的负面作用。小犯罪圈治理模式的缺陷是：由于刑罚比较严厉，刑罚与犯罪者的刑事责任事实上不能较好对应，不能较好体现刑罚量从重到轻再到行政处罚的衔接。一些超量的惩罚导致了对犯罪人权利保护方面的疏忽，而社区正式的刑罚控制机制尚不能有效地发挥作用，以弥补过去较强的非正式社会控制机制的弱化问题。当然，大犯罪圈治理也会产生负面作用。一是给更多的人贴上了"犯罪"的标签。美国有学者认为，这种模式在惩罚犯罪的同时，也在产生和制造犯罪。为减少这一负面效应，美国注意将更多的犯罪人放在社区执行，并在犯罪人服完社区刑罚时，尽可能取消犯罪记录，尽可能减少刑罚对犯罪人带来的负面影响。二是有可能增加刑罚的成本。一般而言，犯罪圈的扩大意味着刑罚成本的增加。众所周知，监禁刑的成本是高昂的，为适应犯罪圈的扩大，美国注意不断扩大非监禁刑的比例。大犯罪圈治理犯罪的好处主要有三点：一是随着社会和科学技术的发展，新的危害社会和侵犯人权的行为会随之产生，需要通过国家强制力对这些新的危害行为及时予以制裁；二是由于降低了犯罪的门槛，在一定程度上增加了社会的约束机制，有利于提高人们的道德底线；三是将一些轻微的违法行为纳入犯罪圈中进行处理，有利于提高处罚程序的公正性，因为按照刑事案件来处理，无论是一般程序还是简易程序，都对犯罪人的权利保障给予了认真的考虑，有利于避免在行政处罚时可能出现的任意性。刑法必须适应不断变化的社会生活事实，充分发挥保护法益和保障人权的机能，因此，倘若出现了新的值得科处刑罚的法益侵害行为，刑事立法就需要对其实行犯罪化。20世纪80年代以后，由于社会生活的复杂化、恐怖主义活动的日益猖獗等原因，国际社会的刑事立法主要是在进行犯罪化。可以认为，在世界范围内，当今刑事立法的趋势已经不是非犯罪化，而是大量的犯罪化。贝卡里亚说："刑罚的规模应该与本国的状况相适应。"[1]网络犯罪的犯罪圈也随着网络违法犯罪的增多而逐渐扩大，从1997年《刑法》的三个罪名到《刑法修正案（七）》扩展保护范围增加两个罪名再到《刑法修正案（九）》全面扩容，现在已经形成打击网络犯罪的一张严密的法网。

---

〔1〕 ［意］切萨雷·贝卡里亚：《论犯罪与刑罚》，黄风译，北京大学出版社2008年版，第112页。

二、法益保护提前

刑法的主要功能之一是保护法益，刑法也是保护法益的最后手段和最有力的保障。在人类的早期，犯罪多是侵害人身权和财产权，犯罪样态简单，刑罚实行同态复仇，以牙还牙、以眼还眼、以血还血，只有等结果产生后才能决定复仇的力度。是后发制人而非先下手为强，不存在法益保护提前的问题。犯罪学产生以后先后出现了刑事古典学派（旧派）和刑事实证学派（新派）两大犯罪学范式。旧派认为刑罚正当化的根据是报应主义，是善有善报、恶有恶报的朴素的正义情感的体现，犯罪是因，刑罚是果，原因在前，结果在后。而新派主张刑罚的正当化根据是预防主义，刑法的主要功能在于防卫社会，惩罚不是目的，能够预防犯罪才是最好的选择，因此，对罪犯判处刑罚时考虑的不仅仅是已然之罪，还要考虑其再犯可能性和人身危险性。虽然再犯可能性和人身危险性这个概念极为抽象，不易把握，本身就比较危险，但是不可否认的是，再犯可能性和人身危险性还是具有客观外在表征的，在实证研究方法的支持下，不能说没有科学性。可以说，从旧派到新派的发展的一个主要趋势就是从道义责任论向社会防卫论以及从报应主义向预防主义的转变。诚如蔡墩铭先生所言："从刑法之渊源以观，各国所以制定刑法乃由于欲处罚犯罪结果，至于在刑法之内处罚不必有结果发生之犯罪，见于刑法相对发达之后，为前所未有……借此以观，古代之刑事立法可谓趋向于结果刑法，而今日之刑事立法却兼采结果刑法与行为刑法，已非纯粹采结果刑法。"[1]

德国希尔曼（Seelmann）教授早在 1992 年就曾指出："对于在实害的前阶就实行犯罪化以提前预防危险来说，最重要的方法就是确切地提出提前保护的法益，以及在实害的前阶上构造出犯罪构成要件的类型。"[2]这种新的类型在刑法中的体现就是行为犯和危险犯。行为犯和危险犯是颇有争议的概念，在我国刑法学界，学者们也是把它们作为结果犯的对应范畴进行理解的，但在表述上却观点纷呈。总的说来，主要有两大类观点：一类从犯罪既遂的角

---

〔1〕 蔡墩铭：《刑法基本理论研究》，汉林出版社 1980 年版，第 75~76 页。

〔2〕 转引自王永茜："论现代刑法扩张的新手段——法益保护的提前化和刑事处罚的前置化"，载《法学杂志》2013 年第 6 期，第 123 页。

度解释行为犯，即只要实施刑法分则规定的危害行为就成立既遂的犯罪。另一大类观点认为，判断是否行为犯，应当从法律规定的犯罪构成或者说法律条文本身规定来看，如果条文没有规定特定犯罪结果，只规定危害行为，那就是行为犯。从两大类观点看，前者可称为既遂标准说，后者为成立标准说。

例如，非法侵入计算机信息系统罪保护的法益是国家事务、国防建设、尖端科学技术领域的信息系统，然而因为这些领域事关重大，一旦获取或破坏，后果非常严重。因此，该罪在立法时被设计为行为犯，即只要侵入即为既遂，并不要求造成严重后果，从而实现相关法益的提前保护。

三、预备行为实行化

传统的刑法是一种被动的反应模式，只有在行为造成了侵害结果或有侵犯法益的危险时，刑法才会介入进行干预，这是对犯罪的事后处罚，体现了刑法的谦抑精神。而犯罪预备是为了实行犯罪准备工具、制造条件的行为，与着手犯罪造成法益侵害或危险尚有很长的距离，而且与公民日常生活行为很难分得清楚，因此，大多数国家对犯罪预备行为不予处罚，即使予以处罚，一般不是采取独立设立罪名的方式，而是作为犯罪预备形态比照既遂犯从轻、减轻或免除处罚。但是，如果某种犯罪性质严重，犯罪分子目标也很明确，一旦预备完毕，马上就有可能实施，一旦实施则后果不堪设想，将会给国家和社会带来巨大损失，则此时刑法必须提前介入，严厉打击，将犯罪消灭在萌芽状态。而像危害国家安全、恐怖活动这些危害极大的犯罪一般都会经过长期的严密的预备，如招募训练恐怖组织成员，如果在这个阶段刑法能够介入干预，将能有效地打击恐怖活动的犯罪并防止着手实行恐怖活动的犯罪。因此，很多国家将这些为了实行犯罪而准备的行为在刑法分则中规定了独立的犯罪。最典型的是我国《刑法》第120条之二规定的准备实施恐怖活动罪，该罪规定："有下列情形之一的，处五年以下有期徒刑、拘役、管制或者剥夺政治权利，并处罚金；情节严重的，处五年以上有期徒刑，并处罚金或者没收财产：（一）为实施恐怖活动准备凶器、危险物品或者其他工具的；（二）组织恐怖活动培训或者积极参加恐怖活动培训的；（三）为实施恐怖活动与境外恐怖活动组织或者人员联络的；（四）为实施恐怖活动进行策划或者其他准备的……"由此可见，预备行为单独定罪的特征是除了有单独的罪名，还有单独的法定刑，量刑时无需再考虑刑法总则关于犯罪预备形态的处罚规定而是直接适用该单独罪名的法定刑即可。

网络的无边际性以及网络信息传输的即时性、瞬间性和弥散性决定了网络违法犯罪活动在证据收集、事实认定与法律适用方面存在诸多困难。网络犯罪预备行为不仅可能威胁法益，而且其法益侵害危险较之传统犯罪预备具有倍增性、现实性和不可控性，刑法对其进行提前干预的必要性凸显。尽管中国刑法允许处罚形式预备犯，但是形式预备犯的可罚性在理论与实务上面临诸多困境，而以形式预备犯处罚网络犯罪预备行为，则会遭遇比一般形式预备犯更为严重的障碍。为了充分保护法益，维护网络秩序，防患于未然，《刑法修正案（九）》第 29 条以《刑法》第 287 条之一的序列，增设了非法利用信息网络罪，将利用信息网络设立用于实施违法犯罪活动的网站、通讯群组，为实施诈骗等活动发布违法犯罪信息，情节严重的行为，作为实质预备犯，规定了独立的犯罪构成与法定刑。

四、帮助行为正犯化

犯罪可以由一人实施，也可由数人实施，且数人互相配合、分工合作更易达到目的，完成一个人所无法完成的犯罪。有的犯罪，诸如有组织的犯罪则必须是共同犯罪。共同犯罪可以是共同实行犯，即简单的共同犯罪，但更多的是复杂共同犯罪，罪犯之间存在分工。直接实施某个犯罪的客观方面的人是实行犯，也叫正犯，仅仅提供帮助的人是帮助犯，教唆他人犯罪的人是教唆犯，帮助犯和教唆犯都是共犯。共犯在物理上和心理上对正犯都有支持，和犯罪结果之间存在因果关系，理当受到刑事制裁。但是根据传统的共犯理论，无论是共犯从属性说还是共犯独立性说，帮助行为须依托于实行行为方具有刑事可罚性，帮助犯与实行犯适用同一法条定罪量刑，只不过可以从轻或减轻处罚。但是，由于网络技术性因素的影响，正犯与共犯对犯罪目标实现的重要性逐渐发生翻转，在很多情况下，共犯（尤其是帮助犯）发挥着比正犯更加重要的实际作用。而且，由于网络犯罪产业化分工的影响，不同参与主体之间的客观联系越发松散。在主观方面，上述原因使得参与人之间的犯罪意思联络也越来越难以认定，司法实践中网络共同犯罪的定罪处罚越来越困难。因此，《刑法修正案（九）》采取了帮助行为正犯化的立法思路，增加了帮助信息网络犯罪活动罪以加大对帮助行为的制裁。提供侵入、非法控制计算机信息系统程序、工具罪也是典型的帮助行为正犯化。现在网络犯罪统计数据表明，实施网络犯罪对学历知识的要求并不高，呈现低学历、年轻化特点，原因就在于实施网络犯罪者并不需要开发软件程序，只要知道如何操作即可，至于运作原理是什么无需知道。而提供软件程序工具者仅仅是帮助行为，并不参与实际的网络犯罪。但是，很显然，提供侵入、非法控制计算机信息系统程序、工具的行为起到了至关重要的作用，如果仍以共犯理论对待，不符合罪责刑相适应原则。所以，单独成罪是必然的，也是合理的。

第三节　网络犯罪的刑法解释

法律需要解释，因为法律有不合目的性、不周延性、模糊性和滞后性的局限。法律解释是成文法局限性之克服的一种重要手段和方法。像贝卡里亚那样，要求刑法规定明确到不允许解释的程度，固然是最理想的，但是立法者并非万能的神，制定的法律也不可能完美无缺。任何特别是刑法分则规定的犯罪只能是犯罪行为的类型化，而类型化必然具有抽象性、孤立性和静态性特点，不同罪名界限分明，但实际生活中犯罪活动呈现出具体性、牵连性和动态性特点，对应于刑法规范，可能出现非此非彼但又亦此亦彼的模糊状态。成文刑法的这些局限性必然产生刑法解释的要求。虽然司法解释有其自身不可避免的弊端，尤其是我国的司法解释并非由法官作出，而是多由最高人民法院、最高人民检察院作出。这些解释依然由语言文字表达，仍然具有成文法一样的不合目的性、不周延性、歧义性、模糊性和滞后性的局限，仍有再次解释的可能和必要。而且，司法解释是有权解释，对各级法院具有约束力，导致各级法院唯司法解释马首是瞻，丧失了自己的主观能动性，也使两审终审制的效果大打折扣。虽然我国司法解释存在一些弊端，但是现实是大量的司法解释对司法实践起着非常重要的作用。

我国关于网络犯罪，已经制定了不少司法解释，主要有：最高人民法院、最高人民检察院《关于办理利用信息网络实施诽谤等刑事案件适用法律若干问题的解释》，最高人民法院、最高人民检察院《关于办理非法利用信息网络、帮助信息网络犯罪活动等刑事案件适用法律若干问题的解释》，最高人民法院、最高人民检察院《关于办理妨害预防、控制突发传染病疫情等灾害的刑事案件具体应用法律若干问题的解释》，最高人民法院、最高人民检察院《关于办理利用互联网、移动通讯终端、声讯台制作、复制、出版、贩卖、传播淫秽电子信息刑事案件具体应用法律若干问题的解释（一）》，最高人民法院、最高人民检察院《关于办理利用互联网、移动通讯终端、声讯台制作、复制、出版、贩卖、传播淫秽电子信息刑事案件具体应用法律若干问题的解释（二）》，最高人民法院、最高人民检察院、公安部《关于办理网络赌博犯罪案件适用法律若干问题的意见》，最高人民法院、最高人民检察院《关于办理危害计算机信息系统安全刑事案件应用法律若干问题的解释》等。

一、网络犯罪刑法解释的扩大化趋势

刑法解释的方法主要有：扩大解释、缩小解释、当然解释、文义解释、体系解释、历史解释、比较解释、目的解释等。关于网络犯罪的解释，理论与实践中多呈扩大化的趋势，主要体现在以下几个方面。

（一）扩大刑法"兜底规定"的适用范围

为了扩大传统刑法的适用范围，解释者自然首先就会想到刑法的兜底规定。我国《刑法》中经常被用来处罚网络犯罪的兜底规定主要有如下两处：①对非法经营罪兜底条款的扩大化解释。《刑法》第225条第4项的兜底条款经常被用来处罚一些网络经营行为。例如，根据司法解释，删帖（"通过信息网络有偿提供删除信息服务"）与发帖（"有偿提供发布虚假信息等服务"）的行为，可以构成非法经营罪；擅自设立互联网上网服务营业场所，或者擅自从事互联网上网服务经营活动，也可以依照非法经营罪的兜底条款追究刑事责任。再如，司法实践把使用"外挂代练"的行为认定为非法经营罪。另外，有学者认为P2P网络借贷平台对借款所做的担保行为也可以适用非法经营罪的兜底条款。②对破坏生产经营罪兜底规定的扩大化解释。网络空间经常会发生恶意好评、恶意差评、刷单炒信、恶意批量注册等物理空间未曾有过的行为。其中有些行为具有严重的社会危害性，理论与实践都用《刑法》第276条破坏生产经营罪的兜底规定来规制这些网络行为。

（二）扩大刑法"相关概念"的适用范围

很多网络犯罪是传统犯罪的"网络变异版"，这种"网络变异行为"与传统刑法所规定的"典型行为"之间存在一定的偏差，为了实现两者之间的对接，需要对刑法的相关概念进行扩大化解释。

（1）行为方式概念的扩张化解释。传统刑法所规定的行为，有的只能发生在物理空间，如杀人、伤害、强奸、抢劫等；有的既可以发生在物理空间也可以发生在网络空间，如盗窃、诈骗、敲诈、伪造等。前者的解释与网络时代无关；后者解释的关键在于，能否将网络空间的行为与物理空间的行为作同等评价。例如，利用信息网络诱骗他人点击虚假链接而实际通过预先植入的计算机程序取得财物的行为，与物理空间中的盗窃行为完全可以作同等的评价；虚构可供交易的商品或服务，欺骗他人点击付款链接而取得财物的行为，则与物理空间中的诈骗行为完全可以作同等评价。再如，为了打击利用网络实施的侵犯著作权犯罪，司法实践对于《刑法》第217条侵犯著作权罪中的"复制发行"始终采取扩张适用的态度。首先，我国历次司法解释无一例外地将"复制发行"扩大解释为包括"信息网络传播行为"。这些解释已经突破了"复制发行"与"信息网络传播行为"两者在民法上的界限。依据我国《著作权法》的规定，复制权、发行权、信息网络传播权是三种独立的著作权，"复制发行"并不包括"信息网络传播行为"。其次，司法判决进一步以"信息网络传播行为"为中介，把一切深度链接行为也涵摄于"复制发行"之中。我国司法实践通过"复制发行""信息网络传播""深度链接"的层层递进，把侵犯著作权罪的适用范围扩张到了极致。如果说将"信息网络传播"解释为"复制发行"尚可以接受，那么将一切"深度链接"解释为"复制发行"则很不合理，后文将对此进行论证。

（2）行为对象概念的扩大化解释。传统时代的行为对象如"物品""财物""犯罪所得"等大多具有实体性，而网络犯罪的行为对象多具有虚拟性，于是刑法解释的任务就是要扩大行为对象概念的外延，使之包含虚拟对象。例如，《刑法》第367条第1款规定"淫秽物品"是指书刊、影片、录像带、录音带、图片等"物品"，而不包括视频文件、音频文件、电子图书等"信息数据"。司法解释对"淫秽物品"作了扩大解释，使之包括淫秽电子信息数据。

（3）行为场所概念的扩张化解释。我国《刑法》对少数犯罪规定了特定场所，如"道路上""户""禁渔区""禁猎区"等，一般来说，在这些场所不可能发生网络犯罪。问题是网络犯罪是否可以发生在"公共场所"？对此，我国司法实践持肯定立场。"两高"（即最高人民法院、最高人民检察院）司法解释规定，《刑法》第293条第1款第4项"在公共场所起哄闹事，造成公共场所秩序严重混乱"包括在"信息网络上"起哄闹事，造成"公共秩序"严重混乱的情形。很明显，该司法解释作出了两个重大突破：一是将"公共场所"扩张为"公共空间"，使其既包括物理空间，也涵盖网络空间；二是将

"公共场所秩序"扩张为"公共秩序",使其既包括现实社会公共秩序,也包括网络社会公共秩序。对这一司法解释,我国学界意见不一。赞同者认为这一司法解释"具有划时代意义",反对者认为,这一司法解释"如同将刑法条文中的'妇女'概念提升为'人'的概念一样,属于典型的类推解释","将寻衅滋事罪由原来的'现实社会'扩展至'虚拟世界',这很值得关注"。[1]

二、网络犯罪刑法解释的限度

刑法中最重要的原则是罪刑法定原则,只有坚持罪刑法定,才能保障国民对刑法的预测可能性从而保障国民的自由。因此,对刑法的解释必须坚持严格解释的规则,解释刑法应该尽量保持在刑法文义的射程之内,关键在于合理地界定类推解释与扩张解释。然而类推解释与扩张解释之区分,可谓极为细微,在刑事法领域内差之毫厘、谬以千里,运用解释方法时不可不慎。类推解释与扩张解释之间可能就只有一步之遥,却又有着天壤之别,正如真理再向前多走一步,就可能是谬误的深渊。因此,把二者进行区别至关重要。一般认为,扩张解释是指刑法条文的字面通常含义比刑法的真实含义窄,于是扩张字面含义使其符合刑法的真实含义,但这种扩张应限制在刑法条文的可能含义之内。而类推解释则是在法律条文的可能含义之外进行解释。二者的区别仅在于所作的解释是否在法律文义的射程之内或者说是否超出国民的预测范围。然而射程之远近和预测范围之大小殊难判断。

关于类推解释与扩张解释的界限,日本学者的见解是值得称道的。他们认为类推与其说是一种法律解释还不如说是法律适用的一种方式,类推采取的是这样的思想:从国家、社会全体的立场来看某一行为不可允许,然后再设法找出类似的条文以资适用。与此相反,扩张解释完全是从能否纳入法律条文解释的范围这一观点出发考虑社会生活中的各种行为。二者的思路是明显相反的。从这样的观点看,扩张解释与类推解释的区别并非文字游戏,而是基于不同的价值观。从日本的两则案例大致可以看出扩张解释与类推解释的区别。一是日本旧刑法只设处罚窃取物之规定,而无处罚窃取电气之条文。后发生一件窃取电气案,一、二审法院解释电气不是物,判被告无罪。但大审院撤销原判决,对物进行扩张解释,认为电气是物,改判被告有罪,此

---

〔1〕　参见欧阳本祺:"论网络时代刑法解释的限度",载《中国法学》2017年第3期,第165~167页。

号判例属对物的扩张解释而非类推适用。二是日本旧《渔业法》第45条规定投放药品饵饼或爆裂物于水中，以麻醉或灭害鱼类者，处1年以下徒刑并科百元以下罚金，有被告用蓄电池发电，以导电竹竿接通电流投放水中，使鱼类触电麻醉浮出水面而捞取。一、二审法院认为药品应包括电流。终审则认此为类推适用，改判被告无罪。理由称该法第45条规定应处罚者，为投放药品饵饼或爆裂物于水中以麻醉或灭害鱼类，与被告以电流投放水中捕鱼不同，原判用类推解释谓二者结果无异，适用该条处断，显非适法。[1]

二例的区别，在于前者案例中电流与物具有相似性质，在物的外延之内；而后者案例中电流已超出药品一词外延之外，对国民而言实难预测。由是观之，扩张解释与类推适用之间的区别虽然极为细微，但仍有原则可供遵循，那就是扩张解释不能超出文义射程和国民的预测范围，而类推解释已经超出。问题是，文义的射程和国民预测可能性仍然是模糊不清的概念，没有客观清晰的标准，难免陷入公说公有理、婆说婆有理的困境。下面以网络型寻衅滋事罪说明。

最高人民法院、最高人民检察院《关于办理利用信息网络实施诽谤等刑事案件适用法律若干问题的解释》第5条规定了网络型寻衅滋事，但是寻衅滋事罪属于妨害社会管理秩序的犯罪，要求在公共场所实施。那么，网络空间究竟属不属于寻衅滋事罪意义上的"公共场所"呢？最高人民法院、最高人民检察院《关于办理寻衅滋事刑事案件适用法律若干问题的解释》第5条对公共场所作出了列举式的说明，包括车站、码头、机场、医院、商场、公园、影剧院、展览会、运动场或者其他公共场所，在该条文中，对于公共场所的列举中加入了"其他公共场所"这一兜底性规定，目的就是在出现新的可以被认定为公共场所的情况下，刑法能够及时地提供可参考的法条，为法律的滞后性保有余地。将信息网络纳入公共场所的范围内，是这一解释的一大创新之处。

公共场所具有两大明显的特征，即公共性和开放性，而网络空间的特征完美地契合了这两点。公共性指的是共有的，公用的，并不属于某个具体的个人。网络空间为所有进入网络的人提供了一个分享、交流的平台，人人都可以发言，也可以退出，因此符合公共性这一特征。而在开放性方面，网络

---

〔1〕 杨仁寿：《法学方法论》，中国政法大学出版社1999年版，第164~166页。

空间甚至比现实世界的公共空间还要开放，只需一个电脑或者手机，任何人都可以轻松访问虚拟世界，几乎没有门槛的限制。

但是张明楷教授认为：网络空间属于公共空间，但公共空间与公共场所存在区别，公共场所是公众（不特定人或者多数人）可以在其中活动的场地、处所，或者说，是公众可以自由出入的场所。这里的自由出入不是言论的自由出入，而是指身体的自由出入。或许有人认为，完全可以对公共场所作扩大解释，使其包括网络空间。但这已经不是扩大解释，而是用上位概念替换下位概念，亦即，将公共场所提升为公共空间，将公共场所秩序提升为公共秩序。如同将妇女提升为人一样，属于典型的类推解释。[1]

笔者认为，该解释将信息网络视为公共场所，是基于信息网络发展以及社会变化的合理的扩大解释。其并没有超出一般人的理解范围，并不违反罪刑法定的原则。在网络发展如此迅猛的大环境下，我们常常能看到官方对于"互联网并非法外之地"的宣传，人们也深刻认识到即便是处于虚拟空间中也不能肆意妄为，依旧要遵守国家的法律法规。此外，由于物理性并不是公共场所的当然特征，因此身体能否自由进出不能成为评判空间是否成为公共场所的标准。人的身体虽然不能够直接进入网络空间之中，但人的意志在网络空间中无处不在。在虚拟世界中发表的不当言论可以对外界、他人产生影响，甚至会对公共秩序造成一定的破坏和损害。从这个角度来说，网络空间可以认定为公共场所。

法律具有一定的滞后性，随着时代的进步、科技的发展，原先的某些法律规定会明显与如今的法律实践发生冲突，因此应当及时对相关规定及概念进行解释和修改。与传统媒介相比，网络空间中实施的犯罪如编造虚假信息，传播更广，范围更大，造成的结果更加难以控制。因此将网络空间纳入公共场所的范围中符合时代的发展背景，能够满足当前打击网络犯罪的需要。

三、网络犯罪刑法解释的原则

刑法解释的主体主要是法官，但法官对同一法律规定和同一事实的解释可能会因人而异，为了保证刑法适用解释符合立法意图、实现类似案件类似处理的刑事法治目标，应该确立刑法适用的解释规则。

---

[1] 张明楷："简评近年来的刑事司法解释"，载《清华法学》2014年第1期，第16~17页。

（1）刑法解释一定要遵守罪刑法定原则。如前所述，罪刑法定原则是刑法的铁则，具有限制刑罚权的滥用、保障人权的重要价值。德国刑法学家李斯特说："刑法是刑事政策不可逾越的屏障。"李斯特为解决刑法与刑事政策之间关系而提出的这个广为流传的命题即是"李斯特鸿沟"。首先，李斯特认为刑事政策和刑法的性质和任务不同，刑事政策是"通过对犯罪人个体的影响来与犯罪作斗争的"；而刑法是保护法益、维护自由法治国的手段。为避免刑法流于偶然和专断，刑法体系不允许被刑事政策等外在要素入侵。其次，在《德国刑法教科书》中，李斯特对刑事政策和刑事立法的关系进行了详细的论述："刑事政策要求，社会防卫，尤其是作为目的刑的刑罚在刑种和刑度上均应适合犯罪人的特点，这样才能防止其将来继续实施犯罪行为。"[1]由此可见，李斯特认为刑事政策对刑事立法具有批判和导向作用，而在刑事司法过程中，需要坚守罪刑法定原则，不能以刑事政策之名，随意超越法律。正因如此，"李斯特鸿沟"这句名言又被翻译为"罪刑法定是刑事政策不可逾越的藩篱"。网络犯罪中的司法解释同样不可因为社会形式的变迁和刑事政策的改变而随意逾越李斯特鸿沟，司法解释的制定者和法官们尤其需要树立这个观点，因为你的一个解释、一个判决影响的就是别人的一生。

（2）刑法应进行严格解释。严格解释规则是罪刑法定原则的当然要求，依据严格解释规则，负责适用刑法的法官无权将其扩张至立法者并未指明的情况。凡是法律没有明文规定的行为均不受惩处。即使是强调法官自由裁量和适用解释的英美法系国家同样坚持刑事法律必须被严格地加以解释，以排除刑事法网适用上的不公正。[2]刑法应该进行严格解释，因为刑法属于公法，调整的是国家和个人之间的关系，注重正义与安全，刑法应对各种行为的法律后果加以明确宣示从而使法律有预测可能性，使人们在行为之前即可预料法律对自己行为的态度，不必担心来自法律的突如其来的打击，从而保证人们的生命、财产和自由。而要保证人们的生命、财产和自由，对法官来说就不能任意或扩大地解释法律。如果在刑法解释中赋予法官较大的权力，那么法官就可以借口法律有缺陷而对刑法作出符合自己要求的解释，就会使公民

---

〔1〕 ［德］弗兰茨·冯·李斯特：《德国刑法教科书》，徐久生译，法律出版社2000年版，第3~8页。

〔2〕 储槐植：《美国刑法》（第2版），北京大学出版社1996年版，第45页。

对刑法捉摸不定，从而在行为方面无所适从，失去预测可能性，从而出现以下两种损害公民安定、侵犯公民权利的后果：一方面，公民因不知道自己的行为是否会受到法律制裁而感到不安或者不敢实施合法行为，从而导致行为萎缩的效果；另一方面，公民会总是担心自己的利益受到别人同样不可预测的行为的侵犯而感到不安。这样，在刑法领域，刑法解释的权力受到严格限制也就理所当然了。

（3）刑法应该进行客观解释而不是主观解释。早在 19 世纪后半叶，法哲学及方法论的文献关于法律解释的目标就已经形成两种对立的见解：其一是以探究历史上立法者的心理意愿为解释目标的"主观解释论"，其二是以解析法律内在的意义为目标的"客观解释论"。主观解释论与客观解释论立场之争涉及的主要是法律解释的目标定位问题，本质上解决的是刑法条文的含义是否会随着时间等外部世界的变化而流变的问题。具体而言，主观解释论主张刑法解释的目标应当是阐明立法时立法者的初衷与原意，历史上立法当下的规范含义不能随着时代的变迁而发生改变，在此基础上，可以说刑法文本的意义仅仅是表达立法初衷的载体；客观解释论则主张刑法解释的目标应当是阐明刑法条文在当下时代背景下客观上所表现出来的含义，对法律规范中的具体概念可以作出与立法时不同、符合社会发展变迁、契合一般人日常理解的解释。概言之，在当前的网络时代背景下，主观解释论与客观解释论之争旨在明确法律条文的含义是否会随着行为发生地由传统现实社会向网络虚拟社会的转移而改变。在对条文规范的理解上，应当以立法当下的时代背景为限，还是可以结合当下网络时代，作出超越立法原意的文本解读。

第三章
网络犯罪中常见罪名的教义学分析

第一节 三个纯正网络犯罪的教义学分析

随着信息网络技术的发展，利用信息网络作为犯罪工具、犯罪场域实施传统犯罪的态势悄然成型，传统犯罪趋向网络化，在相当程度上改变了传统犯罪的不法属性与不法程度，给刑事归责带来了诸多挑战。尽管我国司法解释与刑法理论为消除对传统犯罪网络化刑事归责的障碍，不断对传统理论与法条文义进行突破，但还是难以从根本上对网络犯罪的刑事归责进行正当化与合法化的说明与论证。因此，《刑法修正案（九）》专门规定了拒不履行信息网络安全管理义务罪、非法利用信息网络罪、帮助信息网络犯罪活动罪三个纯正网络犯罪的构成要件与法定刑。[1]

一、拒不履行信息网络安全管理义务罪的教义学分析

（一）立法和适用现状

《刑法修正案（九）》新增了"拒不履行信息网络安全管理义务罪"，即第 286 条之一，规定如下："网络服务提供者不履行法律、行政法规规定的信息网络安全管理义务，经监管部门责令采取改正措施而拒不改正，有下列情形之一的，处三年以下有期徒刑、拘役或者管制，并处或者单处罚金：（一）致使违法信息大量传播的；（二）致使用户信息泄露，造成严重后果的；（三）致使刑事案件证据灭失，情节严重的；（四）有其他严重情节的。单位犯前款罪的，对单位判处罚金，并对其直接负责的主管人员和其他直接责任人员，依照前

---

〔1〕 梁根林："传统犯罪网络化：归责障碍、刑法应对与教义限缩"，载《法学》2017 年第 2 期，第 3 页。

款的规定处罚。有前两款行为，同时构成其他犯罪的，依照处罚较重的规定定罪处罚。"拒不履行信息网络安全管理义务罪的制定虽然看似是互联网监管的一场及时雨，但却并没有起到解决燃眉之急的作用。从已公布的裁判文书以及相关新闻报道来看，自2015年《刑法修正案（九）》生效至今，这一罪名的司法实践仍然近乎一纸空白。中国裁判文书网上可以检索到的以该罪名定罪的案件目前只有寥寥数起，其中两起涉及非法提供VPN服务，例如2018年9月作出判决的胡某拒不履行信息网络安全管理义务一案，被告人胡某利用上海丝洱网络科技有限公司擅自建立其他信道进行国际联网，且经上海市公安局浦东分局行政处罚后仍不改正，最终被判处拘役6个月，缓刑6个月，罚金人民币3万元。还有2018年12月作出判决的朱某非法获取计算机信息系统数据、非法控制计算机信息系统一案，被告人朱某注册成立公司并创建网站以销售VPN软件，供用户访问境外互联网网站，公诉机关以非法获取计算机信息系统数据、非法控制计算机信息系统罪之名义起诉，但法院认为朱某的行为应当构成拒不履行信息网络安全管理义务罪。

拒不履行信息网络安全管理义务罪未能得到充分的落实与这一罪名的特殊性有不可分割的关系。正如前文所述，构成本罪的行为要求网络服务提供者未按照法律及行政法规的要求履行安全管理义务，经监管部门责令采取改正措施而拒不改正，这就使得本罪天然具有刑法与其他法律、行政法规相衔接的问题。但是，我国的网络安全法规体系，在《网络安全法》出台以前，体现出的不完备和碎片化的特点，导致了本罪适用的困难。

（二）犯罪构成要件分析

1. 犯罪主体

本罪主体可以是单位，但是需要研究的是解释中的"单位"应作何理解？《刑法》第30条的规定是"公司、企业、事业单位、机关、团体"，似乎要求"单位"是法人或非法人组织。但是《全国法院审理金融犯罪案件工作座谈会纪要》明确了单位的分支机构或者内设机构、部门实施犯罪行为的，应认定为单位犯罪。据此，分公司等分支机构被涵盖到刑法规定的"单位"的概念中，因而也应该可以作为本罪的犯罪主体。同时本罪的罪状特殊，要求"经监管部门责令采取改正措施而拒不改正"。而我国《行政处罚法》第4条规定行政处罚的对象为"公民、法人或者其他组织"。最高人民法院《关于适用〈中华人民共和国民事诉讼法〉若干问题的意见》第40条规定其他组织是指合法成立、有一定的组织机构和财产，但又不具备法人资格的组织，包括法人依法设立并领取营业执照的分支机构。因此分支机构肯定能够作为监管部门责令采取改正措施的对象。

另外，《网络安全法》第8条规定：国家网信部门、国务院电信主管部门、公安部门和其他有关机关，县级以上地方政府有关部门依法律规定负有网络安全保护和监督管理职责。《数据安全法》第6条规定："各地区、各部门对本地区、本部门工作中收集和产生的数据及数据安全负责。工业、电信、交通、金融、自然资源、卫生健康、教育、科技等主管部门承担本行业、本领域数据安全监管职责。公安机关、国家安全机关等依照本法和有关法律、行政法规的规定，在各自职责范围内承担数据安全监管职责。国家网信部门依照本法和有关法律、行政法规的规定，负责统筹协调网络数据安全和相关监管工作。"《个人信息保护法》第60条规定：国家网信部门、国务院有关部门，县级以上地方人民政府有关部门依法依规负有个人信息保护和监督管理职责。这就意味着我国法律法规授权多个不同级别、不同领域的机关单位可以对网络服务提供者提出要求，而且至少县级以上人民政府有关部门都具有这项权力。因此，问题转化为当某一分支机构被监管部门责令采取改正措施后，哪些主体可能成为本罪的适格主体？更准确地说，问题是对于被责令采取改正措施的单位的上级单位或同属于同一上级单位的其他平行单位，未在合理时间内实施被指令的改正措施的，是不是《刑法》第286条之一的适格主体？

从监管运行的现状来说，一个区域的权力部门通常都只会对自己行政区划内的网络服务提供者发出监督指令，而同时我们也知道，现实中跨地域的大型企业经常在各地的子公司或分支机构均开展类似的类型化的业务。例如，移动、电信、联通三大运营商各省公司具有独立的法人资格。而市域、县域的相关部门虽有发出监督指令的权力，但是通常而言它们并不会"越级"向运营商省公司发出监管函件，更不会向位于北京的运营商集团公司发函。那么，当运营商的某市甚至某县域分公司因某项在各地均有相似流程的业务而接到当地权力部门的整改指令后，该运营商其他分支机构是否可能因为未执行指令而成为本罪的适格主体？

这个问题具有很强的现实意义，尤其对于类似三大运营商、阿里巴巴、腾讯这样的超大型企业而言。如果答案是肯定的，那么业务运行遭遇监管干涉的风险就过大，整改成本也过高，还极易产生因遭遇冲突指令而无所适从的问题。

从法律和法理的角度看，本罪要求被控单位"不履行法律、行政法规规定的信息网络安全管理义务"。法律和行政法规当然是各地通行的，但因为我国相关法律和行政法规还处于发展阶段，使得该罪中作为义务的确定并非不言自明。不同时期制定的网络管理法律、行政法规的用语、规范目的、规制范围都有差别，法律、行政法规为网络服务提供者确定了哪些信息网络安全管理义务，其边界并不十分清晰，各地的执行标准也并不十分统一。在甲地根据甲地的配套认定标准或甲地有权机关的裁量认为违反信息网络安全管理义务的行为，在乙地也许会得到不同评价。因此，我们首先应该分析有权部门作出整改指令的依据：如果仅依据法律、行政法规和具有全国范围内统一的效力和适用标准的明确无疑的规范而作出整改指令，那么可能具有在全国范围内需要统一整改的可能。因为该整改指令使网络服务提供者认识到其经营行为在全国范围内为他人违法犯罪行为实现的一部分，其履行义务就具有期待可能性，在此基础上仍拒不履行监管义务的，不能否定其行为的不法性。但是，如果该整改指令含有地方性的认定标准或者包含当地权力部门的自由裁量因素，则难以要求该认定标准有效范围之外或权力部门权力覆盖范围之外的其他单位也要执行相同或类似的整改指令。因为对于其他单位，依其本地认定标准或监管要求，其行为未必违法，因此没有法律上的整改义务。

综上所述，本书的看法是：当跨区域企业的某分支机构接到监管整改指令时，在整改指令依据的法律规范中适用范围最小的规范的有效范围和作出整改指令的权力部门的权力范围的交集内的单位，才有整改义务，拒不履行的，才可以是《刑法》第286条之一的适格主体。而从更加"实际"的角度看，上述结论不但符合法律与法理，也更具有现实可行性。毕竟整改指令经常具有因地制宜、因时制宜、因事制宜的个案特征，不合理地扩大其效力范围对法益保护并无裨益。因此，当上述交集内的单位之外的其他单位因同类型行为遭遇执法调查时，应当先采用行政手段规制，其后才具有动用刑法的可能性和必要性。

2. 犯罪客观方面

（1）什么是"信息网络安全管理义务"？

《刑法》第286条之一明确规定，网络服务提供者所违反的"信息网络安全管理义务"是"法律、行政法规规定的信息网络安全管理义务"，当然是针对网络服务提供者的信息网络安全管理的义务性规定。具体有哪些义务呢？《计算机信息网络国际联网安全保护管理办法》第10条明确规定："互联单位、接入单位及使用计算机信息网络国际联网的法人和其他组织应当履行下列安全保护职责：（一）负责本网络的安全保护管理工作，建立健全安全保护管理制度；（二）落实安全保护技术措施，保障本网络的运行安全和信息安全；（三）负责对本网络用户的安全教育和培训；（四）对委托发布信息的单位和个人进行登记，并对所提供的信息内容按照本办法第五条[1]进行审核；（五）建立计算机信息网络电子公告系统的用户登记和信息管理制度；（六）发现有本办法第四条、第五条、第六条、第七条所列情形之一的，应当保留有关原始记录，并在24小时内向当地公安机关报告；（七）按照国家有关规定，删除本网络中含有本办法第五条内容的地址、目录或者关闭服务器。"可见，"信息网络安全"主要是指信息内容的安全，也包括信息系统本身的安全。[2]而"信息网络安全的管理"则包括网络营运监管、网络内容监管、网络版权监管、网络经营监管、网络安全监管、网络经营许可监管等。

此外，全国人大常委会《关于加强网络信息保护的决定》《消费者权益保护法》《电信条例》《电信和互联网用户个人信息保护规定》也都包含对网络服务提供者的网络信息管理义务的要求。已颁布并生效的《网络安全法》《电子商务法》《个人信息保护法》等也涉及了网络服务提供者的网络信息管理义务。问题是，"信息网络安全管理义务"是否包括来自国新办、网信办、公安部、工信部、国家新闻出版总署等部门制定的规章等规范性文件？这些部门都是对网络负有重要的监管职责的部门。对此应该严格按照罪刑法定原则进行解释，既然第286条之一明确规定网络服务提供者不履行的是"法律、行政法规规定的信息网络安全管理义务"，就不应包括国新办等部门制定的规章

---

[1]《计算机信息网络国际联网安全保护管理办法》第5条是有关"违法信息"的9项规定。

[2] 参见张晓娜："全国人大法工委解读《刑法修正案（九）》涉网络条款"，载《民主与法制时报》2015年11月15日。

等规范性文件。然而，这些部门各自在自己的职责范围内依法推进、落实网络服务提供者的信息网络安全管理义务履行，当这些部门发现具体问题或接到举报、要求网络服务提供者进行改正的，网络服务提供者负有及时改正的义务。需要注意的是，该条设置的违反法定义务的犯罪属于纯正不作为犯，前提必须有基本的法律和法规，而且规定义务明确。刑事责任的设置以民事责任、行政责任的前置为基础，法律责任有其递进性，刑事责任是最重要的法律责任，前提必须是行为人负有某项具体义务、有条件履行却违反了该义务，那么这里的义务就必须明确、合理可行。就目前情况看，网络服务提供者权利义务和法律责任将随着立法的增加而不断增加。事实上，互联网市场及市场监管均有待完善。例如，在监管部门之间，相关的规定，给被监管者发出的指令、通知应当进一步协调，监管部门之间的数据开放、共享等也需要推进并加以明确。在强化对网络信息安全监督管理的同时，应当发挥市场在资源配置中的决定性作用，尽可能地避免和减少不必要的行政干预，突出政府的服务功能。刑法是最后一道防线，是其他法律的保障法，遏制网络犯罪迫切需要有效的行政监管，未来法律对网络服务提供者的"信息网络安全管理义务"规定会更加完备，届时对第286条之一的适用要更好地发挥行政法律规定的作用。反之，如果前置义务尚不明确，则应慎重追责，特别是应当慎重追究刑事责任。

（2）"监管部门"包括哪些部门？

我国对网络服务提供者有权进行监管的部门包括国信办、工商行政管理部门、工信部和地方通信主管部门、新闻出版部门、教育部门、卫生部门、药品监督管理部门、公安部门和国家安全部门等，且存在职能交叉现象。如果所有监管部门的各层级都属于条文规定的"监管部门"，会导致"责令"出自多门，甚至有时可能互相矛盾，使得互联网企业承担很重的信息安全管理压力。从法益保护角度看，本条的立法目的主要是保护信息网络安全，因此，司法实践中最好对"监管部门"一词进行目的性限缩解释，通过列举的方式限定为"网络安全监管部门"。

（3）责令的内容、形式有无要求？

在此涉及平台责任的边界问题。就网络安全监管而言，当然是国家的监管部门负有监管职责，然而，互联网的出现很大程度上改变了社会治理方式，将过往的政府一元式治理变成"政府+社会"的二元式治理，这里的"社会"

首先是网络平台企业，由于其直接面对用户，因此部分承担了网络安全监管的职责，同时也可以说，具有了部分的网络安全监管的职权，而权、责从来就是紧密相关、不可分割的。然而，网络经济、电子商务、电子金融的发展速度远超过网络监管的发展速度，在一定程度上，网络监管跟不上网络经济的发展步伐。另外，由于网络治理的特殊性，政府不得不与网络服务提供者共同对信息网络进行"联手治理"。那么，平台责任的边界在哪里，与国家网络监管部门的监管职责究竟如何划分？

公权治理的领域引入私权治理后，司法裁判者绕不开的问题是担负着不同监管职责的行政主管部门、网络服务提供者，在履行职责的过程中都可能会有过错——即使主观上不是故意的，而这种过错，不能一概归责于网络服务提供者。换言之，若要追究网络服务提供者的刑事责任，首先就需要确认监管部门责令采取改正措施中的"措施"是合法的、正当的、可行的、合理的，才能对"拒不改正"追究刑事责任。因而，司法实践中需要对"责令改正"的内容作实质性判断，不能只是形式性判断。如果认为只要监管部门对网络服务提供者发布有关采取改正措施的"责令"，后者拒不改正导致严重后果的，就追究刑事责任，未免过于严苛。

"经监管部门责令采取改正措施而拒不改正"中的"责令"是否包括"口头"责令？工商行政管理机关所适用的责令改正可以分四类：①属于监管措施的责令改正，可以书面作出，也可以口头作出。②属于程序性的责令改正。不能用口头形式，而必须用书面形式，而且应当有法律法规的明确规定，这是为下一步的处罚留下证据，也是作出行政处罚的法定前置程序。③属于附加罚的责令改正，属于行政处罚的附加罚，但不能单独适用。④属于强制措施类的责令改正。应当书面作出决定。[1]《行政处罚法》第9条将行政处罚种类划分为警告、罚款、没收违法所得和非法财物、责令停业、暂扣或吊销许可证或执照、行政拘留等六种，其中并无"责令改正"。责令改正的性质，不是一种行政处罚，而只是一种行政措施。然而，发出责令是否必须采用书面形式，法律没有专门规定。实践中，监管部门的日常监管一般也不必采用书面形式。而且，监管部门的不同级别的人都有可能通过电话、口头通知发布"责令"，如果将这种非正式的通知包含在"责令"之内，会给企业履行

---

[1] 参见"浅谈责令改正的法律属性及适用"，载《中国工商报》2010年6月19日。

义务带来困扰，导致入罪的风险过大。例如，若必须执行口头的删帖、屏蔽、净网"责令"，则可能"致使刑事犯罪证据灭失"，在口头通知者拒不承认的情况下，网络服务提供者仍可能构成犯罪。结果是，企业无所适从，不执行口头责令会构成犯罪，执行了也可能构成犯罪。

（4）对"拒不改正"的界定。

作为纯正的不作为犯罪，与第286条之一类似的规定还有拒不执行判决、裁定罪。然而，这两个罪的不同之处在于，拒不执行判决、裁定罪中的"判决、裁定"内容是确定的，而拒不履行信息网络安全管理义务罪中的"义务"却是庞杂、多头、随着相关立法的出台而不断增加的，其空白罪状的特征非常明显。因而，对网络服务提供者的"拒不改正"认定不可以"一刀切"，而要视具体情况进行具体分析。

所谓"改正"，就是把错误的改为正确的，而"拒不改正"既包含"不采取改正措施"行为要素，也包含"采取了改正措施但仍然没有达到预期目的"的结果要素。对"拒不履行信息网络安全管理义务罪"的认定，应当注意对行为人的主观方面，特别是注意对行为人主观恶性的判断，例如行为人对"责令改正"的内容是否明了、改正的可能性与难度、拒不改正的次数等。如果监管部门提出的只有目标没有具体改正措施，或者改正目标在当前技术条件下无法实现，则因缺乏期待可能性，不宜定罪。事实上，随着网络技术的飞快发展，针对信息网络服务者实施的破坏计算机信息系统、非法控制计算机信息系统、非法获取公民个人信息等犯罪越来越猖獗，且手段多变、防不胜防，有时即使网络服务提供者在接到改正通知后已经尽到注意义务或者采取了防范措施，仍不足以防止后果发生。由于网络具有跨地域、传播快等特点，有时即便是穷尽所有的技术救济手段，也无法完全避免违法信息的传播。因而，对是否"改正"、是否属于"拒不改正"都不能仅仅看效果，而要结合网络服务提供者的主观心态、客观所作的努力进行综合判断，否则将陷入"客观归罪"。

（5）什么是"违法信息"？

《互联网信息服务管理办法》第15条以及《电信条例》第56条所严禁的九类违法信息内容是一致的，即任何组织或者个人不得利用电信网络制作、复制、发布、传播含有下列内容的信息：①反对宪法所确定的基本原则的；②危害国家安全，泄露国家秘密，颠覆国家政权，破坏国家统一的；③损害国家荣誉和利益的；④煽动民族仇恨、民族歧视，破坏民族团结的；⑤破坏国家宗教政策，宣扬邪教和封建迷信的；⑥散布谣言，扰乱社会秩序，破坏社会稳定的；⑦散布淫秽、色情、赌博、暴力、凶杀、恐怖或者教唆犯罪的；⑧侮辱或者诽谤他人，侵害他人合法权益的；⑨含有法律、行政法规禁止的其他内容的。

那么，《刑法》第286条之一中的"致使违法信息大量传播"是否涵盖上述九种违法信息？该罪的保护法益是国家安全、公共安全、社会秩序及公民个人信息，上述前八种违法信息的内容都十分明确，不会产生太大的异议，主要是第九种，"含有法律、行政法规禁止的其他内容的"，这种兜底式的规定可能被任意解释、扩大适用，违背刑法谦抑性的基本原则。例如，发放垃圾广告、夸大宣传、诽谤他人、侵犯商业信誉等行为，通过行政法规进行制裁即可，若被解释成"（九）含有法律、行政法规禁止的其他内容的"违法信息，则处罚范围会被不当扩大。从国外立法经验看，追究信息网络服务提供者的罪责一般只针对仇恨言论、侵犯著作权、淫秽物品、毒品、诽谤等违法信息，而不是一切违法信息。

我国其他法律法规中关于"违法信息"的范围，描述得已经很大。例如，《网络安全法》第12条第2款规定："任何个人和组织……不得利用网络从事危害国家安全、荣誉和利益，煽动颠覆国家政权、推翻社会主义制度，煽动分裂国家、破坏国家统一，宣扬恐怖主义、极端主义，宣扬民族仇恨、民族歧视，传播暴力、淫秽色情信息，编造、传播虚假信息扰乱经济秩序和社会秩序，以及侵害他人名誉、隐私、知识产权和其他合法权益等活动。"《电信条例》第56条规定："任何组织或者个人不得利用电信网络制作、复制、发布、传播含有下列内容的信息：（一）反对宪法所确定的基本原则的；（二）危害国家安全，泄露国家秘密，颠覆国家政权，破坏国家统一的；（三）损害国家荣誉和利益的；（四）煽动民族仇恨、民族歧视，破坏民族团结的；（五）破坏国家宗教政策，宣扬邪教和封建迷信的；（六）散布谣言，扰乱社会秩序，破坏社会稳定的；（七）散布淫秽、色情、赌博、暴力、凶杀、恐怖或者教唆犯罪的；（八）侮辱或者诽谤他人，侵害他人合法权益的；（九）含有法律、行政法规禁止的其他内容的。"但是，从上述公安部"净网行动"的通报来看，"违法信息"的范围还远不止上述法律所列举的。例如，有偿删帖，虚假刷评，非法"支付结算、广告推广、建站设施和技术支持"相关信息等点名通报的内容，都难以归入上述法律法规规定的类型。那么，是否致使包括但不限于上述的任何一种违法信息的大量传播都应该认定为犯罪呢？本书的观点是应当进行一定的甄别。

"违法信息"的范围几近无边无际，对比《刑法》第286条之一第2项和第3项规定则令这一点显得更加突出。第2项的法条用词是"致使用户信息泄露，造成严重后果的"，而最高人民法院、最高人民检察院《关于办理非法利用信息网络、帮助信息网络犯罪活动等刑事案件适用法律若干问题的解释》（以下简称《解释》）将该项解释为"（一）致使泄露行踪轨迹信息、通信内容、征信信息、财产信息五百条以上的；（二）致使泄露住宿信息、通信记录、健康生理信息、交易信息等其他可能影响人身、财产安全的用户信息五千条以上的；（三）致使泄露第一项、第二项规定以外的用户信息五万条以上的……"也就是说，《解释》将"用户信息"进一步限制于与侵犯公民个人信息罪的保护范围相一致，且数量规定为侵犯公民个人信息罪的十倍。第3项的法条用词是"致使刑事案件证据灭失，情节严重的"，而《解释》将该项解释为"（一）造成危害国家安全犯罪、恐怖活动犯罪、黑社会性质组织犯罪、贪污贿赂犯罪案件的证据灭失的；（二）造成可能判处五年有期徒刑以上刑罚犯罪案件的证据灭失的……"也就是说，《解释》对"刑事案件证据"的范围也进行了进一步限缩。既然同条第2项、第3项的用词在含义本就比"违法信息"要清楚的情况下尚需进一步限缩，第1项就更没有无边无际的理由。

一种可能的合理限缩途径是：以刑法条文表述"网络服务提供者不履行法律、行政法规规定的信息网络安全管理义务"为依据，将"违法信息"的范围同样限制在"法律、行政法规"规定的范围之内。据此则依据部门规章、地方性法规、规范性文件等认定的"违法信息"不应纳入本罪第1项的计算范围内。（当然，信息网络安全监管部门未依据法律、行政法规规定发出指令；或者不是根据法律、行政法规而仅依据部门规章等发出改正通知；仅仅发出口头整改通知，甚至违法发出指令的，网络服务提供者更不构成该罪。）更进一步，对于《网络安全法》《电信条例》规定的"违法信息"也应该对其"违法程度"作出适当审查，以期与拒不履行网络安全监管义务罪第2项的认定标准保持一种协调和均衡。例如，对于"散布谣言，扰乱社会秩序，破坏社会稳定的"可以参考寻衅滋事罪的认定标准；对"煽动民族仇恨、民族歧视，破坏民族团结的"可以参考煽动民族仇恨、民族歧视罪，出版歧视、侮辱少数民族作品罪的认定标准；对"侮辱或者诽谤他人的"可以参考侮辱罪、诽谤罪的认定标准等；再考虑同类解释规则，确定适当范围。

（6）《刑法》第286条之一第1项与第3项是否存在矛盾？

有人认为，第286条之一所列举的四种情形，第1项"致使违法信息大量传播"和第3项"致使刑事案件证据灭失"在逻辑和实践层面是互相冲突的。为了防止违法信息的大量传播，行为人就会赶快删除违法信息，而删除行为又导致刑事证据的灭失。进一步讲，如果不删除"违法信息"，可能"致使违法信息大量传播"，符合了第1项的规定；如果删除"违法信息"，可能致使刑事犯罪证据灭失，严重妨害司法机关依法追究犯罪，符合了第3项的规定。（例如，网络服务提供者的平台出现涉黄、涉恐等信息，根据《互联网信息服务管理办法》第15条的规定，互联网信息服务提供者不得传播含有散布淫秽、色情、赌博、暴力、凶杀、恐怖或者教唆犯罪的信息。因此，为履行上述义务，网络服务提供者应当对这些信息予以删除。然而，这些包含淫秽、色情、赌博、暴力、凶杀、恐怖或者教唆犯罪的信息同时也可能是某些重要的刑事犯罪证据，公安机关等部门要求予以保存，如果予以删除，有可能致使刑事犯罪证据灭失，严重妨害司法机关追究犯罪。）

笔者认为，其实并不矛盾。对这种貌似冲突、矛盾规定的解释，需要参照国务院《互联网信息服务管理办法》第16条的规定。该条规定："互联网信息服务提供者发现其网站传输的信息明显属于本办法第十五条所列内容之一的，应当立即停止传输，保存有关记录，并向国家有关机关报告。"此外，《网络安全法》第47条表达了同样的含义，该条规定："网络运营者应当加强对其用户发布的信息的管理，发现法律、行政法规禁止发布或者传输的信息的，应当立即停止传输该信息，采取消除等处置措施，防止信息扩散，保存有关记录，并向有关主管部门报告。"

（7）如何把握"其他严重情节"？

《刑法》第286条之一所列举的第四种情形是"有其他严重情节的"。之所以如此规定，主要原因在于网络发展之快超出了立法者的预料，对于拒不履行信息网络安全管理义务会造成何种严重后果、具备何种严重情节，单纯采用列举式恐怕不能涵盖、穷尽，立法者为免得挂一漏万，才作此规定。

罪状规定的明确性是罪刑法定原则的必然要求，立法应当尽量避免"其他严重情节"这样开放式、兜底性的规定，因为它给法官留下了较大的解释空间，如果适用不当，容易使司法裁量权过大，损害被告人的合法权益。笔者认为，这里的"其他严重情节"应当是与前三项危害性相当的情节，而不应作扩大解释。而且，本罪保护的法益是"信息网络安全"，因此，对"其他严重情节"的法益判断既包括信息内容安全，也包括信息网络系统的安全。

（三）结语

对《刑法》第286条之一"拒不履行信息网络安全管理义务罪"的法律适用，应当尽可能采取目的性限缩解释，并且能够用侵权责任、行政处罚解决的，就不要轻易动用刑法。不少犯罪行为同时是侵权行为、违约行为或行政违法行为，只是程度严重才构成犯罪。要解决刑事责任的问题首先要定性分析，要准确判断其违法性及程度。在相关法律缺失，实践中操作方式五花八门，监管部门做法不一、要求不一，对被监管企业或个人的要求甚至相互矛盾、冲突的情况下，刑法的适用应当尽可能地审慎。正如德国法学家耶林所言，"刑罚如同双刃之剑，用之不得其当，则国家与个人两受其害"。立法在网络犯罪方面的扩张规定有其不得已性，但是司法就需要适当地限缩，防止给互联网产业的发展创新带来不应有的危害。不相称的法律风险将损害网络服务提供者的投入，最终损害的还是消费者和社会的进步。

我国互联网产业发展迅猛，中国互联网络信息中心（CNNIC）2016年1月22日发布的第37次《中国互联网络发展状况统计报告》显示，"互联网+"行动计划不断助力企业发展，互联网对于整体社会的影响已进入新的阶段。因此，既要依靠刑法在内的法律构建良好的网络秩序，维护网络安全，也要通过法的实施保护各方的合法权益，保护互联网产业充分的市场竞争与创新，提高发展质量和效益，促进互联网和经济社会的融合，实现网络强国的战略。

二、非法利用信息网络罪的教义学分析

（一）立法目的

网络在给我们的生活带来极大便利的同时，网络犯罪的数量也在急速增长，非法利用信息网络进行犯罪的行为越发突出。传统犯罪利用虚拟网络产生了新的异化，使得传统犯罪的构成要件和形态都产生了不同以往的新的表

现形式，传统刑法理论以及立法和司法规则在这一新的状态下难以适应。网络犯罪与传统犯罪方式紧密联系在一起，因信息网络包罗万象，网络犯罪方式有异，所需要素也会相应不同，概而观之，网络犯罪的实施通常离不开推广、技术、物料（信息类物料和工具类物料）、支付等要素。①宣传推广成为网络犯罪行为人吸引受害人或者参与人的主要渠道，发挥着桥梁纽带的作用。例如，网络开设赌场需要通过宣传推广吸引参赌人员，电信网络诈骗需要通过宣传推广吸引被骗群众。②当前，行为人通过使用他人研发的各种程序、工具实施网络犯罪，大大降低了犯罪成本和技术门槛，导致网络犯罪迅速蔓延。③信息类物料主要为网络犯罪提供虚假身份，如提供居民身份证信息、银行卡信息等，成为其逃避实名制的重要"屏障"。工具类物料主要为网络犯罪提供猫池、卡池、手机群控设备或者其他工具，以通过自动化手段组合各种资源实施违法犯罪活动。④网络犯罪的主要目的在于非法牟利，资金支付结算和变现是关键。正是通过资金支付环节，网络犯罪行为人套取、漂白违法所得，逃避国家资金监管，最终实现犯罪目的。网络犯罪态势越发严重，尤其注重全链条——自上游至下游协同犯罪，共犯人数多，以不同的要素细化出多种的犯罪形式，网络犯罪数量大且因其蛰伏于网络之下不易被发现等特点难以将此类犯罪除恶务尽。实务界普遍认为，增设本罪是为了将设立网站、通讯群组、发布信息等网络犯罪的犯罪预备纳入正犯化的考量范畴，一是肆意传播犯罪信息导致下游犯罪如诈骗、销售违禁物品等犯罪猖獗，成为社会难以根除的沉疴；二是贯彻网络犯罪"打早打小"的基本原则，将司法规制的步骤前置，对尚处于预备阶段的犯罪行为采取独立、实质处罚。网络犯罪不同于传统犯罪，其传播速度及取证难度都是传统犯罪难以企及的，被害人数量不明确、追回被骗资金困难，更不用说日益更新的犯罪手段令被害人措手不及。基于此，增设本罪具有法理根基，契合当下社会背景。

虽然"打早打小"的立法目的与"预备行为实行化"是理论与实务中的流行观点，但问题的实质在于，传统犯罪坚持"预备犯例外处罚原则"，即只能将实质上值得处罚的预备行为作为犯罪处罚，为何利用信息网络实施的犯罪的预备行为却原则上要作为犯罪处罚？应该说，非法利用信息网络罪的立法目的与定位，就在于我国虽然立法原则上处罚所有故意犯罪的预备行为，而囿于《刑法》第 13 条"但书"的规定，在司法实践中形成了"预备犯例外处罚原则"。鉴于网络犯罪的严峻态势和网络犯罪查处难的特点,出于一般预防和有效打击网络犯罪的考虑,将发布违法犯罪信息的网络违法犯罪预备行为,明确作为独立罪名予以处罚,而不依赖于是否着手实行相关犯罪、实行犯是否被查获。

（二）立法过程

涉及非法利用信息网络罪的立法主要有:其一,《刑法修正案（九）》增设了非法利用信息网络罪,规定如下:"（一）设立用于实施诈骗、传授犯罪方法、制作或者销售违禁物品、管制物品等违法犯罪活动的网站、通讯群组的;（二）发布有关制作或者销售毒品、枪支、淫秽物品等违禁物品、管制物品或者其他违法犯罪信息的;（三）为实施诈骗等违法犯罪活动发布信息的。单位犯前款罪的,对单位判处罚金,并对其直接负责的主管人员和其他直接责任人员,依照第一款的规定处罚。有前两款行为,同时构成其他犯罪的,依照处罚较重的规定定罪处罚。"其二,最高人民法院《关于审理毒品犯罪案件适用法律若干问题的解释》第 14 条规定:"利用信息网络,设立用于实施传授制造毒品、非法生产制毒物品的方法,贩卖毒品,非法买卖制毒物品或者组织他人吸食、注射毒品等违法犯罪活动的网站、通讯群组,或者发布实施前述违法犯罪活动的信息,情节严重的,应当依照刑法第二百八十七条之一的规定,以非法利用信息网络罪定罪处罚。实施刑法第二百八十七条之一、第二百八十七条之二规定的行为,同时构成贩卖毒品罪、非法买卖制毒物品罪、传授犯罪方法罪等犯罪的,依照处罚较重的规定定罪处罚。"其三,最高人民法院、最高人民检察院《关于办理非法利用信息网络、帮助信息网络犯罪活动等刑事案件适用法律若干问题的解释》第 7 条规定:"刑法第二百八十七条之一规定的'违法犯罪',包括犯罪行为和属于刑法分则规定的行为类型但尚未构成犯罪的违法行为。"第 8 条规定:"以实施违法犯罪活动为目的而设立或者设立后主要用于实施违法犯罪活动的网站、通讯群组,应当认定为刑法第二百八十七条之一第一款第一项规定的'用于实施诈骗、传授犯罪方法、制作或者销售违禁物品、管制物品等违法犯罪活动的网站、通讯群组'。"第 9 条规定:"利用信息网络提供信息的链接、截屏、二维码、访问账号密码及其他指引访问服务的,应当认定为刑法第二百八十七条之一第一款第二项、第三项规定的'发布信息'。"第 10 条规定:"非法利用信息网络,具有下列情形之一的,应当认定为刑法第二百八十七条之一第一款规定的'情节严重'：（一）假冒国家机关、金融机构名义，设立用于实施违法犯罪活动的网站的；（二）设立用于实施违法犯罪活动的网站，数量达到三个以上或者注册账号数累计达到二千以上的；（三）设立用于实施违法犯罪活动的通讯群组，数量达到五个以上或者群组成员账号数累计达到一千以上的；（四）发布有关违法犯罪的信息或者为实施违法犯罪活动发布信息，具有下列情形之一的：1. 在网站上发布有关信息一百条以上的；2. 向二千个以上用户账号发送有关信息的；3. 向群组成员数累计达到三千以上的通讯群组发送有关信息的；4. 利用关注人员账号数累计达到三万以上的社交网络传播有关信息的；（五）违法所得一万元以上的；（六）二年内曾因非法利用信息网络、帮助信息网络犯罪活动、危害计算机信息系统安全受过行政处罚，又非法利用信息网络的；（七）其他情节严重的情形。"

（三）教义学分析

1. "违法犯罪"的界定

司法解释明确规定，该罪中的"违法犯罪"，包括犯罪行为和属于刑法分则规定的行为类型但尚未构成犯罪的违法行为。刑法理论界有关"违法犯罪"的认识则一直存在分歧，争议的焦点在于，"违法犯罪"是否包括违法行为？对于发布招嫖信息、制售管制刀具、驾照消分等一般违法信息的，应否以该罪定罪处罚？

虽然为了限制非法利用信息网络罪的处罚范围而将"违法犯罪活动"限定为犯罪行为或者刑法分则规定的行为类型的观点，的确不仅能够克服上述法理诘难，而且可以避免司法的恣意性。然而，这一做法违背了从源头上治理网络犯罪的立法初衷，不利于法益保护。退一步讲，即使认为"违法犯罪"包括了违法行为，根据同类解释规则，也应限定为可能构成犯罪或者与犯罪相关联的严重违法行为。应该说，为了维护网络安全和保障公民网络空间的言论自由等基本人权，不能过于扩大非法利用信息网络罪的处罚范围，应将"违法犯罪"限定为与条文明文列举的诈骗、传授犯罪方法、制售违禁物品、管制物品行为的法益侵害性相当、与犯罪有关的或者具有侵害重大公共利益危险的活动，而将实施或发布与犯罪无关的，如驾照消分、娱乐性赌博、微信群讲经等一般违法活动或信息排除犯罪之外。

2. 客观行为类型的认定

第一，设立用于实施违法犯罪活动的网站、通讯群组。从司法实践中的诸多典型判例可以看出，行为人构成非法利用信息网络罪，并非因为其设立了用于实施违法犯罪活动的网站、通讯群组，而是因为本人或者他人利用其所设立的网络、通讯群组发布了违法犯罪信息或者实施了诈骗、侵犯公民个人信息等具体违法犯罪活动。可以认为，单纯地为实施违法犯罪活动设立网站、通讯群组，只是非法利用信息网络罪的预备行为，而轻罪的预备行为通常是不值得处罚的。只有本人或者他人利用其所设立的网站、通讯群组实施了发布违法犯罪信息或者实施了其他具体违法犯罪活动，才值得以非法利用信息网络罪定罪处罚。

第二，发布违法犯罪信息。司法实践中利用信息网络发布违法犯罪信息的案件，能否以非法利用信息网络罪定罪量刑，取决于行为人是否进一步实施了相关的犯罪行为。由于利用信息网络通常只是贩卖毒品、买卖枪支、非法经营等犯罪的手段，行为人利用信息网络发布违法犯罪信息后进而实施了贩卖毒品、买卖枪支、非法经营等犯罪活动的，通常应以法定刑相对较重的具体犯罪定罪处罚。但是，当行为人利用信息网络发布违法犯罪信息，在本人或者他人没有进一步实施贩卖毒品、枪支等犯罪活动，或者实施了贩卖毒品、枪支等犯罪活动，但达不到相应犯罪的罪量要求，或者虽然同时构成贩卖毒品、枪支等犯罪，但按照贩卖毒品、枪支等犯罪处罚更轻，还是有单独以非法利用信息网络罪进行评价的余地。除此之外，司法实践中发布招嫖信息的行为，看似只是一般违法活动，但由于发布招嫖信息通常系组织卖淫的手段，或者属于协助组织卖淫、介绍卖淫行为，对于利用信息网络发布招嫖信息的，在成立非法利用信息网络罪的同时，还可能成立组织卖淫罪、协助组织卖淫罪、介绍卖淫罪。

第三，为实施诈骗等违法犯罪活动发布信息。由于为实施诈骗以外的其他违法犯罪活动发布信息与第 2 项"发布有关制作或者销售毒品、枪支、淫秽物品等违禁物品、管制物品或者其他违法犯罪信息"基本上重叠，而且第 1 项的"设立用于实施诈骗、传授犯罪方法、制作或者销售违禁物品、管制物品等违法犯罪活动的网站、通讯群组"也有相当部分属于诈骗的情形，事实上属于第 3 项独有的情形几乎不存在。然而，有关第 3 项的适用在司法实践中也并非完全不存在，主要体现在发布诈骗信息的案件中。一是关于利用"伪基站"设备发送诈骗短信案件。司法实践中有关此类案件的定性十分混乱，有非法利用信息网络罪、扰乱无线电通讯管理秩序罪、诈骗罪（未遂）

等。应该说，只有所发送的诈骗短信内容具有导致被害人转款的具体、现实、紧迫的危险性，即不需要实施进一步的欺骗行为就能非法获取被害人的财产，才能认定为已经"着手"实行了诈骗，而可能成立诈骗罪的未遂，否则，只能认定成立非法利用信息网络罪、扰乱无线电通讯管理秩序罪、诈骗罪（预备）的想象竞合，从一重罪处罚。对于单纯受雇利用"伪基站"发送所谓诈骗短信，并不具有导致被害人财产损失的现实、紧迫的危险，在被害人"信以为真"登录虚假网站网址或者拨打虚假"客服电话"时，被告人进一步实施一系列的操作，才能使被害人真正遭受财产损失。所以，受雇利用"伪基站"发送所谓诈骗短信，只是诈骗或者盗窃的预备，不能评价成立所谓诈骗罪（未遂），而只能成立非法利用信息网络罪。二是为他人发送刷单诈骗信息的案件。此种行为属于为上家实施诈骗准备工具、制造条件，因而还属于诈骗的预备，而非法利用信息网络罪就是犯罪预备行为独立入罪。不能简单地认为发送诈骗短信就能成立诈骗罪未遂，是成立非法利用信息网络罪还是诈骗罪未遂，取决于所发送信息的内容是否具有导致被害人处分财产的现实、紧迫的危险，具有上述危险的，同时成立非法利用信息网络罪与诈骗罪（未遂），反之，则仅成立非法利用信息网络罪。而若行为人发送诈骗信息后，本人或者他人进一步着手实行了诈骗，则通常应以实行行为——诈骗罪进行评价。

3. "同时构成其他犯罪"与罪数竞合

自《刑法修正案（八）》出台以来，刑法分则中类似"同时构成其他犯罪"的规定迅猛增加，司法解释中的类似表述也是"铺天盖地"。然而，司法解释中关于"同时"的规定不仅相当随意，而且还存在混淆一行为与数行为而明显违背罪数原理的规定。由此造成了司法实践的适用困惑。应该说，理解这一问题的关键在于，"同时"是仅指一个行为（想象竞合、法条竞合），还是可能为数个行为（形成所谓牵连犯、吸收犯甚至数罪并罚）？是与相关犯罪的预备还是未遂、既遂发生竞合？

第一，对"同时"的理解。应将"同时"限于"一个行为"，在此基础上，应认为并不限于想象竞合，而是包括特别关系的法条竞合（包容关系）与交叉关系的法条竞合的情形。

第二，罪数竞合的问题。非法利用信息网络发布犯罪信息，既可能与相关犯罪预备发生竞合，还可能与相关犯罪的未遂甚至既遂发生竞合。应该说，只要利用信息网络发布了违法犯罪信息本身情节严重，就成立了非法利用信息网络罪，如果本人或者他人利用所发布的违法犯罪信息，进一步实行了相关的犯罪，则超出了非法利用信息网络罪的范畴，可能另外构成犯罪，与非法利用信息网络罪数罪并罚。例如，行为人不仅在 QQ 群发布大量销售枪支的信息，还实际销售了枪支，则由于超出了"同时"的范畴，而能够以非法利用信息网络罪与非法买卖枪支罪进行数罪并罚。综上，所谓"同时构成其他犯罪"，是指发布违法犯罪信息的行为，同时构成其他相关犯罪的预备（也可能是未遂、既遂），即非法利用信息网络罪与相关犯罪的预备犯形成想象竞合，从一重，一般应以非法利用信息网络罪进行评价。如果超出了发布违法犯罪信息即犯罪预备的范畴，而着手实行了相关犯罪，则不再属于"同时"，应以非法利用信息网络罪与相关犯罪的未遂或者既遂数罪并罚。

（四）具体案例

1. 黄某科案[1]

黄某科，男，1968 年 4 月 24 日出生，回族，小学文化程度，无固定职业，户籍所在地新疆察布查尔锡伯自治县。2016 年 6 月左右，被告人黄某科建立名为"穆斯林礼拜"的微信群，通过语音在该微信群中教他人做礼拜，该微信群有一百多人。2016 年 8 月，黄某科在名为"梁堡道堂文化学习"的微信群中讲解《古兰经》里有关古尔邦节宰牲的目的的内容，该微信群里有一百多人。

二审法院认为，上诉人（原审被告人）黄某科明知微信群里人数众多，微信群并非宗教活动场所，在非宗教活动场所不能从事宗教活动，却私建微信群，进行讲经、教经等非法宗教活动，扰乱了正常的宗教活动管理秩序，违反了我国有关宗教事务管理的法律法规的规定，且其行为情节严重，社会危害性大，构成非法利用信息网络罪。原判认定其犯罪的事实清楚，证据确实、充分，但适用法律不当，定罪不准，应予纠正。聚众扰乱社会秩序罪在客观方面必须是"情节严重""致使工作、生产、营业和教学、科研、医疗无法进行"和"造成严重损失"三个条件同时具备，缺一不可。上诉人黄某科的行为并不具备"致使工作、生产、营业和教学、科研、医疗无法进行"等条件，因此，其行为不构成聚众扰乱社会秩序犯罪。上诉人黄某科关于不知

---

〔1〕　新疆维吾尔自治区高级人民法院伊犁哈萨克自治州分院［2017］新 40 刑终 78 号刑事判决书。

道自己的行为属于违法行为，希望二审法院公正判决的上诉不能成为免除其刑事责任的理由；其关于只是在微信群里讲经、教经，其行为没有实际危害国家和社会的上诉，应予驳回，因为其在非宗教活动场所从事教经、讲经的宗教活动，扰乱了正常的宗教管理秩序，具有严重的社会危害性。依据《刑法》第 287 条之一第 1 款第 1、3 项和《刑事诉讼法》（2012 年）第 225 条第 1 款第 2 项之规定，判决如下：

上诉人（原审被告人）黄某科犯非法利用信息网络罪，判处有期徒刑 2 年（刑期自本判决执行之日起计算，判决执行以前先行羁押的，羁押 1 日折抵刑期 1 日，即自 2016 年 8 月 24 日起至 2018 年 8 月 23 日止）。

评析：此案的关键是在网络上传授宗教知识是否属于散布违法犯罪信息。当然，宗教知识本身并不违法，但我国对宗教活动的场所和形式有严格规定，《互联网宗教信息服务管理办法》共五章 36 条，明确从事互联网宗教信息服务，应当向所在地省级人民政府宗教事务部门提出申请，并对许可条件、申请材料、使用名称、受理时限等作了规定。明确网上讲经讲道应当由取得《互联网宗教信息服务许可证》的宗教团体、宗教院校和寺观教堂组织开展。明确除该办法第 15 条、第 16 条规定的情形外，任何组织或者个人不得在互联网上传教，不得开展宗教教育培训、发布讲经讲道内容或者转发、链接相关内容，不得在互联网上组织开展宗教活动，不得直播或者录播宗教仪式。明确任何组织或者个人不得在互联网上以宗教名义开展募捐。既然法律已经明确禁止在互联网上开展宗教活动，那么，该种行为当然可以认为是违法犯罪活动。判决犯罪嫌疑人构成非法利用信息网络罪正好发挥了该罪的打击犯罪的兜底性功能，体现了该罪的立法目的。

2. 网络自杀游戏案[1]

网络自杀游戏虽然不像王者荣耀那样流行，但已悄然兴起。它设置种种关卡，让玩家逐渐进入游戏中来，逐步地控制玩家的心灵，最后使玩家走向自杀的不归路。比如这种游戏会有一些设置，让玩家在身体上画出一些小的动物图形，对自己的身体进行自损，最后当玩家的心被这个游戏所彻底控制，游戏的组织者发出指令，让玩家进入最后的一个冲关，也就是自杀。那么，

---

[1] 相关报道见"蓝鲸自杀游戏是如何让青少年心甘情愿去自杀的？"，载 http://news.cyol.com/baidunews-eco/2017-05/19/content_16091019.htm，2022 年 8 月 8 日访问。

自杀游戏是否涉嫌犯罪呢？首先，自杀是否构成犯罪？历史上自杀是可以构成犯罪的，比如在英国，很长一段时间，如果一个人选择自杀，他的尸体不能埋入教会的公墓以表明一种耻辱。但是现代社会，人格独立，自由平等，自杀者放弃了自己的生命法益但没有侵害任何其他法益，没有社会危害性，也不具有应受刑罚惩罚性。因此，现代社会，自杀行为一般不认为是犯罪。其次，自杀关联行为是否构成犯罪？自杀关联行为包括三种类型，一种是安乐死，即得到被害人承诺的杀人行为。我国安乐死还没有合法化，为他人实施安乐死依然构成犯罪。第二种是利用他人的自杀，把别人当成了杀他自己的工具。如教唆一个14周岁以下的未成年人自杀，应属于杀人罪的间接正犯，构成杀人罪无疑。第三种是一般自杀关联行为，即教唆帮助成年人自杀。第三种情况下，教唆帮助成年人自杀是否构成犯罪存在争议，根据共犯从属性说，共犯的成立依赖于正犯，正犯不存在，共犯当然也就不存在，所谓皮之不存，毛将焉附。虽然教唆帮助成年人自杀难以构成犯罪，但是使用网络以游戏的方式教唆帮助他人自杀却可能因为手段不当而触犯非法利用信息网络罪。如同自杀不是犯罪，但是在闹市区使用爆炸的方式自杀可能危及公共安全，如果自杀未遂，也极可能触犯爆炸罪。

　　另外，2019年最高人民法院、最高人民检察院关于非法利用信息网络罪出台的司法解释指出违法犯罪指的是触及刑法分则规定的行为类型，但没有达到犯罪程度的违法行为。对违法犯罪的认定采取的是折中说，因为采取违法说则打击范围过大，如是则利用网络建立群组促成通奸的也要以犯罪论处；采取犯罪说，则打击范围有太窄，不符合该罪"打早打小"，刑法提前介入的立法初衷。折中说认为犯罪行为或只要属于刑法分则的行为类型，即使没有达到犯罪的程度也属于违法犯罪。而故意杀人是刑法分则所规定的行为类型，因为自杀者本人符合故意杀人的构成要件，从字面理解，自己也是人，杀害自己也是杀人，具备违法性，只不过责任阻却而无需承担责任。综上所述，自杀属于刑法分则规定的行为类型，是非法利用信息网络中规定的违法犯罪行为。利用网络自杀游戏教唆帮助他人自杀的符合非法利用信息网络罪的犯罪构成，可以以非法利用信息网络罪论处。

三、帮助信息网络犯罪活动罪的教义学分析

(一) 立法背景

网络给我们的生活带来极大的便利，同时伴随而来的是越来越多的网络灰黑产业链，例如利用互联网技术实施网络攻击、窃取信息、勒索诈骗、盗窃钱财、推广黄赌毒等网络违法行为，配套的还有为这些行为提供工具、资源、平台等准备和非法获利变现的渠道与环节。网络黑色产业链可分为上中下游：上游负责收集提供各种网络黑产资源，例如手机黑卡、动态代理等；中游负责开发定制大量黑产工具，以自动化手段组合利用各种黑产资源实施各种网络违法犯罪活动；下游负责将黑产活动"成果"进行交易变现，涉及众多黑灰色网络交易和支付渠道。目前，网络黑色产业链发展形势严峻，损害公众经济利益，扰乱市场正常经营秩序，威胁关键信息基础设施稳定运行，危害个人信息安全，严重影响互联网行业健康发展。给国家安全、社会管理秩序、公民的人身和财产权利带来巨大的隐患。在互联网技术迅速发展的今天，网络违法犯罪逐渐发展为犯罪行为和互联网技术相结合的模式。而且网络犯罪与传统犯罪相比还存在以下与众不同的特点：

1. 意思联络的模糊化

传统犯罪往往发生在现实世界，需要人与人接触式地进行犯意交流、深入谋划、分工协作，但在互联网技术的加持下，网络犯罪的产业链逐步细化，分工明确，大量通信软件不仅不需要实名注册，违法犯罪的信息交流群随处可见，仅需一部智能手机就可以实现网络犯罪所需的信息渠道、犯罪模型、赃物转移的专业化服务，行为人与上下线的联系更加弱化，行为人实施犯罪的目的和对象，提供帮助者既不关心，也无需知道，彼此之间的犯意交流趋于模糊化，彼此之间进行沟通的必要性显著降低。

第三方服务平台、网络服务提供商等提供的信息技术服务具备一定的中立性特征，既可能被用于合法用途，也可能被用于违法犯罪，主观上缺乏是否被运用于犯罪行为的认知，即使是有概括的故意，那也达不到传统犯罪所要求的彼此互相了解共同的犯罪目的并积极追求的程度。另外，网络空间身份虚拟化、符号化，实名认证未落实、伪造证件掩藏身份、虚拟 IP 地址隐藏犯罪地，这一系列行为导致侦查难度激增，在司法实践中也很难查证。上述种种因素导致：信息网络犯罪要求各共犯参与人之间具有像传统犯罪那样明

确的翻译联络或是犯罪故意显然已不切实际。网络空间的虚拟性使犯意联络变得具有模糊性、概括性。

因此，信息网络技术的发展，使共同犯罪的共犯意思联络很大程度地被弱化，已远远比不上传统共犯人之间紧密联络的程度。信息网络模糊了双方的意思联络，因此很难从传统共犯理论层面展开分析。

2. 网络技术发挥的作用更加突出

根据我国刑法对共同犯罪的划分，按照行为人在共同犯罪中起的作用大小，划分为主犯和从犯，主犯在犯罪活动中起主要作用，从犯则起次要作用。但这样的主从犯划分在网络犯罪中却遭遇了尴尬，在一些新型典型诈骗犯罪中，帮助者提供的技术支持对犯罪的决定性更加凸显，其危害程度甚至有超过实行行为的趋势。例如，电信诈骗分子最青睐的猫池设备，猫池是将相当数量的 Modem 使用特殊的拨号请求接入设备连接在一起，可以同时接受多个用户拨号连接的设备，一般广泛应用于大量具有多用户远程联网需求的单位或需要向多用户提供电话拨号联网服务的单位，如邮电局、税务局、海关、银行、证券商、各类交易所、期货经纪公司、工商局、各类信息呼叫中心等。但猫池设备却被境外诈骗分子所控制，成为发送诈骗短信、拨打诈骗电话的利器，同时隐匿其身份和地址。离开猫池设备，诈骗团伙将无计可施，提供技术支持的帮助者产生的社会危害性也发生了"量变"。技术帮助行为成为网络犯罪的关键环节，是成功实施网络犯罪行为的桥梁，因此，网络犯罪帮助行为具有相对独立的实质性社会危害。

3. 帮助行为专业化、产业化

在传统犯罪中，共犯参与人之间必须要有围绕着共同犯意而实施的共同犯罪的协作行为，但网络犯罪中各参与人之间的行为协作却明显弱化，甚至在某些犯罪中，各参与人之间无需紧密的行为联系就可以完成。网络犯罪呈现组织化、规模化、产业化，形成了一个非常完善的流水性作业的程序。例如，有专门制作木马软件的团伙，有专门非法获取、出售公民信息的团伙，有收集、出售电话卡、银行卡的组织，还有专门靠提供资金转移平台获利的人员，甚至帮助者只需提供一些必要的软件、账户信息或密码，犯罪的实行者就可以独立实施犯罪。[1]但帮助者其实并没有明确具体的帮助对象或者共

---

〔1〕 参见季境、张志超主编：《新型网络犯罪问题研究》，中国检察出版社 2012 年版，第10页。

同犯罪目的，帮助者只是将这些技术性的支持或者信息上传至网络，任何人都可付费或者免费获得其支持，其对行为人的犯罪目的和犯罪行为并不知晓。同时某些用于犯罪的软件或是工具也已逐渐中性化（如"群发精灵"等软件既可用于正当化的用途，也可以被犯罪人用于诈骗信息的推广等犯罪目的），很难认定其为破坏性工具。[1]行为人在提供这些技术上的支持时，不仅显得越来越消极和被动，其目的也越来越中性化，与犯罪行为的实施者之间的相互协作与分工也越来越简化。

此外，在现实空间里，传统犯罪之间的共犯与正犯之间关系多为"一对一"的帮助或教唆，共犯不仅需要耗费大量的时间和成本，帮助范围以及行为作用都极其有限，所以依据传统共同犯罪体系中的帮助犯进行评价完全可以达到罪责刑相适应的目的。但由于互联网信息技术所独有的无限复制性和便捷传输性，使"一对多"的犯罪方式不仅成为可能，甚至变得越来越普遍。行为人不仅快速有效地获取了技术上的帮助，而且这些犯罪信息也通过网络得到了大规模的传播和蔓延，这种以几何倍数激增的传播速度与规模所造成的社会危害后果，都是普通犯罪所难以实现的，这也是近几年网络犯罪占据刑事犯罪总量半壁江山的原因。

（二）帮助信息网络犯罪活动罪理论争议

1. 量刑规则说

张明楷教授提出了"量刑规则说"的观点。所谓帮助犯的量刑规则，是指帮助犯并没有被提升为正犯，帮助犯依然是帮助犯，只是因为分则条文对其规定了独立的法定刑，而不再适用刑法总则关于帮助犯（从犯）的处罚规定的情形。张明楷教授将帮助犯单独设置法定刑的情况划分为三种类型，即帮助行为的绝对正犯化、帮助行为的相对正犯化以及帮助行为的量刑规则。[2]

第一类是指立法彻底将帮助行为作为正犯予以处罚，与刑法分则中的其他正犯并没有任何不同之处，只是刑法分则把类似"帮助""协助"和"资助"的词语表述到了具体的条文内容中。帮助行为绝对正犯化意味着帮助犯

---

〔1〕 参见米铁男："共犯理论在计算机网络犯罪中的困境及其解决方案"，载《暨南学报（哲学社会科学版）》2013年第10期。

〔2〕 张明楷：《刑法学》（第5版·下），法律出版社2016年版，第1052页。

不需要再依赖正犯符合犯罪应从轻、减轻或免除处罚的量刑幅度，而是直接按照单独罪名所自有的法定刑判处，不可能再出现免除处罚的情况。帮助恐怖活动罪是帮助行为绝对正犯化的典型代表，不需要根据被资助的对象是否实施了犯罪，只要行为人实施了该罪名的帮助行为，便以帮助恐怖活动罪论处，同时该罪名同样适用教唆犯和帮助犯的原则对共犯处罚。第二类是指评价帮助行为不一定属于被提升为正犯予以处罚，这种行为在不同的情况下有不同的结论，需要对其进行单独判断。在没有其他正犯存在的情形下，帮助行为是否具有可罚性取决于其侵害法益的程度。该观点举例《刑法》第358条第4款协助组织卖淫罪，属于帮助行为的相对正犯化，判断行为人能否构成该罪名，首先取决于正犯是否实施了组织卖淫的实行行为，在正犯未实施的情况下，再进一步参考该协助行为是否严重侵害了社会的公共利益。第三类是指帮助行为并没有达到正犯惩罚的程度，仍然是帮助犯，刑法分则将其单独入罪，仅是考虑到在量刑时按照条文设置的法定刑单独处罚。帮助信息网络犯罪活动罪的设立就属于这种类型，单从罪状规定的内容上来看，成立本罪的评判基础离不开正犯已经实施了的不法行为，其实网络语境中的帮助行为依然是传统意义上的帮助犯，因此，教唆他人实施本罪的可以被评价为帮助犯，帮助他人实施本罪的属于再帮助行为，便不再被刑法追究责任。

2. 中立帮助行为说

德国学者罗克辛认为，"中性行为"是实施者假使面对与正犯相同情况的其他人也会从事的行为，具有独立于犯罪之外且并非法所不容许的自我目的。帮助信息网络犯罪活动罪的主要行为是提供互联网接入、服务器托管、网络存储、通信传输等技术支持，此类行为，完全可以为合法活动提供技术支持，但同时也可以为信息网络犯罪提供帮助，因此属于典型的中立帮助行为。因此在技术无罪、技术中立的呼声中，诸多学者认为帮助信息网络犯罪是对技术中立的突破。部分学者主张帮助信息网络犯罪活动罪的定罪，是将中立的技术帮助行为完全给予了犯罪化处罚，对扩张中立帮助行为的做法持否定态度。有学者指出，这种回应有对网络领域的管制力不足以应对风险，而不得不用刑法代替规制的嫌疑，立法上处罚网络中立帮助行为已经违背了刑法的最后手段。

然而中立行为帮助说存在疑问，值得商榷。因为：①网络中立帮助行为是否完全具备"中立性"存在疑惑。首先，将网络中立帮助行为完全排除于犯罪以外不具有现实可操作性，因为即便是传统的中立帮助行为，在满足一定的条件下也是可以构成犯罪的。当网络帮助行为人明确知道他人的犯罪目的和手段，故意为其提供自己中立技术上的便利，那么这个时候网络帮助行为人就可能丧失了所谓的"中立性"特征。其次，从罪状上可以看出《刑法》第287条之二的打击范围不仅仅是指不可罚的中立帮助行为，也包括了可处罚的帮助行为、可处罚的中立帮助行为。将带有中立技术色彩的行为完全认定为不可被刑事处罚的观点，模糊了传统中立帮助行为与网络中立帮助行为的语境差异，没有区分不同类型的网络服务提供者。②德日的传统中立帮助行为理论在我国网络犯罪中缺少可行性。事实上，虽然德日的中立帮助行为理论有一定借鉴性，但其设想的案例都适用于传统的犯罪中，基本不存在单独从中立帮助行为的角度去研究网络服务商的责任负担问题，因此，适用外国尚未讨论出确定结果的理论作为评价我国刑法立法的依据是没有意义的。此外，上述认为可罚的技术中立帮助行为只需按照共同犯罪处理的观点值得推敲，可以按照共同犯罪评价的行为意味着本身成立共犯，这时候本身属于犯罪行为而非中立行为了，这与中立帮助行为理论的学说是两个完全不同的概念。因此，笔者不赞同中立帮助行为正犯化的性质学说。③中立帮助行为与本罪的客观行为有所不同。中立帮助行为通常在共同犯罪帮助犯的语境下讨论，目的是限制帮助犯的处罚范围。这是由于，中立帮助行为在客观上与侵害结果具备因果关系，且行为人主观上存在相应的认识、意志因素，在无违法或责任阻却事由的情况下，按照通常帮助犯的成立条件，认定其构成帮助犯而对其进行处罚似乎是理所当然的选择。然而，中立帮助行为有其特殊性，通常认为，其具有可替换性、日常性、反复性、业务性等特征，且往往具备从事正常民事活动之意义。因此，绝大多数学者认为，出于保护公民义务、日常生活自由的考量，中立帮助行为的处罚范围需要进行适当限制。毕竟，刑法的任务乃是辅助性的法益保护。刑法对法益的保护，并非指禁止一切可能对法益造成侵害的行为。因此，主张全面处罚中立帮助行为的观点已逐渐式微。如今学界在此问题上的争论，主要围绕限制中立帮助行为处罚的具体路径展开。

3. 帮助行为正犯化的学说

帮助行为正犯化并不是因帮助信息网络犯罪活动罪衍生出来的新型理论，这个概念在很早以前就已经被刑法学术界提出过，有学者称之为拟制的正犯以及拟制的实行犯。该观点与中立帮助行为正犯化的区别就在于，帮助行为正犯化承认技术中立行为的可罚性，即帮助信息网络犯罪活动罪并不完全具有中立性质。对于当前法律采用帮助行为正犯化的刑罚模式，学界持有肯定和否定两种意见。

以刘艳红教授为代表的学者们主张帮助信息网络犯罪活动罪的性质属于帮助行为正犯化，即本罪原本应被评价为从属于正犯的一般共犯行为，现在却被立法直接提升为了一种正犯行为予以处罚。

4. 本书观点

笔者认同上述学者关于帮助行为正犯化的主要观点，即帮助信息网络犯罪活动罪本质上就是属于将帮助行为正犯化的一种立法态度，支持的理由主要有以下两点。

（1）随着互联网技术的发展，网络已经从犯罪对象、犯罪工具演变成为犯罪空间，给刑法带来了全新的挑战。帮助网络犯罪活动行为成为网络犯罪链条中的关键环节，甚至成为很多网络犯罪的经济支柱和技术根基。其法益侵害的程度可能远远超过了正犯。传统共犯理论对其在缺乏正犯的情况下要么无法评价，要么评价不足。因此，《刑法修正案（九）》增设了帮助信息网络犯罪活动罪，规定了网络帮助行为的正犯化规则。这并非对传统共犯理论的反动，而是刑法犯罪圈扩张的一种表现。为网络犯罪提供技术帮助的行为，尽管表象上属于正犯行为的帮助犯，但本质上已经具备了独立的社会危害性和类型化特征，有必要将其提升为实行行为，通过刑法分则设定罪名进行刑法评价，而无须再依赖共犯理论。

（2）立足于帮助信息网络犯罪活动罪增设的根本依据，司法以及立法对网络技术帮助回应模式逐渐向正犯化的方向在演变。本书认为，之所以对本罪性质的理解产生争议，是因为一定程度上忽视了本罪设置的立法意图。首先司法解释在处理网络帮助行为上初步引入了片面共犯以及共犯正犯化模式。2010 年颁布的最高人民法院、最高人民检察院《关于办理利用互联网、移动通讯终端、声讯台制作、复制、出版、贩卖、传播淫秽电子信息刑事案件具体应用法律若干问题的解释（二）》第 7 条，就首次承认了司法中适用片面共同犯罪的理论，即网络帮助行为在缺乏双方意思联络的程度上仅以单方明知即可成立传播淫秽物品牟利罪的共同犯罪，将某些特定的网络技术支持行为直接作为传播淫秽物品罪和传播淫秽物品牟利罪来进行处罚，不再以传播淫秽物品罪和传播淫秽物品牟利罪实行的帮助犯予以评价。除了司法解释利用扩大解释的方法将网络帮助行为予以了正犯化之外，立法机关也通过修正案的方式作出了回应。2009 年颁布的《刑法修正案（七）》增设了提供侵入、非法控制计算机信息系统程序、工具罪，将对非法控制计算机信息系统犯罪行为的提供程序等帮助行为单独予以评价。在此基础上，《刑法修正案（九）》增设了帮助信息网络犯罪活动罪，将网络中立技术帮助行为进一步入罪。综上所述，不难看出立法者的立法思路逐渐向共犯行为正犯化靠近的原因。其一，计算机犯罪所带来的社会危害性日益严峻，如果为了固守传统刑法体系的完整性而不应对风险社会的转变，那么刑法保护公民生命财产安全的功能将会失衡。其二，现有的刑法体系已然不能评价技术支持等网络帮助行为的罪与非罪。有学者认为，如果坚持将片面帮助犯的观点引入刑罚体系中，即使没有帮助行为正犯化的补缺方式，网络帮助行为也完全可以被认定为他人犯罪的帮助犯，那么刑法总则的共犯理论可以继续被适用。[1]本书认为，承认片面共犯本身就是对传统共犯理论的一种打破，继续适用共犯理论难免会有冲突之处，而帮助行为正犯化的模式在一定程度上回避了片面共犯的争议问题。

综上所述，从立法者根本意图以及相关规范的演变可以知晓，帮助信息网络犯罪活动罪的设立有其定罪层面的独特意义和价值，并不只是为了解决网络帮助行为的量刑幅度问题。虽然对帮助行为正犯化方式的正当性存在许多疑惑，导致刑法总则与刑法分则之间界限区分的清晰度不再明朗，但本罪的设立是在新时代背景下的延伸措施，是刑法在信息网络时代作出客观解释的必然结果。[2]网络共犯异化现象凸显出传统刑法理论的应对不适，共犯行为正犯化的解释路径应运而生，本罪是共犯行为正犯化理论的典型实践。共犯行为正犯化将共犯行为直接拟制为实行行为，不再考虑原来的实行行为是否构成犯罪。目前大多数学者也持"帮助行为正犯化说"。

（三）帮助信息网络犯罪活动罪明知的认定

1. 明知应当解释为知道以及推定主观明知并应当允许反证

帮助信息网络犯罪活动罪的司法适用以对明知的正确理解为前提。明知

---

[1] 孙运梁："帮助行为正犯化的教义学反思"，载《比较法研究》2018 年第 6 期，第 120 页。

[2] 于冲："网络犯罪帮助行为正犯化的规范解读与理论省思"，载《中国刑事法杂志》2017 年第 1 期，第 87 页。

的范围在理论和司法实务中存在变化，争议在于明知是否包括应当知道。笔者认为本罪的明知仅包括明确知道或者知道可能两种情况。具体理由如下：

（1）司法解释规定的变化。2009年以前，我国有关司法解释经常将明知解释为"知道或应当知道"。例如，最高人民法院、最高人民检察院、公安部、国家烟草专卖局印发的《关于办理假冒伪劣烟草制品等刑事案件适用法律问题座谈会纪要》规定："'明知'，是指知道或应当知道……"学界对该立场的支持意见认为，明知不仅包括确知，而且包括明知可能性，但这需要在司法上加以证明。司法解释中的知道和应当知道就是从这种意义上来说明明知的证据法上的明知，是对行为人认识状况的一种司法推定。尽管有关司法解释也将明知与应当知道相并列，但二者都是对立法规定中明知的具体认定，是司法推定中的表述方式。2009年之后，司法解释对明知的解释立场发生了变化，强调应当结合多种证据进行综合判断推论或者采取列举加除外规定的推定方式来指导司法实务。如最高人民法院、最高人民检察院《关于办理利用互联网、移动通讯终端、声讯台制作、复制、出版、贩卖、传播淫秽电子信息刑事案件具体应用法律若干问题的解释（二）》第8条规定："……具有下列情形之一的，应当认定行为人'明知'，但是有证据证明确实不知道的除外……"应当认为，这一立场的转变是合理的，也是符合司法实践需要的。

（2）从严格的语义解释的角度看，应当知道其实包括了确实不知道或者过失的情形，将明知解释为包括应当知道有推定的嫌疑。尤其是在利用信息网络实施犯罪的行为人未到案、相关证据没有获取的情况下，更难以形成完整的证据体系。而且，本罪是将帮助行为正犯化的罪名，本身即是对犯罪圈的扩大，如果再进一步对明知扩大解释为包括应当知道，不利于保障犯罪嫌疑人、被告人权益，有可能使本罪成为网络口袋罪。因此，对本罪的明知应当继续坚持2009年以来司法解释的基本立场，将明知解释为知道。在以本罪扩张犯罪圈的基础上，发挥明知的处罚限缩功能，防止因过分强调打击犯罪而将大量日常的技术中立行为入罪，合理界定网络服务提供者的注意义务范围，确保在保障法益不被侵害的同时，最大限度避免对公民行动自由的不当限制，从而实现刑法自由保障机能与法益保护机能的动态平衡。

2. 认定"明知"的考量因素

"明知"是行为之外需要证明的主观违法要素，往往不能从行为者的行为中直接得以确证。司法实践中，在信息网络犯罪正犯未到案的情况下，涉嫌本罪的行为人往往声称自己仅仅提供互联网接入服务等技术支持工作或者仅仅提供支付结算等一般的劳务帮助、业务合作，如某帮助网络犯罪活动罪犯罪嫌疑人辩称，自己只是为他人提供技术服务，对于被帮助人是否利用自己的帮助从事信息网络犯罪并不知情，如果缺乏证明嫌疑人明知的证据，难以对犯罪嫌疑人以本罪论处。作为刑法规定的明知，是犯罪故意的认识因素，应当坚持客观归责的立场，根据客观证据判断行为人主观是否具有对他人利用信息网络实施犯罪的明知。合理考量影响明知认定的因素，确定明知的认定规则，对司法实践具有重要的现实意义。

（1）应当正确界定行为人明知的时间节点。

本罪是将共同犯罪中的帮助行为予以正犯化评价。在共同犯罪理论中，帮助犯加入共同犯罪的时间点对共同犯罪的成立以及对帮助犯的量刑有重要影响。在共同犯罪的理论中存在事先有共谋的帮助犯，承继的帮助犯以及事后的帮助犯之分。以电信诈骗犯罪中的职业取款人为例，职业取款人参与犯罪的时间节点直接决定了其构成诈骗罪的共犯还是构成掩饰、隐瞒犯罪所得罪。本罪中行为人明知他人利用信息网络实施犯罪的时间节也对其定性具有决定性的影响。实施本罪规定的帮助行为，行为人与网络犯罪实施者事前通谋的，应当以共同犯罪追究行为人的责任。这是基于共同犯罪理论得出的逻辑结果。这一思路也是司法解释所持的基本立场，如最高人民法院、最高人民检察院《关于办理利用互联网、移动通讯终端、声讯台制作、复制、出版、贩卖、传播淫秽电子信息刑事案件具体应用法律若干问题的解释》第7条规定：“明知他人实施制作、复制、出版、贩卖、传播淫秽电子信息犯罪，为其提供互联网接入、服务器托管、网络存储空间、通讯传输通道、费用结算等帮助的，对直接负责的主管人员和其他直接责任人员，以共同犯罪论处。”就本罪而言，如果行为人与网络犯罪行为人事前通谋的，应当以共犯论处；如果行为人的帮助行为在网络犯罪行为人实施犯罪行为之后，本罪行为人的主观明知与事后帮助对于行为人的技术帮助而言，在受帮助的他人行为完成后给予帮助并没有起到实质的促进作用，因此对行为人的帮助行为即不宜以本罪评价，确有追究责任的必要的，也应该认定为掩饰、隐瞒犯罪所得、犯罪所得收益罪等罪名。因此，本罪行为人明知的时间节点应该在他人实施犯罪行为完成之前，本罪行为人帮助行为阶段应该限定在他人实施犯罪行为着手之后到行为实施完毕之前，只有在此期间，行为人的帮助行为才有成立本罪的可能。

（2）应当结合多种证据对明知予以综合认定。

2009 年以来的司法解释在涉及对行为人明知的认定时，均采取了结合一般人的认识水平和行为人的认识能力、相关行为被用于违法犯罪的程度及其后果、行为人是否履行了必要的管理控制义务，是否使用虚假身份或者冒用他人身份，是否有规避有关主管部门监管的行为等因素予以综合认定，并对需要考量的因素采取了列举加兜底的表述方式，这一综合认定的思路也为司法实践提供了明确和可操作的依据。本罪的认定仍应延续这一思路。在司法实践中，有以下情形的，可以认定为明知他人利用信息网络实施犯罪：一是经监管部门告知后仍然实施有关行为的，如经监管部门书面告知或者已经采取相关处罚措施后，仍然实施有关行为；二是接到举报后不履行法定管理职责的，如行为人开发的视频软件被用于他人传播淫秽物品牟利，经举报后，在可以通过取消他人使用权限阻止其继续传播淫秽物品的情况下，为谋取利益，拒不采取必要的管理措施的；三是收取费用明显异常的，如服务器租赁服务针对租赁人从事正规网站经营、赌博网站和黄色网站，分别采取不同收费标准，并为后者提供免备案登记服务的；四是长期使用或者帮助他人使用虚假身份、隐蔽上网等措施避开监管措施或者规避调查的，如上述服务器租赁服务商针对租赁人租用的服务器因涉嫌传播淫秽物品经常被查封的情况，为租赁人采取更换服务器域名提供跳转服务等措施的；五是从事专门用于违法犯罪的活动或者提供专门用于违法犯罪活动的程序、工具的，如为传播淫秽物品牟利的行为人专门搭建资金支付平台，或者大量开通微信商户用于传播淫秽物品牟利的资金结算。上述情况，都可以认定行为人主观上明知他人利用信息网络实施犯罪。在未来的司法解释中，也应当采取列举加兜底条款的形式对行为人明知的情况作出明确规定，并明确情节严重的具体情形。

基于本书对于本罪罪状中"犯罪"的理解，明知的对象应当是他人实施罪量充足的犯罪行为。故由"交易价格异常"这一基础事实来推定"明知"这一待证事实，可能存在着较大的逻辑跳跃。因此，需要提请司法者注意结合在案其他证据，对是否存在行为人仅明知违法行为的情况进行甄别。

此外，对于最高人民法院、最高人民检察院《关于办理利用互联网、移动通讯终端、声讯台制作、复制、出版、贩卖、传播淫秽电子信息刑事案件具体应用法律若干问题的解释（二）》第 8 条第 2 项推定的情形"接到举报后不履行法定管理职责的",有观点质疑该项推定规则的正当性与可操作性。应当对接到举报的数量以及渠道等情况作出明确解释,否则恶意举报带来的管理职责将使得各网络服务商人心惶惶,从而可能破坏网络空间秩序。笔者认为,网络服务提供者对于其所提供的服务当然具有管理义务,虽不要求其主动审查(否则将苛责过重的审查义务),但其至少需要在接收到举报时对相关内容承担起管理职责。若能够对举报数量、渠道等情况作出明确的解释,该推定规则将更具可操作性。但问题在于,每个网络服务提供商的运营规模、管理体系等情况存在很大差别,因而难以对举报数量等情况作出统一的规定,该观点所提方案不具备可行性。为避免机械适用该项推定而造成明知的错误认定,需提请司法机关注意在适用该项时,结合网络服务提供者实际履行管理职责的能力(依运营规模和人力配置判断)综合考虑举报数量、渠道等情况,判断网络服务提供商是否在正常举报渠道接收到举报时,具备履行管理职责的能力而不履行。

(3)有证据证实行为人确实不明知的,不能认定。

对认定行为人明知的考量因素采取列举加兜底条款的方式作出规定,可以为司法实践提供明确的指引。但同时也应当对例外情形作出规定,即有证据证实行为人确实不知道他人从事信息网络犯罪活动的,不能认定行为人明知。如行为人在他人开设的服务器租赁公司打工,根据他人安排从事服务器出租工作,但并不知道对方租赁服务器的用途,除按月领取工资外没有其他收入,即使对方租赁服务器后从事违法犯罪行为,无法认定行为人的明知。另外,基于前述客观归责的立场,如果行为人的行为没有创设或增加法益侵害的风险,或者侵害结果不能归责于行为人,即使该风险实现,也不能归责于行为人。例如,行为人提供网络服务时不知道被他人用于犯罪,或者提供网络服务时已经尽到了合理注意义务的,不能认定行为人明知。

3. 明知的内容是符合构成要件且违法的犯罪行为

成立本罪要求行为人为他人的"犯罪"提供帮助。因此,对"犯罪活动"的理解直接关系到本罪的定罪问题。从"犯罪"的字面意思来看,应当理解为刑法规定的应受到刑罚制裁的行为。目前,对于本罪中"犯罪"的理解学界存在两种观点。我国有学者主张,本罪中的"犯罪"应该符合"犯罪构成要件说"。该观点认为,"犯罪"应当限定为我国刑法分则中规定的具体罪名,并且应该符合具体罪名的犯罪构成要件,经法院认定后才可作为犯罪处理。该观点将本罪中的"犯罪"作了规范性限定，仅在他人的犯罪行为成立具体罪名时，才可对本罪的行为人定罪。

另有部分学者认为，应采取"犯罪行为说"认定本罪中的"犯罪"。该观点认为，本罪中的"犯罪"仅要求行为人知道被帮助对象实施了犯罪行为即可，无需进行构成要件的规范性限定。一方面，行为人不具有辨别被帮助对象是否构成犯罪的能力与义务；另一方面，若对"犯罪"进行性规范性限定，将导致本罪面临定罪困难的局面，也不符合本罪的立法精神。

笔者认为，本罪中对"犯罪"的理解应该采取"犯罪行为说"，即行为人只需认识到被帮助对象实施了犯罪行为即可，无需进行规范性限定。

（1）以"犯罪行为说"认定"犯罪"符合本罪的立法宗旨。帮助型网络犯罪通常表现为"一对多"的帮助形式，在时间和空间上改变了传统犯罪的实施模式，已经具有独立处罚的必要，本罪的出台正是为了遏制此类犯罪，加大对网络犯罪帮助行为的打击力度。如若采取"犯罪构成要件说"，一是面临着被帮助对象人数众多、涉及范围广泛难以查找的困境；二是违背了本罪对帮助行为予以独立处罚的立法精神。因此，"犯罪行为说"为司法实践中的认定困境提供了解决路径，也符合本罪的立法宗旨。

（2）本罪的成立不以他人利用信息网络实施的犯罪行为具有有责性为前提。这意味着，网络犯罪实行行为首先应当具备构成要件的符合性和违法性，这也是帮助信息网络犯罪活动罪成立的前提。与此同时本罪的成立也不要求网络犯罪行为人的行为在符合构成要件的不法基础上具有有责性。《刑法修正案（九）》的权威立法解读也证实了这一点，在对网络帮助行为进行查处后，即使利用网络实施诈骗的行为人没有抓获，全案没有破获，但是若有足够证据证明中立行为人提供了帮助行为的，便可以对其独立定罪。这一立场在其他司法解释也有体现，如最高人民法院、最高人民检察院、公安部《关于办理电信网络诈骗等刑事案件适用法律若干问题的意见》规定，部分犯罪嫌疑人在逃，但不影响对已到案共同犯罪嫌疑人、被告人的犯罪事实认定的，可以依法先行追究已到案共同犯罪嫌疑人被告人的刑事责任。进言之，如果要求行为人在给他人利用信息网络实施犯罪提供帮助时认识到他人的实行行为达到了犯罪的既遂状态、具体罪名成立的"犯罪"，则是对行为人的苛责。

（3）本罪中对于"犯罪"的理解应作扩大解释。"犯罪"在本罪的法条表述中为行为人明知他人利用信息网络实施犯罪，这里强调的是行为人得知他人实施了犯罪行为，而非明知他人构成犯罪，所以对于"犯罪"的理解应将其扩大为犯罪行为。同时，根据 2019 年最高人民法院、最高人民检察院联合出台的《关于办理非法利用信息网络、帮助信息网络犯罪活动等刑事案件适用法律若干问题的解释》（以下简称《信息案件解释》）第 12 条第 2 款规定，在无法查证他人是否构成犯罪的情况下，若犯罪数额达到相关标准或者造成特别严重后果的，可通过本罪追究行为人的刑事责任。《信息案件解释》第 13 条对本罪在"犯罪"的理解上同样采用了"犯罪行为说"，即只需确定被帮助对象实施了犯罪行为即可追究行为人的刑事责任。由此可以看出，《信息案件解释》对本罪中的"犯罪"作了扩大解释，将被帮助对象实施的犯罪理解为具有相关犯罪行为且查证属实，无需完全符合犯罪构成要件且经法院裁判确认。

综上所述，本罪中对于"犯罪"的理解应该采取"犯罪行为说"，如此不仅符合本罪的立法宗旨，也便于在司法实践中提高办案效率。

（四）"同时构成其他犯罪的"理解与适用

1. 同时构成其他犯罪的理解

本罪法条《刑法》第 287 条之一第 3 款规定"同时构成其他犯罪的，依照处罚较重的规定定罪处罚"。本条的适用情形为行为人实施了一个犯罪行为，并且同时构成两个独立的罪名时，选择处罚较重的罪名定罪。该款实质上规定了本罪与被帮助的实行犯（从犯）之间的犯罪竞合处理规则，即以处罚较重的罪定罪处罚。当前，理论界对"同时构成其他犯罪"的认识分歧集中在以下两个方面。

其一，是否要对此处的"其他犯罪"从法定刑层面进行限制解释，即"其他法定刑高于本罪的犯罪"，这关系到本罪第 3 款的适用前提问题。其二，从旧兼从轻原则能否适用于本罪，其关系到本罪第 3 款的适用范围问题。

陈洪兵教授认为，在共同犯罪中如果另一个罪名的法定刑低于本罪的法定刑时，依照第 3 款的适用规则似乎认定为本罪更为合适，但可能会导致正犯的法定刑低于帮助犯的法定刑，如此有违罪责刑相适应原则。因此，应该限制适用本罪的第 3 款规定，其适用情形仅限于法定刑高于本罪的犯罪。[1]

---

〔1〕 陈洪兵："帮助信息网络犯罪活动罪的'口袋化'纠偏"，载《湖南大学学报（社会科学版）》2022 年第 2 期，第 132 页。

　　笔者认为，上述观点存在不妥之处。本罪第 3 款规定的适用前提是行为人所实施的犯罪行为同时构成了两个独立的罪名，进而依照处罚较重的罪名定罪。即使其他罪名的法定刑低于本罪的法定刑，也不影响本条款的适用。一方面，本罪作为独立的罪名，打击的就是网络犯罪帮助行为，法定刑的适用也具有一定的针对性。另一方面，本罪第 3 款的规定为依照"处罚"较重的规定定罪处罚，这里的"处罚"是依据量刑规则处理后的定罪刑罚，并非直接依据"法定刑"的高低进行裁量比较。上述观点是建立在本罪为量刑规则而不是独立罪名的基础上，才造成了在共同犯罪中罪刑适用不均衡的问题，但是本罪作为帮助行为正犯化的独立罪名，并不存在上述问题。

　　关于本罪是否适用从旧兼从轻原则，本书持肯定态度，但应考虑排除《刑法》第 287 条之一第 3 款的适用。从旧兼从轻原则见于我国《刑法》第12 条的规定，作为从旧例外的从轻，存在两种情况：其一，旧法认为有罪，而新法认为无罪；其二，旧法、新法均认为有罪，但新法处刑较轻。本罪属于第二种情况，即无论是旧法抑或新法都将为他人实施网络犯罪提供帮助的行为认定为犯罪。以开设赌场罪为例，2010 年最高人民法院、最高人民检察院、公安部联合颁布的《关于办理网络赌博犯罪案件适用法律若干问题的意见》第 2 条规定，明知是赌博网站，而为其提供技术支持或服务的，应认定为开设赌场罪的共同犯罪。倘若帮助行为达到情节严重，则开设赌场罪的刑罚要重于本罪。因此，当帮助者为他人开设赌博网站提供帮助行为且达到情节严重时（发生在修正案之前），根据从旧兼从轻原则，应当适用《刑法》第287 条之二的规定。但是，从旧兼从轻原则并不意味着排除该条第 3 款的适用。换言之，在确定适用《刑法》第 287 条之二基础上，应当继续依据该条第 3 款规定，选择较重的开设赌场罪定罪处罚。

　　2. 同时构成其他犯罪的适用

　　本罪的第 3 款规定主要适用于本罪行为人与其他犯罪成立共同犯罪的情况，进而在同时构成本罪与其他罪名时，依据第 3 款的处理原则解决对行为人的定罪问题。同时，在片面共犯的情况下，对本罪第 3 款的相关规定进行了限缩适用。

　　（1）构成共同犯罪的情况。

　　第一，同时构成其他犯罪的正犯。在本罪行为人与被帮助对象成立共同犯罪的情况下，如果行为人为他人提供的帮助行为成为他人犯罪的主要途径并起到主要作用，那么该行为人在共同犯罪中应作为正犯。此时，行为人既构成本罪，同时也成立其他犯罪的正犯。笔者认为，当行为人作为共同犯罪中的正犯并且涉及罪名的法定刑高于本罪的法定刑时，应适用"处罚"较重的罪名定罪。也就是说，在适用本罪第 3 款的规定时，还应该进一步考虑共同犯罪所涉及的其他罪名是否具有从轻处罚的量刑情节，进而对比处理后的刑罚幅度，择一重定罪。

第二，同时构成其他犯罪的从犯。行为人为他人的犯罪行为提供帮助，在共同犯罪中作为从犯，应适用处罚较重的罪名。例如，若行为人在正犯的要求下为其提供用于网络诈骗的技术平台，二人成立诈骗罪的共同犯罪，其中行为人作为共同犯罪中的从犯，其行为同时构成本罪与诈骗罪。笔者认为，如果本案在定罪量刑时，行为人具有从宽处罚的量刑情节，从轻处理后的刑罚幅度若低于本罪的法定刑，此时应依据本罪的第 3 款相关规定，适用处罚较重的罪名。如此，较为符合本罪第 3 款的立法精神。

（2）成立片面共犯的情况。

笔者认为，应该对本罪第 3 款的相关规定进行限缩适用，在没有犯罪意思联络的情况下，更宜认定为本罪进行处理。一方面，本罪的立法就是对帮助犯进行独立处罚，其理论内涵是建立在肯定片面帮助犯的基础之上，即对于没有犯罪意思联络的行为人予以独立处罚。另一方面，在司法实践中，适用本罪第 3 款规定的情形主要为本罪的行为人与其他犯罪成立共同犯罪的情况，对于双方没有通谋的情形更宜认定为本罪。这样的处理方式，一是有助于扩大本罪的规制范围，二是对没有犯罪意思联络的片面帮助犯予以独立处罚，也符合出台本罪的立法精神。因此，本罪第 3 款规定的适用情形，更加倾向于处理行为人与其他犯罪成立共同犯罪的情况。

（五）情节严重的认定

1. 情节严重的理论争议

情节严重作为我国立法中的独特形式，也是本罪法定的入罪条件之一，作为定罪的决定性要素，情节严重在构成要件体系中的定位在理论界也是莫衷一是。

（1）构成要件复合说。应该借鉴德国刑法中构成要件量化分析的思维方式，在构成要件中蕴含着行为不法与结果不法的含量，情节严重作为描述行为不法与结果不法的综合性评价标准，在犯罪构成中属于客观方面的规范性构成要件要素。[1]

（2）综合评价要素说。情节严重作为综合性评价要素，其评价范围包括犯罪行为、危害结果以及主观罪过等多个方面，应该作为构成要件中的第五个要件，即综合性构成要件。[2]

（3）客观处罚条件说。情节作为客观的处罚条件不属于某一个犯罪构成要件要素，而应该作为独立的犯罪成立要件。[3]本罪中的情节严重应该是独立于犯罪构成之外的独立要件，有其自身的评价标准。

笔者认为，情节严重往往根据行为人实施的客观行为和危害后果认定，无法独立评价。因此，客观处罚条件说似乎无法自圆其说。"情节严重"在本罪犯罪构成体系的定位上应该采取"构成要件复合说"，即作为本罪客观方面的规范性构成要件要素，情节严重是对帮助行为以及危害结果的综合性评价，情节严重的认定标准也依托于客观方面的行为手段以及造成的危害结果。本罪情节严重的认定应依托于所保护的"法益"，即网络社会的管理秩序，具体化就是公民人身、财产等方面的侵害，加上本罪有多种不同的行为手段，每一种行为手段都有其本身的类型特点，对法益的侵害程度也均不相同，因此司法解释以"情节+数额""行为次数""危害结果"三个不同的角度确定了本罪的追诉标准。

2. 情节严重标准的反思

（1）情节严重追诉标准的类型化。帮助信息网络犯罪活动罪的帮助行为目前主要体现为技术支持、支付结算、广告推广三个方面，但从司法实务反馈的情况看，从事支付结算的案件占比最高，尤其是断卡行动以来，提供信用卡和电话卡帮助转移资金的案件激增，广告推广和技术支持所占比例偏低，这与立法者预测的技术帮助行为占据较大比例的期望值是有较大差距的。而目前根据"情节+数额"的立法模式，不同帮助行为所要求的数额标准是一致的，并未考虑不同行为的危害程度，而广告推广的帮助行为危害性、危害结

---

〔1〕 参见余双彪："论犯罪构成要件要素的'情节严重'"，载《中国刑事法杂志》2013 年第 8 期，第 33 页。

〔2〕 参见陆建强："刑法分则条文中'情节严重'类综合性犯罪构成要件研究——以司法实践将综合性要件转化为单一性要件的需求为视角"，载《政治与法律》2012 年第 8 期，第 156 页。

〔3〕 参见江海洋："论侵犯公民个人信息罪之'情节严重'"，载《法律适用》2018 年第 17 期，第 69 页。

果的关联度明显与直接提供技术支持有所区别，因此笔者认为，有必要联系司法实际，结合不同行为类型，划分不同的情节严重追诉标准。

（2）情节严重标准向行为无价值的拓展。《解释》列举的情节严重标准，坚持的是以结果无价值的理念，强调帮助行为客观造成了危害后果，例如将违法所得、犯罪金额作为情节严重标准。最高人民法院、最高人民检察院、公安部《关于办理电信网络诈骗等刑事案件适用法律若干问题的意见（二）》对此有所改变，明确将收购、出售、出租信用卡、银行账户等五个以上的，出租他人电话卡20张以上的列为其他情节严重的情况，可以直接以本罪追究刑事责任。不再强调必须造成危害后果，凸显了对出售电话卡、信用卡等帮助电信诈骗分子实施诈骗行为的打击力度，借鉴了行为无价值的刑法理念。

第二节　其他网络犯罪中常见罪名的教义学分析

除了上述几个纯正的网络犯罪罪名之外，《刑法》第285条、第286条还规定了非法侵入计算机信息系统罪，非法获取计算机信息系统数据、非法控制计算机信息系统罪，提供侵入、非法控制计算机信息系统程序、工具罪，破坏计算机信息系统罪等罪名。下面对非法侵入计算机信息系统罪，非法获取计算机信息系统数据、非法控制计算机信息系统罪和提供侵入、非法控制计算机信息系统程序、工具罪进行简要分析。

一、非法侵入计算机信息系统罪

（一）侵害法益是计算机信息系统安全

非法侵入计算机信息系统罪是指违反国家规定，侵入国家事务、国防建设、尖端科学技术领域的计算机信息系统的行为。"违反国家规定"是指违反我国关于计算机信息系统安全的相关法律和行政法规的规定。具体来说，主要是违反《计算机信息系统安全保护条例》《计算机软件著作权登记办法》、国务院办公厅《关于利用计算机信息系统开展审计工作有关问题》《互联网信息服务管理办法》《计算机病毒防治管理办法》《商用密码管理条例》、原信息产业部《关于解决计算机2000年问题工作进展情况及意见》、国家版权局《关于不得使用非法复制的计算机软件的通知》、国务院办公厅《关于解决计算机 2000 年问题的通知》《计算机信息网络国际联网安全保护管理办法》等。1994 年 2 月 18 日，国务院颁布的《计算机信息系统安全保护条例》第 2 条对计算机信息系统的含义作出了规定：计算机信息系统是指由计算机及其相关的和配套的设备、设施构成的，按照一定的应用目标和规则对信息进行采集、加工、存储、传输、检索等处理的人机系统。对于计算机信息系统安全的含义，国际上将其定义为："为数据处理系统建立和采取的技术和管理的安全保护，保护计算机硬件、软件、数据不因偶然或恶意的原因而遭到破坏、更改、显露。"[1]

（二）国家事务的认定

本罪保护的是国家事务、国防建设、尖端科学技术领域这三类计算机信息系统。其中，"国防建设""尖端科学技术领域"这两类的计算机系统由于其特定的含义更容易判断。但对于"国家事务"则由于其范围过于宽泛，无具体的参考标准，司法实践中常常令人困惑。

争议的关键是"国家事务"指国家机关（包含地方机关）的事务还是国家层级的事务？下面以一则案例说明。

案情

据 [2020] 豫 0103 刑初 855 号刑事判决书，2017 年，郑州市公安局交通警察支队为响应国家便民服务措施，与郑州聚凡科技有限公司签订"郑州市公安局交通警察支队智慧交通手机支付宝缴纳交通违法罚款系统"工程合同，由郑州聚凡科技有限公司进行"畅行郑州"系统开发与测试，可使公民远程自缴罚款，无需亲至政务大厅。2017 年至 2020 年 5 月，被告人李某伙同参与上述程序开发的被告人叶某经预谋，由叶某以二维码形式提供"畅行郑州"系统测试入口（共私自开通五个进入账号），由被告人李某、王某、黄某等人在未经授权的情况下，擅自通过支付宝扫描二维码多次侵入该系统为他人处理交通违法缴费信息（利用部分被罚款者不知晓可由支付宝自行缴罚款的信息差，为他人代缴罚款，而部分被罚款者知晓而仍委托代办），并从中牟利。法院认为，被告人李某等行为构成非法侵入计算机信息系统罪。

_____

〔1〕 皮勇：《网络犯罪比较研究》，中国人民公安大学出版社 2005 年版，第 100 页。

笔者认为，法院的判决值得商榷，国家事务应理解为国家层级的事务而不仅仅是国家机关的事务。其一，从文义解释来讲，"国家事务"将"国家"与"事务"联结组词，是将"国家"当作"事务"的定语，即将"事务"这一外延较广的词汇限缩在与"国家"重合的范围里。判断是否属于国家事务，应判断事务本身是否具有国家属性，而非机关是否具有国家属性。实务中大量将国家机关事务一概等同为国家事务，认为地方行政机关也属国家机关，故其事务当然属于国家事务，但国家机关的事务不等于国家事务，国家机关尤其是地方国家机关，存在大量非国家事务，应将其认定为非国家事务。要注意的是，中央机关也有区域事务，不可机械地将中央机关的事务认定为国家事务，如工业和信息化部关于某市集成工业建设的几点意见。其二，从体系解释来讲，《刑法》第285条将国家事务与国防建设、尖端科学技术领域三项并列，意味着三者具有相当的层次，而地方事务包括中央国家机关可能作出的地方事务，如农业农村部关于某地耕种的指示，既不具有全国范围的影响力，政务公开信息被破坏也不影响指令的内部传达与落地。其三，从比较解释来讲，蔡智玉法官认为，在基本法定刑相同的情况下，非法侵入计算机信息系统罪只要求有侵入行为，而非法获取计算机信息系统数据、非法控制计算机信息系统罪还要求非法获取数据或非法控制，并达到情节严重，故为了平衡，在犯罪对象上，前者要比后者更重大，而后者的犯罪对象刚好是前罪的对立面，二者完全相反，因而必须将"国家事务"解释为重大法益——国家层面的事务，才能将后二罪解释为较小法益。若将"国家事务"解释为较小法益——行政机关的一切事务，则后二罪的对象将成为重大法益，对较小法益的侵害反而量刑更重，对较大法益的侵害反而量刑更轻，这是不符合逻辑的，会倒逼犯罪分子实施更严重的犯罪；非法侵入计算机信息系统罪的罪状来源于《计算机信息系统安全保护条例》，此规定将国家事务、经济建设、国防建设、尖端科学技术等领域并列且居首，由此可以印证国家事务的地位。此外，从谦抑的角度讲，非法侵入计算机信息系统罪入刑时，删除了前述经济建设这一重大的法益，表明刑法立法对此罪保持了极大的克制，故对国家事务的理解应采限缩路径；在犯罪构成要件不明时，应采限缩的解释思路，在司法适用时保持克制，遵循存疑时有利于被告人原则，至少要遵循危害计算机信息系统安全刑事案件司法解释的规定进行检验，且不可盲从检验结论。

二、非法获取计算机信息系统数据、非法控制计算机信息系统罪

（一）非法获取计算机信息系统数据罪的"口袋化"

根据统计，该罪犯罪对象的"数据"范围极广，几乎涵盖了一切可在电脑系统中储存、显示、获取的权利客体。具体包括：其一，身份信息。又可分为：①身份认证信息，如淘宝购物账号密码、网络游戏账号密码、微信账号密码、WIFI 热点账号密码、苹果手机 APP 账号密码等；②个人信息，如考生信息、学籍管理信息、人才网上人才信息、车辆违章信息、评标专家信息等。其二，网络虚拟财产。主要包括：①物品类虚拟财产，如网络游戏装备、网络游戏道具等。②货币类虚拟财产，如 Q 币、金币等。其三，网络知识产权。具体包括：①网络游戏源代码，典型案例是盗窃网络游戏源代码予以销售或者搭建网络游戏牟利；②网络课堂教学视频资料或者试题资料等；③公司的设计图纸、核心技术资料等商业秘密；④域名，典型案例是非法破解、修改、控制域名并出售。其四，其他网络财产性利益。主要是指以数据形式储存于电脑系统之中但实质上又具有财产属性的利益。如有财产属性或交易价值的网络积分，网络系统中的手机靓号和优质车辆号牌等。此类网络财产性利益具有经济价值，但又以数据为载体，在价值认定困难时，不少判例将其认定为非法获取计算机信息系统数据罪。其五，数据产品。由于 2011 年 8 月 1 日最高人民法院、最高人民检察院《关于办理危害计算机信息系统安全刑事案件应用法律若干问题的解释》（以下简称《计算机解释》）第 1 条将"情节严重"主要限定为身份认证信息，使得其他非身份认证信息类的电脑数据只能涵盖在该解释第 1 条第 1 款第 5 项"其他情节严重的情形"之中，实务中主要是医院用药统方数据、公司日常经营数据、客户订单数据等数据产品。

（二）口袋化之成因

首先，司法解释叠加导致的"口袋化"。对于非法获取计算机信息系统数据罪中"数据"的范围，《计算机解释》第 1 条将其限定为身份认证信息，同时该解释第 11 条规定"身份认证信息"是指用于确认用户在计算机信息系统上操作权限的数据，包括账号、口令、密码、数字证书等。从司法实务来看，身份认证信息既包括真实的身份认证信息，如银行卡账号密码、考生信息系统账号密码等，也包括匿名化的身份认证信息，如网游账号密码、微信账号

密码等。而同样可能以身份信息为犯罪对象的还有侵犯公民个人信息罪，对于该罪"个人信息"的范围，2017 年 5 月 8 日最高人民法院、最高人民检察院《关于办理侵犯公民个人信息刑事案件适用法律若干问题的解释》第 1 条规定为"以电子或者其他方式记录的能够单独或者与其他信息结合识别特定自然人身份或者反映特定自然人活动情况的各种信息，包括姓名、身份证件号码、通信通讯联系方式、住址、账号密码、财产状况、行踪轨迹等"。因此，当身份认证信息以个人真实信息显示时，"数据"和"个人信息"发生重叠而难以区分，直接导致部分原本应构成侵犯公民个人信息罪的行为被认定为非法获取计算机信息系统数据罪，典型的是获取考生信息系统中考生账号密码的案例。

其次，司法适用惯性导致的"口袋化"。实务中不少司法人员将"数据"的技术属性与法律属性相混淆，甚至以技术属性判断取代法律属性判断。因为技术层面的"数据"只需判断 0/1 二进制代码的存在，较易操作而成为实务部门的宠儿；法律属性的判断则需深入考察法益实质，较难操作而被实务部门"束之高阁"。其结果是部分非法获取网络数据的行为在缺乏应有的法益判断后直接被评价为非法获取计算机信息系统数据罪。这主要体现在：其一，网络虚拟财产的数据化。由于网络虚拟财产同时具有财产属性和数据属性，学界对依据何种属性认定侵犯网络虚拟财产行为存在激烈争论。官方态度显示了对网络虚拟财产数据属性的支持，如在《刑法修正案（七）》增加了第 285 条第 2 款非法获取计算机信息系统数据罪的规定后，2012 年最高人民法院政策研究室对一起盗窃网络虚拟财产案件的批复以官方的姿态认为"虚拟财产不是财物，本质上是电磁记录，是电子数据"。[1] 此后，在 2013 年最高人民法院、最高人民检察院颁布了《关于办理盗窃刑事案件适用法律若干问题的解释》后，对该解释的进一步解读明确了网络虚拟财产的法律属性是计算机信息系统数据，并认为对于盗窃虚拟财产的行为，如确需刑法规制，可以按照非法获取计算机信息系统数据等计算机犯罪定罪处罚，不应按盗窃罪处理。[2] 上述观点在司法实务中起到了指导性作用，不少判决直接将非法获

---

〔1〕 参见喻海松："最高人民法院研究室关于利用计算机窃取他人游戏币非法销售获利如何定性问题的研究意见"，载张军主编：《司法研究与指导》（总第 2 辑），人民法院出版社 2012 年版，第 135 页。

〔2〕 参见胡云腾、周加海、周海洋："《关于办理盗窃刑事案件适用法律若干问题的解释》的理解与适用"，载《人民司法》2014 年第 15 期，第 18~25 页。

取游戏币、游戏装备的行为认定为非法获取计算机信息系统数据罪。其二，网络知识产权的数据化。由于网络的虚拟性、技术性与知识产权的"无形财产"属性具有天然契合性，都卸下了物质载体这一"枷锁"，几乎所有的知识产权犯罪都可以通过网络犯罪的方式实施。而我国现有规制知识产权犯罪的罪名过少，导致部分侵犯知识产权的行为只能借助于手段行为，即计算机犯罪来规制。尤其是当上述网络知识产权客体以数据形式储存于电脑系统中时，更易被定性为非法获取计算机信息系统数据罪。虽然大数据时代数据已然成为众多权利在电脑系统、云端之中的记录载体，但刑法对"数据"所要保护的，不仅是其记载方式，更是以权利义务为重心的记载内容。这就要求刑法对"数据"的判断不能仅停留于其技术属性，而应上升至其所表征的权利内容。

可见，数字化技术既增添了对传统法益的新侵害形式和可能性，也产生了一系列值得、需要刑法保护的新利益，如数据安全、使用权等。因而可将数据犯罪分为两种：一种是以数据为媒介、工具的侵犯传统法益的网络犯罪，其与传统犯罪的区别在于通过对数据载体的侵害来完成，是传统犯罪的网络异化；另一种是以数据为对象侵犯数据安全的网络犯罪，是随着数字技术发展而产生的全新法益的犯罪。但"刑法上的犯罪不可能仅按照行为手段进行分类，而是要按行为所侵害的具体法益进行分类"。[1]因而应根据数据表征的不同法益对数据犯罪"分而治之"：以新的手段、方式侵犯传统法益的数据犯罪，应依其表征的个人信息权、财产权、知识产权等回归至传统犯罪中处理，仍适用传统犯罪的定罪量刑标准，如侵犯公民个人信息的犯罪、财产犯罪、侵犯知识产权犯罪等；而对于侵犯数据安全这种新型法益的新型网络犯罪，则应适用专门的计算机犯罪条款，如我国刑法中的非法获取计算机信息系统数据罪、破坏计算机信息系统罪等。因此，在我国刑法中，非法获取数据的行为要么侵害了数据安全被认定为非法获取计算机信息系统数据罪，要么侵犯了以数据为媒介、工具的传统法益而构成传统犯罪。

（三）如何去口袋化

从前述判决梳理来看，当前司法实务对非法获取计算机信息系统数据罪中"数据"的法律属性判断未能明确区分数据的对象功能和媒介、工具功能，

---

〔1〕 张明楷："网络时代的刑事立法"，载《法律科学（西北政法大学学报）》2017 年第 3 期，第 69 页。

而是将所有以数据为载体的法益侵害行为都涵盖进来，导致了本罪"口袋化"，使得本罪包括：①以数据为对象的网络犯罪。受《计算机解释》限制，实务中主要是非法获取身份认证信息的行为；此外，在数据产业急速发展背景下，数据产品也逐渐成为本罪的犯罪对象。②以数据为媒介、工具的网络犯罪。虽然此类犯罪也通过获取电脑数据来完成，但只是以数据为媒介、工具的侵犯传统法益的行为，如非法获取个人信息、网络虚拟财产和网络知识产权的行为。如前所述，非法获取计算机信息系统数据罪应限于以数据为对象、以数据安全为保护法益的犯罪，而不包括以数据为媒介、工具侵犯传统法益的犯罪。因此，未来本罪的适用应将以数据为媒介、工具侵犯传统法益的犯罪排除在外，以合理去"口袋化"。其一，本罪"数据"去识别性：侵犯可识别性个人信息行为归属于侵犯公民个人信息罪。其二，本罪"数据"去财产性：侵犯网络虚拟财产行为归属于财产犯罪。其三，本罪"数据"去创造性：侵犯网络知识产权行为归属于知识产权犯罪。[1]

三、提供侵入、非法控制计算机信息系统程序、工具罪

（一）犯罪构成

最高人民法院、最高人民检察院《计算机解释》第2条第2项规定，"具有避开或者突破计算机信息系统安全保护措施，未经授权或者超越授权对计算机信息系统实施控制的功能"的程序或工具是"专门用于侵入、非法控制计算机信息系统的程序、工具"。欧洲委员会于2001年11月通过的《网络犯罪公约》（以下简称《公约》）是国际上第一个打击网络犯罪的公约，具有重要的参考价值。《公约》第6条规定了滥用计算机设备罪，用于惩治未经授权故意生产、销售、采购、持有用于实施网络犯罪的计算机设备或计算机数据的行为。我国刑法原来没有相关的法条，行为人为自己或者他人实施网络犯罪而生产、销售、采购以上物品的，要么不构成犯罪，要么只能以相关犯罪的预备犯或者帮助犯处罚。2009年《刑法修正案（七）》新增的第285条第3款提供侵入、非法控制计算机信息系统程序、工具罪，填补了这一法律上的空白。《刑法》第285条第3款规定："提供专门用于侵入、非法控制计

---

〔1〕 参见杨志琼："非法获取计算机信息系统数据罪'口袋化'的实证分析及其处理路径"，载《法学评论》2018年第6期，第168~173页。

算机信息系统的程序、工具，或者明知他人实施侵入、非法控制计算机信息系统的违法犯罪行为而为其提供程序、工具，情节严重的，依照前款的规定处罚。"

（1）本罪侵犯的法益是计算机信息系统的安全。但不是直接侵犯，而是通过提供以下两类程序、工具，间接侵犯计算机系统和数据的安全：第一类是专门用于侵入、非法控制计算机信息系统的程序、工具。从其功能上看，这类程序、工具不具备合法用途，被称为有害性信息安全设备。2011年最高人民法院和最高人民检察院联合发布的《计算机解释》第2条规定，对于具有下列情形之一的程序、工具，应当认定为《刑法》第285条第3款规定的"专门用于侵入、非法控制计算机信息系统的程序、工具"：①具有避开或者突破计算机信息系统安全保护措施，未经授权或者超越授权获取计算机信息系统数据的功能的；②具有避开或者突破计算机信息系统安全保护措施，未经授权或者超越授权对计算机信息系统实施控制的功能的；③其他专门设计的用于侵入、非法控制计算机信息系统、非法获取计算机信息系统数据的程序、工具。第二类计算机程序、工具有其他正当的用途，不是专门用于侵入、非法控制计算机信息系统，但其功能可以被用于前述违法犯罪，行为人明知使用者的目的，仍然为其提供该类程序、工具的，被称为双用途信息安全设备。

（2）本罪的客观方面表现为提供前述犯罪的程序、工具，情节严重的行为。"提供"是我们日常生活的普通用语，但这里作为刑法学意义上的"提供"，是从广义角度还是狭义角度来理解，应作出进一步的解释。本罪是情节犯，构成本罪还需满足情节严重的构成条件，行为人提供的数量、造成的危害结果等成为评价是否构成情节严重的因素。

（3）本罪的主体是一般主体，单位不构成本罪。但《计算机解释》第8条规定："以单位名义或者单位形式实施危害计算机信息系统安全犯罪，达到本解释规定的定罪量刑标准的，应当依照刑法第二百八十五条、第二百八十六条的规定追究直接负责的主管人员和其他直接责任人员的刑事责任。"

（4）本罪的主观方面表现为故意，行为人是否以营利为目的提供程序、工具不影响犯罪的成立，过失导致以上程序、工具被他人获得的，不构成本罪。

（二）完善

限制条件相应放宽。本罪的客观行为是实施非法侵入和非法控制计算机信息系统犯罪的重要条件，将其入罪是必要的，但将其限定在为侵入、非法控制计算机信息系统两种犯罪提供程序、工具的范围内，其合理性却值得怀疑。实际上，本罪的客观行为也是非法获取计算机信息系统数据、破坏计算机信息系统犯罪的重要条件，为这两种犯罪提供程序、工具且情节严重的，同样有入罪的必要。

从司法实践来看，现实生活中存在为非法干扰计算机信息系统、非法获取计算机信息系统数据提供程序、工具的危害行为，没有理由将这些行为区别对待而不入罪。另外，本罪将行为对象限定为程序、工具，也值得我们思考。密码等安全代码不属于程序、工具，但实际上，它们与程序、工具的作用相似，在实践中特别是网络游戏行业大量存在着非法出售、提供他人账户密码的不法活动，若不受规制，显然不合理。因此，我国应借鉴《公约》第6条的规定，为计算机系统和网络安全提供全面的刑法保护。

第四章
网络服务提供者的刑事责任

在信息网络化社会中网络服务提供者处于核心地位，网络服务提供者协助网络安全管理是网络社会治理的关键。《网络安全法》和《刑法修正案（九）》明确规定了网络服务提供者的信息网络安全管理义务（以下简称管理义务）和法律责任（包括刑事责任）。然而，在网络服务提供者是否负有管理义务及其刑事责任的边界等问题上，学者的认识存在分歧，进而影响到网络社会治理路径的选择。笔者在下文中拟通过研究国内外关于网络服务提供者的管理义务及刑事责任的立法，探寻网络服务提供者管理义务的合理范围及其刑事责任的合理边界。

第一节　网络服务提供者的界定

一、网络服务提供者的概念

数字化信息革命的浪潮在飞速发展的科技推动之下席卷全球，高调改变着我们的生产生活方式，给我们传递信息时代来临的信号。互联网作为新时代最伟大的产物之一，敲开千家万户的大门，为人们开启了一个崭新而又缤纷的世界。2021 年中国互联网络中心第 47 次国内互联网络发展状况统计报告内容显示，截至 2020 年 12 月，我国网民规模达 9.89 亿人，互联网普及率达70.4%。近五年以来，我国互联网基础设施全面覆盖、网民规模平稳增长、网络治理逐步完善、数字经济繁荣发展，尤其是在抵御新冠肺炎疫情和疫情常态化防控等方面，我国互联网行业更是发挥了积极作用，为我国成为全球实现经济正增长的主要经济体作出了重要贡献，我国网络强国建设取得了历史性成就。21 世纪我国乃至全人类社会逐步迈入信息网络化时代，这是属于计算机和因特网的时代。

在庞大的互联网络和相关产业经济运行中任何一个角色都承担着特定的职责，发挥着至关重要的作用，网络服务提供者便是其中一员。随着网络服务提供者地位的提高，对其规范性认定和行为深入探究逐渐受到各国法律学者的青睐和重视。有学者借鉴美国的《数字千年版权法》将"网络服务提供者"定义为：按照用户要求在两用户或者多用户之间提供传输、邮件路由、提供网络上实时数字通信或者是提供资料检索，且不修饰和变动所接收或传送的信息内容法律主体。通过借鉴德国《电信媒体法》，有的学者将"网络服务提供者"定义为：为他人提供自己运营或者第三方运营的电信服务，或介绍利用途径的自然人、法人或团体；或者对被提供的视听媒体服务内容设计和选择具有主导性或控制力的自然人或法人。[1]根据我国互联网发展水平与法律政策要求，对"网络服务提供者"的诠释不再仅限于单纯的商业活动经营者，而在法律上赋予其商业活动经营者兼网络安全管理者的双重身份。这一法律概念在我国最高人民法院颁布的《关于审理涉及计算机网络著作权纠纷案件适用法律若干问题的解释》（已失效）中首次出现，进入公众视野，但包括该解释在内的之后一系列法律条例、规定也都只是笼统使用"网络服务提供者"这一概念并没有对其进行明确的界定。就目前而言，我国对于"网络服务提供者"概念的界定主要有狭义说和广义说两种观点。狭义说认为"网络服务提供者"仅指网络中介服务提供者，即专门为用户提供信息传输通道及平台的媒介。而广义的"网络服务提供者"包括网络内容提供者在内的所有提供网络服务和中介服务的机构及个人。

本书更倾向于广义说的观点，互联网应用产业大力发展的背景下，网络服务行业多元化、综合型发展特征越发明显，为了迎合这种发展趋势，网络服务提供者在互联网运行环节中更加活跃，其工作内容及工作形式也越发丰富起来，包含了提供信息资源、连接服务、社交、支付、存储、搜索等多种功能，随着科技不断阔步向前，未来网络服务的范畴还会进一步扩大，更多的功能元素将被纳入其中。加之，我国对于个人从事非经营性互联网服务并没有明令禁止，允许个人持有独立的网络域名从事信息资源的创作、发布、推广活动。综合来看，"网络服务提供者"应定义为：不包含网络用户在内的

---

〔1〕 王华伟："网络服务提供者的刑法责任比较研究"，载《环球法律评论》2016年第4期，第41~42页。

利用计算机或者其他信息终端及相关设备，为公众主动提供信息服务或为获取信息而提供中介服务的自然人、法人或者团体。

二、网络服务提供者的分类

网络服务提供者参与互联网活动所扮演的角色并不是一成不变的，而是动态可变的，与其他犯罪活动的影响力和危害性相比，有网络服务提供者参与的网络犯罪活动所造成的损害后果往往有过之而无不及。由于其工作形式和服务内容、类型的不同，所处法律地位具有差异，网络服务提供者需要承担的法律责任也不尽相同，故而对网络服务提供者的类型进行划分，明确标准，突出各类网络服务提供者的行为特点，更精准地确定其需要承担的刑事责任，对学术界、司法实践都有重要意义与价值。但我国学术界不仅对网络服务提供者的定义存在一定争议，各学者对其种类划分也存在不同见解。[1]

早期的二分法分类标准将网络服务提供者简单地限制为接入和内容服务提供者两类。其中，为客户入网、为网络信息的传递提供相应的软硬件资源、接入服务器或者设备保障的为网络接入服务，而通过互联网向用户提供信息并以对信息内容进行修改编辑的权利为核心的则是网络内容服务。[2]有的学者借鉴了德国以及欧盟的网络服务提供商的类型划分标准，提出了四分法主体类型，包括网络接入服务提供商、网络空间提供商、搜索引擎服务提供商、传输通道服务提供商。也有学者按照网络基础设施提供、信息搜索工具提供、网络接入、网络托管和电子公告板、邮件新闻组、聊天室经营这五种工作服务内容将网络服务提供者划分为对应五类。在对网络服务提供者的类型进行划分和明确标准时，要多层次多角度考虑，以网络技术的发展现状为基础，从刑法理论研究出发，切合刑事法律制裁犯罪的需要，将特殊地位、特定工作内容、服务特点等因素纳入思考范围，确保分类更符合当前互联网发展形势。因此笔者更倾向于三分法的观点，将网络服务提供者分为网络平台服务提供者（IPP）、网络接入服务提供者（IAP）和网络内容服务提供者（ICP）。

〔1〕 兰晓为："网络著作权侵权主体——'网络服务提供者'之解读"，载《大连海事大学学报（社会科学版）》2009 年第 4 期，第 50~53 页。

〔2〕 彭文华："网络服务商之刑事责任探讨"，载《佛山科学技术学院学报（社会科学版）》2004 年第 3 期，第 55 页。

（一）网络平台服务提供者（IPP）

网络平台服务提供者是指为了满足网络用户在线查询或者在网上进行信息交换的需求，利用自身的服务器在互联网上创建具有存储、搜索、发布信息等功能的平台的服务提供者。[1]在此平台中，信息的发布、交流、交易等活动均由广大网络用户实施完成，运营商并不参与制造、提供、发布信息，这是此类网络服务提供者最大的特点。作为及时通信平台的微信、电子商务平台的淘宝、社交平台的微博正是网络平台服务提供者的典型代表。从现代商业角度来看，有些网络平台为网络用户提供了集认证、支付、物流、客服、咨询、信息交换为一体的一站式服务，虽然自身并不发布、提供任何信息，但是作为平台的创建者、提供者和管理人，网络平台服务提供者自身对信息有着很强的控制能力。根据平台业务功能的不同，网络平台服务提供者大致上又可以分为两大类型：第一种是"搜索引擎"类，即方便网络用户信息搜索、数据检索、内容链接的平台提供者，例如美国微软的必应（Bing）、中国的百度等。第二种是通过主题的选择，满足用户在虚拟网络空间交易或者信息交流分享需求的平台服务者。其中典型的代表就是拼多多、阿里巴巴、淘宝，作为售卖商品的网站，它们提供的只是交易平台而非信息，而在平台中创建商铺、发布并宣传商品信息的活动均由卖家、商家完成。除此之外，全球最大的视频网站 YouTube，国外的 Vimeo（高清视频播客网站）、MetaCafe（全球最大在线视频分享站点），国内的优酷、bilibili（中国年轻一代高度聚集的文化社区和视频平台）和现在深受大众追捧的抖音等，它们的主要作用就是为网络用户进行视频数据缓存、存储、发布、推广等特殊性活动提供一个平台。当数据信息上传保存于网站之中，平台的服务提供者就实现了对该数据信息的管理控制。为保证网络平台的正常运营，运营商需要对平台进行定期的检查和维护，在特定条件下，平台提供者可能因为介入网络信息的编辑、监管不当或者以不法的目的经营平台而承担相应的法律责任。

（二）网络接入服务提供者（IAP）

网络接入服务提供者，顾名思义就是采用无线连接或有线连接的方式，借助线路、网线、路由器等设备，使用户能通过电脑连接进入网络的服务提供者。他们不是直接与用户的网络联系来提供服务的，而是使其之间建立一

---

[1] 李源粒："网络安全与平台服务商的刑事责任"，载《法学论坛》2014 年第 6 期，第 25~34 页。

个能够相互连接的网络通道，生活中最为常见的就是中国电信、中国网通等。一般来说，此类网络服务提供者对用户的影响仅有接入网络的速率和网络信号的强弱，无论是作为还是不作为都没有可罚性，原因就在于他们只单纯为网络用户提供基本的入网技术和设备，充分因果联系在法益危害结果和其行为之间无法建立。德国记录着一起典型案例：子公司 X 为一名客户提供了接入母公司 Y 的服务后，客户利用 X 公司提供的网络接入服务实施了上传、散布淫秽信息等一系列的违法行为。案件经历两次审判，判决结果却完全不同。二审法院完全否定了一审判定 X 公司成立传播淫秽信息共犯的结果，改判无罪，判决理由指出，X 公司仅仅只是提供了网络连接服务，没有介入审查客户上传的内容的义务，故而在发生网络侵权或网络犯罪问题时无需承担责任。但是这种不可罚行为也有例外，如最高人民法院、最高人民检察院《关于办理利用互联网、移动通讯终端、声讯台制作、复制、出版、贩卖、传播淫秽电子信息刑事案件具体应用法律若干问题的解释（二）》第 6 条规定，网络接入服务提供者若故意与淫秽信息网站建立超链，此行为则与日常提供网络接入技术、设备的服务行为存在本质区别，应排除在正常的业务行为之外，对所造成的危害后果承担相应的责任。

（三）网络内容服务提供者（ICP）

网络内容服务提供者是指通常由技术组织和编辑团队构成，通过将所收集开发的信息进行筛选、修改、编辑等加工之后上传到自己运营的网站当中提供给不特定网络用户浏览、下载、使用的主体。根据盈利目的属性，通常又可以被分为经营性和非经营性网络内容服务提供者两类。前者指有偿地为网络用户提供信息服务的主体，例如电子布告板系统经营者、邮件新闻组；后者是以政府部门的网站、事业单位的公益性网站为代表的免费为用户提供可公开共享信息的服务主体。网络用户通过网络搜索之后，只需对自己所感兴趣的信息进行点击即可获得相关信息，从而享受到其服务。由于此类网络服务提供者所提供的信息经过其个人或者组织的收集、筛选、编辑等加工程序，他们对信息的控制行为更加明显，行为的辨识度和透明度更高，刑事责任界定相对来说比较容易，若侵犯他人权利或触犯法律时需要承担一定的责任。

三、网络服务提供者的义务

（一）网络服务提供者的管理义务

在互联网建立初期，网络服务提供者的管理义务没有严格设定。利用网络服务提供者网络运作中心地位和技术优势进行犯罪活动的实例屡见不鲜。随着信息网络技术的跳跃式发展，网络违法犯罪数量激增、区域流动性加强，传统的国家监管部门在处理犯罪时显得捉襟见肘，和谐有序、健康绿色的网络空间难以维护。

网络环境和社会治理的需求推动各国纷纷着手赋予网络服务提供者一定的管理义务。其中美国、德国、欧盟对网络服务提供者管理义务研究起步较早，发展成熟，且形成了较为系统的管理义务规定。20世纪90年代，美国发布的《通信协助执法法》中就出现了网络服务提供者协助通信监视义务的规定，之后德国相继发布的《电信法》和《电信监控法令》以及欧盟公布的欧盟理事会《关于合法拦截通信的决议》中也出现了相关义务规定。接着，有两项新义务，即用户数据保护义务和内容信息监管义务，分别被编入《美国法典》《电信媒体法》《电信服务法》和《欧盟电子商务指令》中，进一步拓展了网络服务提供者管理义务的形式和内容。值得注意的是，国外法律并非毫不抑制地为网络服务提供者增加各种管理义务，综合考虑到网络安全与发展平衡的需求，它们将这些义务合理限制在服务提供商的技术能力范围内，并要求政府监管部门在网络服务提供者实施相应管理义务时给予适当费用补偿，相关规定如《网络犯罪公约》第20条。[1]在我国，网络服务提供者法定的管理义务来源散见于各类法律、法规之中，具有立法多层级化、简单类型化以及不同类别服务主体的协助管理义务相似性高等特征。[2]网络服务提供者的一部分管理义务主要来自全国人大及其常务委员会制定的法律：如2012年全国人民代表大会常务委员会出台的《关于加强网络信息保护的决定》规定了保护用户个人信息安全的义务；《刑法修正案（九）》要求网络服务提供者通过及时发现、处置违法信息，备份和留存网上信息记录，利用安全保

---

〔1〕张琪、汪鹏："刑法第二百八十六条之一的'信息网络安全管理义务'的内涵及其问题点"，载《河南警察学院学报》2020年第2期，第84~91页。

〔2〕皮勇："论网络服务提供者的管理义务及刑事责任"，载《法商研究》2017年第5期，第17~18页。

护技术措施和管理制度等方式落实其安全管理义务；2019年1月1日起施行的《电子商务法》规定了电子商务平台经营者有采取技术措施和其他必要措施保证网络运行安全，防范网络违法犯罪活动等义务；《关于加强网络信息保护的决定》第4条涉及保护个人信息的义务，第5条规定在"发现"违法信息后，网络服务提供者应该立即停止传输该信息，采取消除、报告等管理措施；《网络安全法》也详细规定了其在维护网络安全上应承担的责任。另一部分法定管理义务主要是由行政机关在行政法规中予以设置：如2000年颁布的《互联网信息服务管理办法》第2条明确，国务院以网络内容服务提供者为服务主体为其设定了安全保障义务，根据第6条第2项，此条不仅是网络内容服务提供者行政责任的依据，也成为拒不履行网络安全管理义务罪中刑事不作为的义务来源；网信办于2014年8月7日颁布的《即时通信工具公众信息服务发展管理暂行规定》第5条明确了网络平台服务提供者的公民个人信息的安全管理义务；《信息网络传播权保护条例》中也有关涉管理义务的一些规定。

通过对网络服务提供者法定管理义务规定的梳理，可以发现各国所规定的管理义务大致包括协助执法义务、内容信息监管义务、用户数据保护义务、注意或预先审查义务、实时监控义务等类型。其中，预先审查和实时监控义务要求网络服务提供者投入大量的人力物力，极有可能造成过度经济和技术压力，甚至导致网络服务提供者停业或破产，不利于互联网行业的技术创新和未来发展，因此，这两类义务不仅在大部分国家的法律或者判例中被持反对意见，也是社会各界诟病的义务，本书不作研究。

（二）网络服务提供者的协助执法义务

协助执法义务，是指以网络技术方式协助有关部门执法办案的义务。通常涉及为执法部门或人员提供所获得并持有的网络数据、报告违法信息和活动、协助进行通信监视、提供信息保密等义务。[1]

近年来，刑事犯罪与互联网空间的距离逐渐被拉近，犯罪活动的隐蔽性随着互联网技术的成熟日渐增强，给我国打击违法犯罪、维护社会稳定带来了更严峻的挑战。一方面，在有关网络的犯罪活动中不可避免地会使用到电子数据作为核心证据，此类证据不同于其他犯罪中可以直接触及的实物证据

---

〔1〕 王文华："拒不履行信息网络安全管理义务罪适用分析"，载《人民检察》2016年第6期，第25页。

而是以虚拟性、数字化为主要特点，这便要求侦查涉网络犯罪的执法人必须同时具备专业的计算机知识、应用技能且熟悉犯罪证据收集的标准和流程。然而，一般执法人员由于单一专业背景的限制，在技术标准和程序熟练度上恐怕很难满足上述硬性要求。另一方面，有别于传统的犯罪侦查模式，对于网络犯罪的侦查采取的是一种"事—机—人"的新模式，此类犯罪的涉案信息也主要是存储在网络平台、网站中的电子数据，现实中的案发场地、作案痕迹难以寻觅，刑事侦查工作面临线索不足的困境。而网络服务提供者的服务器中保留着所有注册用户的个人身份资料及部分有效的行为活动信息，如绝大多数搜索引擎在为网络用户提供信息数据检索服务时，会存储用户的检索历史、浏览记录、网络定位、其他关联软件账号等数据；又如，一些规模较大的社交平台会通过服务受众掌握他们登录账号的设备信息、社交群体数据、转账记录、账号资料修改记录等数据。有些能指认犯罪嫌疑人或证实其犯罪行为的重要证据可能就隐藏在这些电子数据之中。可见，网络服务提供者在个人数据信息的收集、保存、管理、掌握中占有绝对的优势，为其设定协助执法义务不仅确保了执法取证效率，更不会轻易侵害到接受检查者的合法权益，其自身的正常经营活动也能有所保障。与此同时，为了避免协助执法义务成为侵犯公民合法权益的工具，通过完善法律规定，将该义务履行时的条件和程序予以明确和细化必不可少，还应以长远眼光设置调查完成后的数据销毁程序和用户权利受到侵犯后的救济途径等措施以防后患。

（三）网络服务提供者的内容信息监管义务

内容信息监管义务，是指网络服务提供者应主动、积极地采取行动，审查监管第三方提供的内容是否违法，在发现违法内容时，及时采取必要合理措施制止，避免危害进一步扩大的义务。信息网络日益普及，它的触角延伸到我们日常学习生活的方方面面，随着技术的逐步改进，入网门槛进一步降低，只要掌握最简单的网络操作方法，任何人都可以轻易登录互联网，在网络空间中发布传播海量信息。网络信息安全法律体系尚未在我国成熟建立，执法部门即使严防死守，单枪匹马也难以挑起有效监控大量网络活动的重担，这时网络服务提供者的配合便显得尤为重要。作为网络空间经营者、支配者和服务提供者，其对网络用户的活动行为和互动内容进行审查和监管是理所当然的。此监管又包括事前积极的监管义务和事后被动的通知、删除义务。其中，网络内容服务提供者直接为用户提供服务的信息均经过自身的收集、筛选、编辑、修改等加工过程，毋庸置疑对所提供的信息内容担负全面审查监管的责任，防止法律、法规所不允许的信息流向受众。

部分学者担心，网络信息数量庞大，为网络服务提供者设置内容信息监管义务势必会导致人力物力投入过大，久而久之网络信息技术发展会变得迟滞，且会带来网络服务提供者成为用户权利侵犯的主体的新问题。[1]笔者认为，网络非法外之地，将刑法中关于危险源管理的实质作为义务引入互联网领域同样适用，借鉴危险源管理的实质作为义务规定，网络服务提供者在自己有控制、支配能力的领域内，具有采取必要的安全措施保护他人免受危险源侵害的责任。但在义务设置的同时也应当注意合理地限缩网络服务提供者管理义务的范围，适当增设"明知""符合当前技术水平""义务负担在承受能力内"等限制条件，制定免责条款，以此来平衡执法部门与网络服务提供者之间的信息审查义务。[2]这种限缩规定在德国《电信服务法》就有所涉及，该法规定网络服务提供者若想免除因未能履行依法封锁他人提供的违法信息义务而承担的责任，需要同时满足"内容上不知晓""技术上没有实现的可能""承受能力上超出范围"三个条件。

（四）网络服务提供者的用户数据保护义务

用户数据保护义务，是指网络服务提供者有必要构建一套系统的、完备的用户信息保护制度，基于此制度，在合理合法范围内、为特定目的收集、利用用户数据信息，收集、利用用户数据须明确告知用户，未经用户的同意或法定程序的特别授权，不得泄露、擅自篡改、随意毁损用户数据，确保用户数据保管得当、真实安全。除此之外，用户数据保护义务的内容还包括根据用户的正当要求对错误的信息进行及时确认并准确更正，对于违规收集的信息及时删除，对于恶意泄露的信息及时拦截保护，并反馈处理情况等内容。在大数据时代，数据产生成本、收集成本、存储成本和处理成本下降，网络服务提供者凭借新型硬件技术对数据的挖掘利用程度普遍提高，收集用户个人信息数据已不仅限于身份数据这一狭小范畴。原来仅以身份证号、手机号、银行卡号作为用户数据内容进行收集的支付宝，现在所挖掘采集的用户信息

---

〔1〕 姚志伟："公法阴影下的避风港——以网络服务提供者的审查义务为中心"，载《环球法律评论》2018 年第 1 期，第 100~109 页。

〔2〕 孙南翔："论互联网自由的人权属性及其适用"，载《法律科学（西北政法大学学报）》2017 年第 3 期，第 31~40 页。

数据已拓展到大数据行程轨迹、消费交易记录、医疗体检报告、教育经历背景、外貌指纹生物特征等范围。网络服务提供者根据收集记录的这些用户数据可以精确地识别用户身份，清楚地掌握数据主体在使用该服务时的一切行为痕迹。可想而知，用户数据一旦被篡改、泄露、滥用，将造成无法估量的严重后果。[1]因此，无论网络服务提供者是否对终端信息数据具有支配控制能力，只要其具备用户数据信息的收集处理功能，依法妥善管理、保护用户数据就成为其责无旁贷的基础性义务。《关于加强网络信息保护的决定》也编入了有关用户数据信息保密义务的内容：网络服务提供者禁止泄露、篡改、毁损、出售用户信息，在用户个人信息遭到泄露、丢失或毁损时，应及时采取补救措施降低危害。

第二节　网络服务提供者的刑事责任

一、网络服务提供者刑事责任的承担模式

（一）共犯责任模式

《刑法修正案（九）》出台以前，网络服务提供者的共犯责任规定在我国立法体系中是缺失的，存在立法上的空白。处理现实案件完全依靠相关司法解释中的规定，《关于办理侵犯知识产权刑事案件适用法律若干问题的意见》第15条就明确规定，网络服务提供者若利用自己的商业服务，帮助他人实施知识产权侵权，为他人提供犯罪所需的信息技术，或者虽然知道他人要实施犯罪，仍然为其提供互联网访问、服务器托管和网络存储空间等一系列技术与设备的支持，必须一律以共犯身份追究其法律责任。除了2011年出台的该司法解释中有共犯责任规定，最高人民法院、最高人民检察院《关于办理利用互联网、移动通讯终端、声讯台制作、复制、出版、贩卖、传播淫秽电子信息刑事案件具体应用法律若干问题的解释（二）》第6条、《关于办理赌博刑事案件具体应用法律若干问题的解释》第4条等法律解释中都有所涉及。上述有关网络服务提供者共犯责任规定的司法解释没有给网络服务提供者创设新的法律责任和义务，实际上只是在刑法规定的基础上进行的再次阐

---

〔1〕 张丽、张浩伦："网络空间个人数据保护新论——以确立网络服务提供者"信义义务"为视角"，载李爱君主编：《金融创新法律评论》（总第4辑），法律出版社2018年版，第124~131页。

述，完全是在既有的刑法理论框架内对刑法既有之义的再次演绎和重述，是既有责任模式的应用。[1]由于共犯责任与其他刑事责任模式之间的关系、共犯责任的适用空间等一系列问题在《刑法修正案（九）》颁布后仍然没有得到明确的答复，一些司法实践中的现实问题仍然无法妥善解决，以共犯责任追究网络服务提供者的刑事责任的目标始终成为不可一蹴而就的期望。

（二）不作为犯责任模式

网络服务提供者作为义务判断的前提包含三方面。行为人首先必须负有特定的义务和责任，这种义务与责任可以来源于法律明文规定，可以来源于本身业务或职务的要求，也可以来源于自己的先行行为；其次需要具备能够履行义务的现实能力；最后要求不存在已经履行相应义务的客观事实。《刑法修正案（九）》第28条以一种特殊的方式为网络服务提供者拒绝履行其法律义务的行为规定了刑事处罚，提供了明确其刑事责任的新路径，使其知晓不履行法定义务所要承担的后果，一定程度上有效规制了网络服务提供者的日常服务行为，提高了他们将法律法规作为义务履行的准则、遵纪守法的自觉性。这一针对拒绝履行法律义务的刑事责任新规定为网络服务提供者设定独立的刑事责任提供了新的思维和路径，这与传统理论上的共犯责任模式有所不同。但是，新事物并非一出现就是完美的，我们不难发现，随着网络技术的爆炸式发展，现有的网络监管法律规定已经完全不能适应瞬息万变的网络行业所带来的新问题，法律条文不全面、不具体的缺陷逐渐暴露。"不履行法律、行政法规规定的信息网络安全管理义务"这样模糊不清的义务来源界定使司法实践常常陷入困境。除此之外，网络服务提供者是否具备监管信息网络安全的技术和能力水平，接收到监管部门责令改正的通知后仍然不具备履行监管义务可能的情况如何处理等问题也亟待解决。

（三）帮助行为正犯化责任模式

《刑法修正案（九）》第29条第2款从立法上，为网络空间内情节严重的犯罪帮助支持行为赋予独立的罪名，规定为帮助信息网络犯罪活动罪。依照"共犯行为正犯化"的模式对网络服务提供者为犯罪分子提供网络存储、接入、服务器托管等设备和技术帮助的行为进行评价，用一种新颖的方式将

---

[1]　涂龙科："网络服务提供者的刑事责任模式及其关系辨析"，载《政治与法律》2016年第4期，第108~115页。

其与正犯区分开，通过独立的罪名明确其需要独立承担的刑事责任。在总则上，刑法对共犯帮助行为从属于正犯而存在的规定进行了明确，肯定了"严格从属性说"和"限制性从属性说"所共同强调的"从属性"要求。立法者考虑到帮助行为与实行行为根本性不同，网络空间与现实社会的差异，认为将一对多的网络帮助行为单独入罪，能够有效控制和预防一般犯罪行为在放大镜式技术帮助的作用下如病毒式传播，造成无法弥补的法益侵害。[1]然而，有些学者认为所谓"帮助行为正犯化"，将帮助行为径行以某罪的实行犯入罪，是对刑法条文的肆意扩张，是对刑法基本理论立场的背叛。[2]笔者认为，创设并应用网络服务提供者帮助行为正犯化的责任模式是国家应对新出现的网络犯罪问题的暂时性的解决方案，虽然无法满足网络空间的发展和信息安全维护的长时间持续性需求，就目前来看，与我国近年大力倡导的法益保护前置的立法思路相契合，顺应了我国短期内立法的发展趋势。

根据以共犯理论作为判决依据的典型案件 BuffnNET 案可知，国外司法实践中检察官通常认为网络服务提供者为他人的不法行为的实施创造了机遇，提供了途径和支持，一定程度上促进了违法活动的展开与进行，依据《美国法典》第 18 篇的有关规定，采用共犯责任模式对其行为进行评价，实现对其刑事责任的追究是最为合适的做法。无独有偶，德国在网络服务提供者帮助犯罪行为问责模式的立场上与美国保持一致，即肯定了共犯责任模式追究刑事责任的恰当性，而唯一的区别在于，德国针对网络服务主体作了类型化区分，使得服务内容、功能各异的网络服务提供者承担刑事责任的条件和范围也有所差别。

虽然国内外都设立了共犯责任模式，但事实上在刑事责任构成和应用范围两方面并非完全一致。譬如，美国在责任追责时，采取了一种"明知+通知+不予改正"模式。若要认定网络服务提供者的行为构成犯罪，首先要求网络服务提供者对他人欲实施不法行为心知肚明；其次，经过权利人举报、通知抑或接收到相关监管部门责令其整改或采取救济措施的通知；最后，接收到通知后仍不予改正，不采取相应封锁、纠正等补救措施。在美国的责任模式

---

〔1〕 徐松林："视频搜索网站深度链接行为的刑法规制"，载《知识产权》2014 年第 11 期，第 26~31 页。

〔2〕 周光权："网络服务商的刑事责任范围"，载《中国法律评论》2015 年第 2 期，第 175~178 页。

下，需要追究其法律责任，要求其承担共犯责任。与国外更加注重告知的必要性相比，我国在共犯责任模式中更加强调"明知"这一要素，如 2010 年公布施行的最高人民法院、最高人民检察院《关于办理利用互联网、移动通讯终端、声讯台制作、复制、出版、贩卖、传播淫秽电子信息刑事案件具体应用法律若干问题的解释（二）》第 8 条规定：行政主管机关书面告知后仍然实施上述行为的认定行为人主观上"明知"。不论权利人或者相关管理部门是否通知，只要其具备"明知"这一要素并为犯罪实行提供了帮助，都要追究其共犯责任。

二、不同网络服务提供者的刑事责任

（一）网络平台服务提供者的刑事责任

网络平台是一个丰富的网络资源库，平台服务者本身并非信息的创造者、开发者，通常情况下他们通过提供平台供用户使用来满足用户上传发布信息或从事网络交易的需求，以此来实现网络信息的传递与共享。网络平台上每一天都充斥着用户上传发布的海量数据，若强制要求网络平台服务提供者对平台内所有数据内容进行事前审查无疑会为其施加过重的工作负担，制约该网络平台的正常业务运营，牵制互联网产业的良性发展，是不经济亦不合理的。因此，与网络接入服务提供者一样，通常情况下不强制赋予网络平台服务提供者事前审查义务，避免其承担相应的刑事责任。网络平台服务提供者的功能并不是一成不变的，当功能发生转变时，根据此时功能所确立的身份所对应的刑事责任也会因此改变。其中，提供了他人非法内容的网络链接的刑事责任在学界一直存在着争议。一部分学者认为，如今色情网页链接、盗版作品链接等违法内容的链接就如同化身一般成为违法信息的"二次来源"，提供违法链接的行为具备"复制"和"传播"两种复合特性，且已经逐渐形成独立化犯罪趋势，此类行为完全符合以正犯论处的要求。另一部分学者则认为，只有在相对应的网站上上传完作品后，才能在平台上提供该作品的链接，平台上的链接只起到拓宽作品传播的范围，方便更多网络用户获取信息内容的作用。因此，网站提供链接的行为实质上是普通的信息传播帮助行为，并不属于刑法理论上的犯罪帮助，不可一概当作犯罪行为问责。[1]

---

〔1〕　林清红、周舟："深度链接行为入罪应保持克制"，载《法学》2013 年第 9 期，第 152~159 页。

笔者认为，如果不考虑被链接的内容以及链接发布者的行为和意图，就盲目地将一切链接行为视为犯罪，必然会导致刑法适用范围的过度扩张。但如果完全肯定链接行为的正当性、合法性，则又会忽略了网络平台提供者通过链接行为成立犯罪造成权利人或公共利益危险的可能。平台服务提供者在一定程度上影响着网络内容的生成，与网络上的违法信息或违法链接联系密切，有能力删除存储的违法内容，或者封锁链接渠道。如果网络平台服务者提供链接的行为单纯是想为用户提供访问的中介，即使会被当作被链接内容传播的帮助行为，也需要有确凿的证据证明其对链接内容的违法性存在主观上的明知，并且此风险属法律所能容许的范围内，依照《刑法修正案（九）》第 29 条以犯罪论处显然不合适，除非其知晓被链接内容违反法律，且明确肯定了被链接的信息内容，由其承担相应的法律责任才具备合理性。

作为平台的创建人、服务者，我国《刑法修正案（九）》也明确规定了网络平台服务提供者不履行信息网络管理义务的单独罪名，其刑事责任的加重逐渐成为各国立法的趋势。当发现平台上出现不良信息时，或在政府主管部门责令其履行义务后网络平台服务提供者都应当及时采取有效的制约手段，对违法信息进行过滤、排除，以维护网络平台的健康有序发展。

（二）网络接入服务提供者的刑事责任

关于网络接入服务者的刑事责任，德国的《多媒体法》《电信媒体法》以及欧盟通过的《电子商务指令》均态度一致地规定网络接入服务提供者一般情况下是不予处罚的。国际通行的惯例也肯定了网络接入服务提供者无需对服务的内容承担责任，除非与他人通谋共同实施犯罪并造成法益侵害。在满足规定的条件下，网络接入服务提供者享有豁免刑事责任和民事责任的特权。拥有这种豁免特权的根本原因就在于该类服务主体的功能仅为提供单纯的信息传输通道，发挥保证网络顺利运行的基础性作用，在技术手段上不能直接接触网络信息。面对每日传输的海量网络信息，如果将本属于网络监管部门的责任强加于网络接入服务提供者，要求其对网络违法数据进行控制和封锁，凭当前技术难以实现，也会抑制互联网企业的发展，在政策上是不可取的。[1]因此，不可让该类网络服务主体背负过多的责任风险。

我国早在 2006 年就将网络接入服务提供者相关免责条款的内容编入《信

---

〔1〕 张明楷：“论被允许的危险的法理”，载《中国社会科学》2012 年第 11 期，第 112~131 页。

息网络传播权保护条例》中，该条例第 20 条规定：网络服务提供者根据服务对象的指令提供网络自动接入服务，在未选择并且未改变所传输的作品、表演、录音录像制品，向指定的服务对象提供该作品、表演、录音录像制品，并防止指定的服务对象以外的其他人获得时，不承担赔偿责任。对于网络接入服务提供者来说，轻微的民事责任都能得到豁免，那么严重的刑事责任更应谨慎处理。然而，《刑法修正案（九）》第 28 条、第 29 条并未将网络接入服务主体排除在应承担相应信息网络安全管理义务和责任的主体之外，即该规定的处罚仍然适用于包括网络接入服务提供者在内的所有类型的网络服务提供者。这一规定虽然一定程度上体现出我国对互联网犯罪重拳出击的决心，但与此同时也为网络接入服务提供者带来繁重的法律义务和责任负担。由于这一规定无法与网络空间现实环境和运行相契合，不能真正发挥有效规制网络环境的实效，不仅会在一定程度上抑制互联网技术产业的发展，而且不利于刑法自身权威的树立。笔者建议，对网络接入服务提供者进行归责时要更加慎重，除非涉及国家或公共安全重大问题，否则不得随意搬出刑法追究其法律责任。

（三）网络内容服务提供者的刑事责任

网络内容服务提供者以其职务特有的便利性和功能性对信息数据的编辑、发布有选择和管控能力。他们既可对自己编辑的内容选择性发布，也可以利用技术手段对他人发布的内容进行筛选而有效防止犯罪结果的发生。例如，微博的管理者监测到博主发布了一些违法信息甚至危害国家名誉的不良言论，或者经监管部门责令而发现用户信息泄露的现象时，微博管理者可通过技术手段封禁账号，通知博主尽快删除相关违法内容，以达到封锁违法信息流向的作用。当用户个人信息数据泄露时，网络内容服务者有能力对泄露的信息进行拦截，即便在数据洪流中没有察觉，经监管部门责令采取改进措施后，其也有能力控制个人信息进一步扩散。[1]该类网络服务提供主体通常被视为最容易实行网络犯罪。一方面，在某些情况下其本身就是违法内容的发布者，即自己提供的内容涉嫌犯罪，例如信息中涉及了制作、传播淫秽物品、煽动分裂国家、制造、传播谣言等内容。由于该类网络服务提供主体对自身提供和发布的信息具有完全的管控能力，显然可以认识到行为的风险，他们对危

---

〔1〕　刘文杰："网络服务提供者的安全保障义务"，载《中外法学》2012 年第 2 期，第 395~410 页。

害后果至少存在放任的故意，若以积极追求的损害结果的主观心态去实施犯罪，更应该遵循刑法程序对此犯罪行为予以否定性评价。需要特别指出的是，此类网络内容服务提供者已经失去了引用免责条款，规避刑法制裁的资格，需要承担全部且独立的刑事责任。另一方面，网络内容服务提供者本身也可以不直接参与到犯罪的实行当中，包庇、帮助型犯罪成为其可能构成犯罪受到追责的另一种情形。如果他们知道不法分子正在利用网络服务进行违法活动，虽然他们并没有参与，但却纵容、鼓励甚至通过主动提供存储空间、数据管理工具或将犯罪使用的服务器终端置于亲自管理的领域内，以提高访问速度、访问量等方式帮助犯罪，应当按照其侵害的法益、触犯的罪名，追究其共同犯罪的刑事责任。在这种情况下，因包庇、帮助型犯罪而被追究刑责的范围不仅限于真正的网络内容服务提供者，客观上制作、提供了网络内容的主体都应承担刑事责任。鉴于网络内容服务主体的易犯罪性，美国、德国、欧盟以及我国法律在追究其刑事责任时能够达成共识，即相较于其他类型的网络服务提供者，网络内容服务提供者被赋予了更多的注意义务和法律责任而受到最为严格的管制。

（四）中国裁判文书网相关案例统计分析

近年来我国对网络犯罪活动的打击惩处力度逐渐加强，网络服务提供者这一新兴的法律主体日益得到重视，对中国裁判文书网中相关案例进行统计并对典型的案例进行分析，我们不仅可以了解近年来司法实践对于网络服务提供者帮助行为的态度和刑事责任认定的变化，对于未来我国的立法趋势与司法走向也可以有更加明确的预见。以"拒不履行信息管理义务""提供互联网技术支持""提供互联网接入服务""允许或者放任他人在自己所有、管理的网站或者网页上发布""帮助信息网络犯罪活动"等为关键词在中国裁判文书网中进行检索，至 2021 年 8 月 31 日分别获得 11 条、530 条、3869 条、18 条、9880 条检索结果。经过整理可知，从 2015 年至 2021 年裁判文书内容涉及各类网络服务主体为犯罪活动提供帮助的刑事案件共有 9753 件，其中 2015 年仅有 1 件、2016 年 9 件、2017 年 43 件、2018 年 68 件、2019 年 160 件、2020 年 3034 件、2021 年 6438 件。

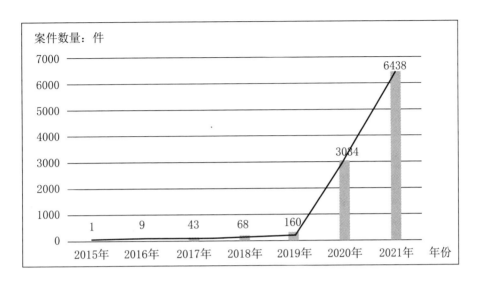

经统计，判决结果关涉拒不履行信息网络安全管理义务的裁判有11件，共18名被告人，除去最终认定帮助信息网络犯罪活动罪的7件案件之外，其他4个案件最终分别以拒不履行信息网络安全管理义务罪、开设赌场罪、侵犯公民个人信息罪追究被告人的刑事责任。

通过对具体案例的研究，笔者发现在如何认定被告人行为是否符合拒不履行信息网络安全管理义务的问题上，2018年上海浦东新区人民法院审理的一件案件可谓作了典型的解释。刑事判决书中记录到，经过调查发现，该案的被告人胡某以谋取不正当利益为目的，于2015年7月至次年12月，租用国内外服务器并自制翻墙软件，向国内数千名网络用户提供翻墙软件的租赁服务，使他们的服务器能顺利接入境外互联网。经过专业人员鉴定发现，该名被告自制的翻墙软件的核心程序为具备代理功能的"gotunnel"，可以在客户端和服务器之间建立一条连接隧道，即使存在防火墙，也能避免客户端和服务器之间频繁地建立连接和断开，提高境内用户通过境外代理服务器访问境外网站的效率。2016年间经上海市浦东新区公安局两次约谈，并责令停止、处罚了其利用某网络科技公司建立国际联网信道的不法行为，被告人胡某却不知悔改、拒不改正，于当年10月，明知故犯，又重新开始翻墙软件的出租活动，3个月内所获违法收益高达23万元。

胡某虽然作为互联网接入服务的提供者享有网络接入服务提供者相关免责条款无需对服务的内容承担责任，但是胡某以非法牟利为目的，既没有履行法律、行政法规规定的管理义务，放任国内数千名网络用户使用其租用、制作的专门用于违法访问境外网站的互联网接入软件，且经有关部门的通知责令，结合其本身专业背景，明知提供、自制翻墙软件供不特定人使用属违法行为，但是其拒不改正，符合《刑法》第 286 条之一规定的网络服务提供者不履行信息网络安全管理义务，经监管部门责令采取改正措施而拒不改正的情形。据此，法院判定被告人胡某构成拒不履行信息网络安全管理义务罪，并给予拘役 6 个月，罚金 3 万元的刑事处罚。

从 2018 年至今，以拒不履行信息网络安全管理义务罪单独定罪处罚的案件仅有两例，可知多数情况下被告人，也就是网络服务提供者，并不是单纯地对自己的信息网络安全管理义务不作为、不履行，其往往会同时实行其他犯罪行为，触犯其他罪名。江西省南昌市东湖区人民法院［2018］赣 0102 刑初 585 号判决便是被告人触犯拒不履行信息网络安全管理义务罪在内的数罪最终被以其他罪名追责的典型案例。

案件中辩护人虽辩称"银商"（在互联网上进行游戏币出售、回购的人员）利用辰龙游戏的漏洞开设赌场，被告人何某、李某只是在工作中未正确履行职责，客观上为"银商"从事开设赌场的犯罪活动提供了便利，对于"银商"开设赌场的帮助行为均是消极帮助行为，不存在积极的帮助行为，其所起的作用处于次要地位，作用较小，亦未从"银商"开设赌场中分得任何赃款，在本案中当属从犯。司法机关判决则认为，被告人何某、李某分别担任盘古公司的总经理、客服部经理，在经营、管理盘古公司的辰龙游戏平台过程中，作为网络平台服务提供者利用公司平台内的"捕鱼""五子棋"等小游戏供用户进行赌博。参赌人员作为该平台内的注册玩家可以通过炮轰打鱼的方式赢得虚拟金币，然后在"五子棋"游戏中，通过"银商"将虚拟金币兑换成货真价实的人民币。其中，从 2015 年 10 月至 2017 年 1 月，涉案胡某、马某、陈某等人共从中非法牟利 130 万元。在盘古公司经营期间，公安网警支队、文化行政综合执法部门及市场监督管理局网络经营监管处曾对其下发《责令限期改正通知书》，要求盘古公司在 2015 年 11 月 9 日前将辰龙游戏中心网站内存在的虚拟币变相转账服务、非法银商交易服务等问题进行整改。但是何某、李某对此责令限期改正的通知丝毫不屑，明知有违法律法规所要求的信息网络安全管理义务，仍然拒不改正，继续为参赌人员提供隐蔽的赌博渠道及套现服务，属于为明知实施犯罪人提供技术支持，在共同犯罪中并非起次要或辅助作用，不属从犯。何某、李某两被告人的行为同时触犯拒不履行信息网络安全管理义务罪、帮助信息网络犯罪活动罪，择一重罪处罚，最终以开设赌场罪定罪处罚。

《刑法修正案（九）》正式颁布实施的近两年内，涉网络中立帮助行为的案例共判决了五起，以《刑法》第 287 条之二第 1 款与第 3 款的规定论处的仅两起，即［2015］吉刑初字第 204 号与［2015］浙绍刑初字第 50 号，其余案件均依照相关罪名共同犯罪的旧例定罪。至 2018 年，78 个网络犯罪刑事案件，有关网络中立帮助行为的案件裁判也仅 16 起，除以帮助信息网络犯罪活动罪制裁认定为正犯外，其他案件均以共犯罪处理，被认定为从犯的达 12 件。虽在主从犯认定方面，坐实从犯身份的判决案件居多，但也不乏将网络中立帮助的行为评价为主犯的情况。通过对判决理由的研究分析可知，法院对提供网络设备、技术等帮助支持的行为人即网络服务提供者的主从犯认定，尽管均以法律规定的"在共同犯罪中所起的作用大小"为依据，但在个案中仍然存在差异。

由于当时并没有具体的、规范的适用帮助信息网络犯罪活动罪的条件规定，针对网络服务提供者中立帮助行为的刑事评价标准不统一，司法工作者在应用条文罪名时往往无所适从，无法恰当把握适用范围和标准，这往往会加大法官自由裁量性，选择避难就易，用较熟悉罪名共同犯罪的标准对网络服务提供者进行制裁，导致帮助信息网络犯罪活动罪使用率偏低，且难以避免个案量刑的失衡。

当前，有关网络服务提供者技术支持的案件数量喷涌式增长，仅 2020 年和 2021 两年案件总量就高达 9472 件。随着《刑法修正案（九）》深入实践的应用，其重要的规范指导作用逐步显现。从 2015 年到 2021 年，判决结果涉及帮助信息网络犯罪活动罪的共检索出 8769 件，其中以共同犯罪处理认定为从犯的有 1033 件。在罪名认定方面，以帮助信息网络犯罪活动罪定罪处罚的共有 7916 件。为网络服务提供者中立帮助行为规范定性，建立统一规制标准，有效防范刑法条文适用标准失衡、主从犯身份认定失纪、刑罚裁量失范的问题，我们需要与时俱进，不断探索信息网络犯罪中网络服务提供者刑事责任的适用条件及范围等问题。

第三节　网络中立帮助行为的刑事责任

一、中立帮助行为理论概述

（一）中立帮助行为的概念和特征

中立帮助行为是指，通常无害却客观上促进了他人的犯罪行为及其结果实现的行为。中立帮助行为人在主观上并不追求非法目的，客观上实施了不具有刑事违法性外观的日常行为，但实际上对他人的犯罪行为起到了助益作用。"中立"只是外观上的中立，"帮助"只是事实描述而非法律评价，综上，"中立帮助行为"是指尚未经过刑法评价的事实上对犯罪行为及其结果有促进作用的日常行为或者业务行为。中立帮助行为的特征是：①中立性。行为人主观上已经预见到犯罪行为或者犯罪结果的发生，但是其进行的活动具有正常的业务性或者通常的民事行为等，因此具有"中立性"，但该行为只是外观上的中立，并非实质上的中立。②帮助性。行为人的中立帮助行为对违法犯罪结果起到了相当的促进作用，产生法益侵害的风险或加大了法益受损的程度。一方面，行为人实施的帮助行为可以是提供具体的客观物质（如向正在斗殴的一方当事人售卖螺丝刀）。另一方面，中立行为人的行为可能仅起到行为上的帮助与精神上的支持作用（如网络服务商明知对方是淫秽色情网站，依旧为其提供服务，帮助其发布相关的广告的行为）。

我国司法实务一贯认为，只要行为人明知他人实施犯罪还提供帮助，即行为人主观上有帮助的故意，客观上促进了他人犯罪，帮助行为与正犯行为及其结果之间存在因果关系，就应毫无例外地作为帮助犯予以处罚。问题是，中立帮助行为通常具有业务性、日常性、中立性、非追求犯罪目的性、可取代性、反复持续性、非针对特定对象性等特征，如果全都作为帮助犯加以处罚，将不可避免地使处于日常生活的公民陷入恐慌，无法正常进行经营活动，阻碍社会经济的发展，有损社会的稳定。因此，限制中立帮助行为的处罚范围业已成为国内外理论与实务界的共识。寻找限制处罚中立帮助行为的路径，明确不可罚的中立帮助行为与可罚的帮助犯的界限，也就成了刑法学者共同努力的方向。

（二）中立帮助行为的类型

（1）销售行业的中立帮助行为：①日常经营销售。日常经营销售的物品主要包括两类：其一，不具有危险性的日常使用的物品（例如纸张）；其二，日常使用危险物（例如菜刀）。销售前类物品的行为属于生活行为，不能被认定为刑法意义上的帮助行为。就销售日常使用危险物的行为而言，商家以社会通行的做法进行生产生活，所产生的危险是法律所允许的威胁，不具有可罚性。②特许经营销售（如枪支、弹药）。若卖方明知买方的犯罪意图，且购买者不具有相应的买卖资质，此时应直接纳入帮助犯的处罚体系。反之，若购买者为合法购买主体，针对卖方的行为，理论界存在两种评判：一是只要卖方知道买方的犯罪意图后仍然售卖，不论买方资质如何，均被认定为帮助犯；二是卖方在明知情形下仍然销售的行为仅违反行政法的规定，未涉及刑法的强制性规定，不成立帮助犯。

（2）服务行业的中立帮助行为：①知识、技术服务提供型。以传授纯粹专业知识、提供专门信息为内容的知识、技术服务提供型行为，也可能对正犯的犯罪活动起到促进作用，并推动犯罪结果发生（如在律师咨询服务中所提供的专业意见被犯罪分子利用）。从客观归责理论看来，只要其行为未超过行业业务的应有范畴，没有在客观上实际促进他人的犯罪行为，便不能认定其为帮助犯。②交通运输服务提供型。交通运输业的对象具有非针对性，从规范性评价的角度来看，司机的行为并没有制造或者增加额外的风险，不能认定帮助犯的存在。

（3）网络行业的中立帮助行为：①网络接入服务商。即使网络接入服务商事前明知正犯的犯意，依旧为其提供网络接入服务的，也不成立归罪的帮助犯，原因如下：其一，虽然网络服务提供者有基本的预防网络犯罪的责任，但海量信息使其心有余而力不足。其二，法律并没有明文规定网络连接服务商有介入并干涉他人传输内容的权利。但一旦其在自营平台上利用超链接等方式接入其他违法经营的网站，便丧失了"中立性"。②网络内容提供服务商。网络内容提供者是网络内容的筛选者与发出者，他们直接决定网络传递的内容，负有审查自己提供的网络内容是否合法的义务。例如，其为黄色网站传播淫秽信息时，当然地构成犯罪，需要承担相应的法律责任。③网络平台提供服务商。即使网络平台提供者明知其会员将利用平台进行违法犯罪活动，但是其在正常业务范围内的行为不能被认定为刑法意义上的帮助行为，更不能被认定为帮助犯。原因如下：①网络信息的急速膨胀，网络平台提供者的审核不具有可能性。②网络平台提供者的审查义务并不能升级为刑法上的职责。③从保护行业发展的角度来看，对会员言论过多地检测与干预，必然影响行业的发展甚至导致其萎缩。④言论自由本就是每一个公民应有的权利，即使是在网络这个特殊的平台上也不该受到过分的限制与干涉。

二、中立帮助行为的可罚性

（一）中立帮助行为可罚性的理论争议

中立帮助行为是指从外表来看安全无害、没有违法意图且与犯罪毫无关联，但是从客观事实上来看，又对他人的犯罪活动起到了不可忽视的助力、促进作用。此行为本身虽然不具有犯罪的性质，但是客观上完全有可能被犯罪行为所利用。应用于虚拟网络环境中，中立帮助性行为逐步衍生成为网络中立帮助行为。这一衍生行为由相互矛盾的中立性和帮助性两种特性共同构成从而十分特殊。中立性指，该网络服务提供者提供服务的行为从形式上来看与日常的业务行为无异，在主观上不偏袒、不倾斜，与犯罪行为的表现有较大区别。[1]帮助性则主要表现在行为从物理上协助了犯罪的实施，从心理上给予犯罪行为人肯定支持，结果使得该犯罪行为造成危害的概率提高或者损害程度加重，对他人的犯罪的完成起到了关键性的作用，在本质上具有显而易见的倾向性。在此基础之上，如果我们采取"一刀切"的方法，认定网络服务提供者认识到或应当认识到他人的犯罪行为，且客观上进行助力，起到帮助作用，就一概以犯罪论处的话，必定过于严苛。而事实上，许多利用互联网犯罪的案例中，网络服务提供者的帮助并没有达到刑法领域所要求的"帮助"。无论是从刑事视角还是非刑事视角来看，网络服务提供者的帮助行为必然是存在的，但对其行为的可罚性进行划定时不能抛弃中立性这一关键要素而走向片面。正是因为该行为的特殊性，使得将网络运营商的中立帮助行为认定为帮助犯还是不可罚的中立帮助行为成为多年以来争论疑难点，也成为司法实践中必定面临的困惑。

为防止网络技术沦为犯罪分子的得力工具，防止互联网空间演变成犯罪分子的"安乐窝"，更为了保障互联网产业的健康有序发展，对网络服务提供者的中立帮助行为是否均有必要予以入罪化的研究显得十分必要，是否需要设定统一的刑事处罚界限标准的探究意义重大。但是目前，学界对于中立帮

---

〔1〕 蒋惠岭：《网络刑事司法热点问题研究》，人民法院出版社 2016 年版，第 82~83 页。

助行为的可罚性在学说理论上仍然存在较大分歧，主要可分为全面处罚说和限制处罚说。

全面处罚说又称为全面肯定说，该学说认为，中立帮助行为人只要满足在客观上中立行为与犯罪结果存在因果关系，对于正犯犯罪行为以及构成要件的实现起到促进作用或者有所助推，主观上存在帮助的故意或至少存在间接故意这些帮助犯的通常认定标准，那么就可以肯定其已坐实帮助犯的身份，对其应当作为犯罪中的帮助犯予以处罚。全面处罚说有包括耶赛克（Jescheck）、魏根特（Weigend）在内的众多支持者，他们将因果共犯论作为全面处罚说的理论基础以支持自己的观点。因果共犯论强调不论所属何种帮助行为，只要通过正犯间接实施了侵害行为，构成危害结果，都具有一致的可罚性。譬如，一个药店的药剂师如果清楚知晓向其购买安眠药的人不久将会将此药用于谋杀他人的犯罪中，而仍然向其出售安眠药，该药剂师则可以认定为帮助犯。引用到互联网犯罪之中来看，全面处罚说认为只要网络服务提供者清楚知晓网络用户将利用其所提供的互联网服务实施犯罪，而仍然为其提供相关服务，应当对该网络服务提供者以帮助犯身份入罪处罚。

限制处罚说的支持者通常以中立行为的特殊性、实质性为依据对全面处罚说进行诟病，他们认为全面处罚说仅从形式这一角度考察帮助犯的成立，忽略了中立行为本身所具有的特殊之处，应当持限制地处罚态度。有些中立行为属于必不可少的日常行为，本质并不与犯罪行为同一，如果对其一概定罪打击，那么社会发展将因为缺少重要的日常活动的维持而被迫停滞。[1]因此，目前限制处罚说的拥护者甚多，且在判例上应用更为频繁，已成为主流观点。根据行为的可罚性是否考虑行为人主观方面这一划分标准，限制说又可分为主观说、客观说以及结合两种要素综合判断的折中说：

主观说这一理论最初由德国实务部门提出，其强调以行为人主观态度为切入点来认定中立帮助行为的可罚性，行为人如果只是为了自己经营日常事业，仅仅觉得他人可能会利用自己的行为犯罪，没有促进他人犯罪的意思，即没有促进正犯犯罪的意欲，即使实施了中立帮助行为也因为不具有帮助故意不能成立帮助犯。按照主观说，即便药剂师怀揣着怀疑将安眠药卖给犯罪者，

---

〔1〕　郭泽强、张曼："网络服务提供者刑事责任初论——以中立帮助行为的处罚为中心"，载《预防青少年犯罪研究》2016年第2期，第74~84页。

也不能因该药物促成犯罪成为帮助犯，若强行为其设立逐一审查的义务也是不合理、不现实的。不久之后，主观说广泛应用于英美德这些国家判例之中。

客观说与主观说形成鲜明对比，强调从客观构成要件着手对中立帮助行为进行分析，如果行为人的中立帮助行为使得犯罪构成要件范畴以内的风险被现实化或大大提高了风险，此时我们就可以要求行为人承担法律责任，对该中立帮助行为进行归责。客观说按照不同标准又可以细分为利益衡量说、溯及禁止说、社会相当性说、职业相当性说和假定的代替原因考虑说等。目前，客观说已成为德日理论界的主流学说。

折中说是以德国学者罗克辛为代表提出的主张应综合考虑主客观要素，共同判定行为的可罚性，强调主观方面和客观方面并重，不可有所偏颇，从而达到从主、客观两个方面对可罚性范围进行限定的目的学说。折中说认为讨论中立帮助行为的处罚性应当分步骤进行，首先根据行为人的主观故意程度的不同进行情形划分，然后分别利用客观归责理论进一步判断该行为是否实现或提高了法定风险，最终综合判断行为人是否成立帮助犯的标准。

（二）中立帮助行为可罚性的中外比较

在确认中立帮助行为的可罚性方面，我国刑法与以德日为代表的国外刑法有着完全相反的态度。中立帮助行为问题在日本刑法学界曾引起过广泛讨论，德国对该问题的诸多探讨则起始于1994年联邦宪法法院的"德累斯登银行案"，当时大量与此相关的论文发表，引起热议。针对"帮助"行为的日常性，有德国学者将所有中立帮助行为的案例进行归纳，类型化为四种情形：交易行为类型、业务上的协力类型、民法上的义务履行类型以及脱离自己关心的追求类型。他们认为"帮助"故意具有特殊性，中立帮助行为的实施者并非对正犯会实施犯罪行为一概不知，但又不确定正犯一定会实施犯罪行为。其料想或者怀疑对方可能会实施犯罪行为，自己的行为或许会促进对方犯罪意图的实现，从而放任了这一结果的发生。我国传统刑法理论通常将故意分为直接故意与间接故意，直接故意是指"明知且追求"，间接故意是指"明知且无所谓、随意"。中立帮助行为的故意往往不属于明知，而是可以表达为"怀疑且无所谓"，持一种随意、放任的态度。

纵观我国的刑法发展历程，帮助犯认定仍然以存在正犯行为为必要前提，其中传统的共犯从属性理论是关键的限制因素。具体来看，首要前提是存在没有形式内容上过多限制的帮助行为，它既可以是物理、技术上的助力，也可以是精神上、心理上的支持；既可以采取积极方式，也可以通过消极不作为的形式发挥作用；既可以是可感触到的，也可以是无形的。如果帮助行为是通过消极不作为的形式表现，则要求行为人必须具有保证人地位。然后，帮助行为的因果性也必不可少，主要表现为在客观上使已有犯罪意欲的人更加顺利地实行犯罪，更加容易达成非法目的。最后还需要在主观上具备想要为正犯助力，决意促使犯罪既遂的帮助的故意。帮助的故意，在我国传统刑法理论语境之下，指明知自己的帮助行为会对犯罪实施起到促进作用，仍然希望或者放任结果的发生，这种帮助故意具有极强的涵摄性，就"明知"本来的认识程度来讲，其内部按内心认识程度又可划分为表明行为人具有确信认识的"明确知道"和盖然性认识的"可能知道"。

基于此，在我国的司法实践中，法官往往会将"怀疑且无所谓"的随意、放任的主观心态纳入"明知"的范畴。比如，在一桩毒品贩卖案中，经常受 A 委托，接送其往来 M 城和 N 城的出租车司机 B 并不确定知道 A 从事贩毒活动，A 也只是声称去见朋友。直至最后一两次接送 A 时，B 询问 A 为何每次都是深夜出行，A 才说是来送"东西"。B 才怀疑 A 深夜叫其出租车运送的东西可能是违法物品，甚至是毒品。案件最终判决 B 成立贩卖毒品罪的帮助犯。像这样行为人不明确知道所运输的是毒品，仅知道所运输的物品可能是毒品的而往往被认定为"帮助型"犯罪的刑事案件在传统帮助犯的理论适用框架之下不在少数。

以涵盖性较广的拒不履行信息网络安全管理义务罪为例分析，当网络中立帮助行为以消极的方式进行时，考虑该网络中立帮助行为是否构成帮助犯，除了要克服"日常性"和"帮助故意"两大障碍之外，还必须证明其是否具有作为义务。2015 年我国以修正案的形式规定了网络服务提供者的作为义务，在《刑法修正案（九）》之前并没有关于信息网络安全管理义务的正式明确的规定。即便有了正式的法律条文的规定，但信息网络安全管理义务的内涵和外延仍然不清晰、不具体。网络信息技术发展一日千里、瞬息万变，如果不能顺应时代的需要建立与之配套的网络规制法律体系，将信息网络安全管理义务的内涵和外延明确化、具体化，司法实务工作的开展将举步维艰，刑事立法的科学性、权威性也会难以树立。目前，我国主要采取扩张解释的方式，顺应严厉打击网络违法犯罪行为、维护信息网络安全的时代趋势，拓宽了信息网络安全管理义务的范畴，网络中立帮助行为的出罪死角被封锁，刑罚适用也随之扩大。另外，此义务规定还预设了网络服务主体均具有监管能力这一前提，忽视了客观实际，从"经监管部门责令采取改正措施而拒不改正"可窥见立法者主观上对网络服务主体能力的苛求。[1]由此必然要求有一个适用于一般网络服务提供者的技术能力的客观标准。

在我国入罪化思维的背景下，处理网络中立帮助行为的内在逻辑是：寻找中立帮助行为入罪的可能性，而不是对其采取处罚范围限定理论。[2]通过三个递进模式可以发现我国入罪空间正逐渐扩大：①存在正犯，且对正犯的抓获具有可行性时，网络中立帮助行为人成立相应正犯的帮助犯；②有正犯，但对正犯的抓获不具有可行性，或者没有正犯时，利用既有罪名，作扩大解释，将帮助行为予以犯罪化；③有正犯，但对正犯的抓获不具有可行性，或者没有正犯的网络中立帮助行为，且尚无其他罪名可寻的情况下，以刑法修正案的方式创制新的罪名。

与我国选择的全面可罚化道路不同，德日两国走出了一条限制中立帮助行为可罚空间的路径。由于实践中对中立帮助行为采取的也是限缩处罚的态度，在日本和德国，中立帮助行为的案件并不多见，仅有的数起案件还会有着完全不同的判决结果。按照时间顺序，日本和德国对于中立帮助行为的司法态度大体上则是逐渐沿着由主张入罪向主张限缩可罚范围这一方向转变的。

日本的诸多判例虽然以否定中立帮助行为的可罚性为主要立场，但平成纪年以前，日本则统一将中立帮助行为认定为帮助犯。大判昭和 7 年（1932年），大审院在审理一件赌博案时，根据当时《日本刑法》第 62 条、第 186 条的规定，认定贩卖家禽的商贩明知交易者开设赌场、从事违法斗鸡活动，仍向其售卖斗鸡进行非法牟利，成立本罪的帮助犯。第二次世界大战后，地方裁判所的判例也都倾向于入罪态度。然而，之后的一起 Winny 软件案使得日本司法实务界转换了风向标，改变了中立帮助行为入罪化的立场，转而注重限缩入罪空间的意义。Winny 软件作为一种网络文件夹共享工具经被告人开发并公开发布，供不特定的受众使用。有两名罪犯利用 Winny 的共享服务功能，未经授权公开传播了某游戏软件，侵害了著作权人的公开传播权，根

---

[1] 孙万怀、郑梦凌："中立的帮助行为"，载《法学》2016 年第 1 期，第 143~150 页。

[2] 刘艳红："网络中立帮助行为可罚性的流变及批判——以德日的理论和实务为比较基准"，载《法学评论》2016 年第 5 期，第 40~49 页。

据《日本著作权法》第 23 条第 1 项的规定，成立违反著作权法的相关罪名。同时，最新版 Winny 软件的开发者和提供者也因著作权侵权案件中正犯罪名的确认被提起公诉。一审判决被告人帮助犯成立，但是二审裁判所改判被告人无罪，并给出理由：被告人将价值中立的 Winny 软件上传、公布于网络，对于会存在侵害著作权的现象虽然有盖然性认识，且可以认为其是予以默许的，但并不能认定被告提供软件服务的行为存在劝诱他人以此只作为侵害著作权的工具使用的意图，不成立帮助犯。

从宏观上来看，基于对中立帮助行为可罚性的不同态度，德国学者主要分为两派，只有少数人拥护的全面肯定说肯定了中立帮助行为成立帮助犯的正确性，它从传统的帮助犯成立要件中寻得理论依据。而德国的判例以及多数说则更青睐限制说，认为应当采取相应的刑事政策将日常的行为从刑罚之中解放出来。然而，应当采取什么样的方法来限定中立帮助行为的处罚范围。对此，相关的判例呈现出三种途径：一是根据意图和动机等主观要素来限制；二是强调客观要素；三是结合前两方面要素折中限制。

无论是日本还是德国，中立帮助行为可罚性态度的转变从根本上都受到共犯成立理论的影响。一直以来，德国的学说和判例都将因果共犯论作为判断共犯的主流学说，而日本则沿袭德国的做法，也一直采用该学说。因果共犯论依据结果无价值论，以引起危险或侵犯法益作为受到刑事处罚的前提。在共同犯罪的情形之下，共犯行为因为与正犯导致的危害结果之间存在因果联系，不可避免被处罚。包括共同正犯在内的所有的共犯形式都采取的是这样的方法。以往，共犯从属性的理论之中，在存在正犯实行的范畴内，从属于该正犯的共犯成立，共犯的罪名也从属于正犯——这种极端的从属性会被予以认可。因果共犯论正是对于这种过度的共犯从属性予以批判，强调共犯行为与正犯结果之间的因果性，通过排除掉超过正犯犯罪的共犯的从属性，从而达到合理地限定共犯成立的范围。在一般情形之下，因果共犯论将共犯与正犯结果之间的因果性作为追究共犯责任的必要成立要件，对于合理限缩共犯责任意义重大，但在中立帮助行为中的应用却存在着天然的局限性，因此，德国和日本开始转而采用客观归责论，试图基于客观归责论来实现结果排除的效果。

作为大陆法系国家的典型代表，针对传统的中立帮助行为可罚性问题，德日两国祛除传统因果共犯论的局限，以客观归责论为基础，基于维护公民的安定感和日常交易的稳定性，采取极力限缩处罚的态度。当传统的中立帮助行为与网络世界相碰撞，德日刑法依旧秉持谨慎入罪的立场，以确保网络信息技术发展的通畅。通过与德日两国的对比，反观我国的立法和司法实践，可知，我国中立帮助行为可罚性态度根植于传统的入罪思维，并且对传统的扩张还在积极进行，显然已经走上了全面可罚化的道路。

（三）本书观点

我国对网络服务提供者服务行为的规范要求存在已久，但相关规定散乱分布于各司法解释中，难以统一。近年来，我国为了落实"严打"网络违法犯罪活动的政策，建立健全信息网络犯罪的法律规定，引入前瞻式立法思路，在《刑法修正案（九）》第29条专门增设了一项全新的罪名——帮助信息网络犯罪活动罪。基于法益保护前置的立法思想，它以刑法条文的形式将网络服务提供者的犯罪帮助行为统一归入其中，成立单独的罪名，实现了犯罪帮助行为由注意规定到法律拟制的质变。即使这样，也不可避免会忽视中立行为的特殊性，将不具有实质可罚性的网络中立帮助行为纳入刑法犯罪圈中，导致公民的自由被过度限制，束缚新兴网络产业发展的脚步。

笔者认为，在限制处罚说中，主观说虽然以行为人内心认识程度为标准区分故意进而划定中立帮助行为的可罚性范围，具有一定的可取性，但其忽视了犯罪因果关系和客观方面的影响，当还没有对客观构成要件的符合程度进行确定时，就急切地从主观构成要件入手，片面根据行为人的主观动机、意图来认定犯罪。从本质上来看，主观说背离了处罚的客观判断标准，致使行为人的思想成为处罚对象，肆意认定犯罪的行为将更加泛滥。[1]客观说在一定程度上使得公民自由与法益保护关系趋于缓和但仍然存在诸多问题。在社会相当说中，法律所允许的社会相当性行为的标准至今没有明确，因违背日常性而以帮助犯论处的判断方式也未有定论。职业相当说虽主张进一步细化归责基准，但以职业规范来替换刑法的准则无疑是本末倒置，模糊的归责标准没有得到实质性改善，还使得人人平等的法律原则面临被侵犯的风险。利益衡量说因打上了主观性的烙印，在实践中缺乏操作性。立足于客观归责理论的假定的代替原因考虑说将假定行为与实际结果之间的因果关系作为可

---

〔1〕 马骏："网络中立帮助行为探究——兼谈对刑法第287条之二第1款的理解"，载《时代法学》2018年第4期，第35~42页。

罚性的判断标准，与我国"以事实为依据"的入罪思路背道而驰。

根据我国刑法通说，一切犯罪都是危害行为的客观要件与主观要件的统一体，这也决定了衡量犯罪成立与否应综合考量客观要件与主观要件。网络中立帮助行为的处罚范围从主客观两方面予以综合认定是必然之势。[1]折中说摒弃了主观说和客观说的偏颇之处，作为主客观混合学说，对行为的考察、评价更加周全和充分。首先，对于提供帮助者而言，如果存在其明确知晓正犯犯罪意图而仍提供帮助支持的情形，原则上成立帮助犯。如果提供帮助者行为的主要目的和对象与犯罪没有关联，具备为法律所允许独立存在的意义时，则不能将犯罪结果强加给帮助行为。如某厂商为非法排污的化工厂提供生产原料、银行职员通过正常的业务流程为诈骗犯开设用于诈骗的账户并办理转账手续等行为。其次，对于正犯可能实行犯罪有所怀疑的情形，应引入信赖原则帮助辨析判断。每个人都可以信赖他人不会故意实行犯罪行为，因此向其提供帮助的行为是法律所容许的风险。除非有确切证据表明该犯罪行为人曾经表现出明显的犯罪倾向。例如，五金店的老板基于信赖原则，不必把时时刻刻防止顾客购买刀具去谋害他人性命作为自己的注意义务。但是，如果有证据表明某顾客在购买刀具时明显表露出他要购买此刀具用于杀人等违法犯罪，这时若五金店老板仍然向其售卖刀具，则信赖原则的抗辩功能就失效了。通说认为，帮助犯的客观构成要件包括帮助行为、正犯犯罪行为与帮助的因果性；主观构成要件包括责任能力与帮助的故意。将通说中构成要件要求引入网络中立帮助行为中来看，客观行为和侵害结果可以轻易认定，而对帮助行为的主观故意和客观因果性关系的厘定将成为判定网络服务提供者中立帮助行为刑事责任的关键点。

在认定中立帮助行为是否构成帮助犯的问题上，我们还可以引入不作为犯的理论进行辨析。不作为是指行为人未完成对他所要求的特定的义务，从而违反了命令性规范。刑法上的犯罪阻止义务一般有两种：一是基于法令、业务、职务上的关系而应当阻止他人犯罪的义务；二是对危险源的控制管理义务，即基于对物或场所的支配或管理关系，而负有的阻止他人利用被管理物品或场所实施犯罪的义务。如果认为中立行为人成立犯罪的帮助犯，明知他人的犯罪欲意而去提供服务与支持，那么就可将中立帮助行为视为一种不

---

〔1〕　张明楷：《刑法学》（第5版·上），法律出版社2016年版，第252~254页。

作为。以快播案为例，快播作为一个 P2P 平台，可以为其受众提供包括传统播放功能在内的视频缓存、资源搜索、视频分享等众多功能，其中提供缓存服务的在先行为产生了快播公司依法管理自己服务器内视频的法定义务，属于上述第二种义务，该公司虽未主动发布违法视频，但实质构成了变相的不作为的传播行为。进而可以根据现实科技的发展程度，考察快播公司是否有能力管控服务器内违法视频的缓存和传播，判断其是否尽到了管理义务。因此，适用《刑法修正案（九）》第 28 条增加的"拒不履行信息网络安全管理义务罪"来认定快播公司的行为在笔者看来是最佳选择。

三、网络犯罪中的中立帮助

近年来，网络中立帮助行为涉及犯罪的案件发生得越来越频繁。例如，2016 年，在"快播案"庭审中，该公司的法定代表人王某辩称技术无罪，试图使用技术中立作为出罪的理由。同年，在"魏某西案"中，提供搜索服务、涉嫌虚假广告的百度公司的行为是否可以简单地被认为只是提供技术而不应该承担责任同样引发了巨大争议。2015 年《刑法修正案（九）》第 29 条新增了《刑法》第 287 条之二"帮助信息网络犯罪活动罪"，直接将帮助网络犯罪行为规定为一种正犯行为，涵盖了向网络犯罪提供技术支持、广告推广、支付结算等直接和间接帮助行为，这似乎表明，立法者全面肯定了网络服务提供者的中立帮助行为的可罚性。但不少学者认为，类似的立法会给网络服务商赋予过重的、实际上也难以承担的审核和甄别的责任，要求企业履行网络警察的义务，如此社会分工的错位，最终可能会阻碍甚至窒息整个互联网行业的发展。[1]

（一）网络中立帮助行为的特征

1. 独立性突破共犯从属性

传统刑法共同犯罪理论，共犯应受处罚的原因也在于其行为侵害法益或引起了法益侵害的风险，但此种侵害作用是依托于正犯，是通过正犯的行为危害性来实现的。同样，可罚的中立帮助行为被认定为帮助犯必须是被帮助的人本身行为不法。但是，网络中立帮助行为却对此观点产生了冲击。例如，

---

〔1〕 车浩："谁应为互联网时代的中立行为买单？"，载《中国法律评论》2015 年第 1 期，第 47～50 页。

在快播案中，快播的用户上传违法视频，此后，违法视频在快播平台上被广泛传播下载。在此案中，明显可知实施行为的人为上传违法视频的快播用户，但仅仅上传几部违法视频并不具备刑法意义上的可罚性，从此种角度上看，不考虑此案中其他入罪方式，应当被刑法处罚的正犯行为在此案中并不存在，故对快播平台使用传统的共犯理论定罪时存在无法入罪的困境。[1]在网络范围内，对中立帮助行为的处罚面临正犯合法但共犯违法的情况。[2]这将会在某种程度上影响对可罚的网络中立帮助行为进行定罪处罚。在我国大力推进互联网发展与创新的当下，利用互联网提供服务的主体越来越多，但在正犯行为未达到犯罪的程度和条件时，帮助行为无法被处罚的情况也会更加凸显。

2. 帮助行为的法益侵害超越实行行为的社会危害

原因在于：相较于正犯来说，传统的中立帮助行为的法益侵害性以及社会危害性较低。但在中立帮助行为进入网络环境之后，情况就发生了逆转，网络中立帮助行为比正犯能够产生更大的社会危害性。在传统的中立帮助行为中，基于实际客观条件的限制，实施中立帮助行为的行为人对于犯罪行为人的帮助作用基本表现为单线关系，即一对一。但是随着网络介入之后，由于其服务的客户人群庞大、时空限制的突破以及监管难度较大等问题，可罚的网络中立帮助行为对犯罪行为人的帮助作用产生了变化，这种一对一的单线关系转变为一对多的侵害关系，中立行为所造成的危害结果出现泛化。

（二）网络中立帮助行为归责路径

在网络社会中，犯罪参与结构发生了现实变化，刑事立法和司法不得不作出必要回应。如何对网络中立帮助行为进行恰当归责，关系到犯罪参与理论的基本立场与方法。

1. 帮助行为正犯化处罚路径

帮助行为正犯化有广义与狭义两种不同的解释视角。狭义的帮助行为正犯化，指的是《刑法》分则条文直接将某种帮助行为规定为正犯行为，并为其设置独立的法定刑。而广义的帮助行为正犯化，指的是《刑法》分则中所有帮助行为的入罪化，即对于违法、犯罪行为的帮助行为，通过新增罪名或

---

[1] 车浩："谁应为互联网时代的中立行为买单?"，载《中国法律评论》2015 年第 1 期，第 47~50 页。

[2] 刘艳红："网络中立帮助行为可罚性的流变及批判———以德日的理论和实务为比较基准"，载《法学评论》2016 年第 5 期，第 40~49 页。

者罪名修正的形式予以入罪化的一种立法模式。本书采纳的是狭义的视角。帮助行为正犯化的处罚路径即通过立法或者出台司法解释的方式将特定的某些网络中立帮助行为确立为独立的新罪名。我国目前众多网络中立帮助行为就是用此方式被纳入刑法的规制范围之内，特别是近些年出现在网络平台上的网络运营商和服务商的帮助行为，我国刑法及司法解释多采用此方式对中立帮助行为进行处罚。具体来看，2010 年的司法解释曾将某些提供互联网接入服务的工作人员认定为传播淫秽物品牟利罪，后期在《刑法修正案（九）》中两个关于网络犯罪罪名即拒不履行信息网络安全管理义务罪以及帮助网络犯罪活动罪的出台，忽视互联网平台提供中立帮助行为的特殊性，将从事互联网接入、存储、广告、支付等服务的行为人均纳入刑法的规制范围。对于这两个规定，有学者认为，属于立法论上帮助行为正犯化的典型代表。对于技术帮助、金融服务、广告宣传三种帮助行为统一规定了独立的罪名和法定刑，实现了共犯行为的高度独立化，将司法上、理论上的"共犯行为正犯化"通过立法予以实现，原有的"帮助行为"即"共犯行为"通过立法独立为新的"实行行为"即正犯化。帮助行为被正犯化以后，也存在一定的缺陷。原来可罚的中立帮助行为被定义为正犯，基于共犯理论，对此正犯的行为提供教唆和帮助的行为又可成立帮助犯，此种处罚行为将会扩大处罚范围。[1]对这种正犯无法处罚的中立帮助行为，采用创制新罪名的方式将其纳入现行刑法的处罚范围，可能导致目前中立帮助行为处罚范围扩大化趋势变得更加突出。

2. 扩张解释处罚路径

从传统的刑法理论来看，对中立帮助行为的处罚主要是将具备可罚性的行为认定为共犯中的从犯，比照正犯的刑罚进行处罚。但在实践中，往往会出现案件并不存在主犯或者是将主犯定罪处罚不具有可执行性的情况，对此可采用将现有刑法条文扩张解释来对其进行定罪处罚。例如，目前的网络中立帮助行为就是如此。由于目前网络平台犯罪的复杂性、匿名性以及参与人数的广泛性，使得准确找到正犯变得非常困难，而且在网络平台实施犯罪的个体往往因为犯罪数额、犯罪程度不能达到刑法要求的最低标准，多数情况

---

[1] 徐远太、陆银清："网络服务商中立行为犯罪化及其限度——兼议《刑法修正案（九）》第二十九条"，载《预防青少年犯罪研究》2016 年第 2 期，第 3~13 页。

下较难触犯刑法。而传统刑法共犯理论要求处罚从犯时必定要存在主犯，这将会使部分从犯逃脱刑事制裁，可以通过扩张化的司法解释，填补刑事制裁空缺，严密刑事法网。网络中立帮助行为进行扩张化司法解释具有刑法理论和实践上的合理性。首先，从禁止适用类推原则来看，基于我国特殊的行政违法和刑事犯罪二元化模式，犯罪在定量标准上本来就具有相对确定性，仅从行为性质上进行解释并没有突破一般国民的可预测性。其次，从刑法解释的体系性看，扩张解释在其他罪名中也有所体现。例如，《刑法》第 312 条所规定的掩饰、隐瞒犯罪所得、犯罪所得收益罪中，对于"上游犯罪"的性质，在刑法理论和司法实践中也都存在着将其扩大解释为"违法犯罪"的观点和做法。对于网络中立帮助行为通过扩张化司法解释的方法入罪，并不一定会导致罪名适用的扩大化倾向，司法解释可以通过对追诉标准的"情节严重"情形进行限定，即可避免适用的过分扩大。

四、避风港原则的适用

在 1995 年著名的"普迪服务公司诽谤案"中，某匿名用户使用普迪服务公司的电子布告栏发布激烈言论中伤斯特拉顿·奥克芒公司董事长，由于那位利用电子布告栏发布诽谤言论的匿名用户无法查明，普迪服务公司作为网络服务提供者以构成诽谤罪被提起诉讼。法院经审理认为，普迪服务公司在该公司的布告栏上安装了监督发布内容的软件，此举使其不再只是内容的分发者，而担任了内容发布者的角色，判决认定普迪服务公司作为网络服务提供者应当为其用户的评论承担责任。这一判决一经发布便引起哗然。法院的判决使得普迪服务公司采取技术监督措施的行为"适得其反"，加重了自身的法律风险。

此案成为一个转折点，为了避免这种荒谬的局面再度出现，为了使网络服务提供者规避不应有的法律风险，1996 年美国国会通过《通讯端正法》，于第 230 条（C）款第（1）项进行了规定："交互计算机服务的提供者或使用者，不得被作为其他信息内容提供者所提供信息的出版者或发言者对待。出于善意对它认为属于淫秽、暴力或其他令人反感的内容进行封锁，不论这些内容是否受宪法保护或为内容提供者或他人提供技术手段来封锁以上内容的，不承担责任。"在此豁免规则基础之上，美国《数字千年版权法》分别从前提条件和程序上，更为详细和系统地阐明了网络服务提供者是否应当承担及如何承担救济和侵权责任的问题，避风港原则由此登上历史舞台。[1]受美国立法的影响，欧盟的《电子商务指令》中也出现了类似风险规避原则。我国立足发展实际，紧跟时代趋势，在借鉴发达国家立法经验的基础上制定了《信息网络传播权保护条例》。该条例首次引进"避风港原则"，将网络服务提供者与网络用户的侵权责任相分离。随着我法律体系的不断完善，避风港原则不再局限于版权领域，而逐步渗透到其他权益领域，尤其在网络人格权保护领域上运用得更为频繁，《民法典》第 1195 条和第 1196 条中便有迹可循。[2]当前，避风港规则主要指网络服务提供者接到权利人通知后，如果及时采取了屏蔽、断开链接、修正、删除等必要救济措施，其就进入了"避风港"，免于承担侵权责任。

《民法典》第 1195 条规定："网络用户利用网络服务实施侵权行为的，权利人有权通知网络服务提供者采取删除、屏蔽、断开链接等必要措施。通知应当包括构成侵权的初步证据及权利人的真实身份信息。网络服务提供者接到通知后，应当及时将该通知转送相关网络用户，并根据构成侵权的初步证据和服务类型采取必要措施；未及时采取必要措施的，对损害的扩大部分与该网络用户承担连带责任。权利人因错误通知造成网络用户或者网络服务提供者损害的，应当承担侵权责任……"该条款虽然从免责反面的逻辑，通过归责的表述方式对网络服务提供者的责任进行阐述，但完全不能掩饰其免责条款的本质，我们仍可以将它视为免责条款。

避风港原则作为免责条款，其主要目的是为网络服务提供者提供新的抗辩事由，保护其避免因为用户的违法犯罪行为承担间接法律责任，它不是对责任的最终确认而是规避法律风险的手段。以最高人民法院指导案例 83 号"威海嘉易烤生活家电有限公司（以下简称嘉易烤公司）诉永康市金仕德工贸有限公司、浙江天猫网络有限公司（以下简称天猫公司）侵害发明专利权纠纷案"为例，法官虽然认为天猫公司在嘉易烤公司起诉后即对被诉商品采取了删除和屏蔽措施，当属合理，但作为电子商务网络平台提供者的天猫公司在接到通知后应采取的必要措施包括但并不限于删除、屏蔽、断开连接，还

---

〔1〕 王华伟："避风港原则的刑法教义学理论建构"，载《中外法学》2019 年第 6 期，第 1446~1468 页。

〔2〕 王利明主编：《中国民法典学者建议稿及立法理由·侵权行为编》，法律出版社 2005 年版，第 92~93 页。

应保证有效投诉信息传递的顺畅，确保将有效的投诉通知材料转达被投诉人并通知被投诉人申辩，但天猫公司未能履行该基本义务，因此判定其对损害扩大部分不得免去责任。法官所持观点实则肯定了"避风港原则"为免责条款说的性质。无独有偶，在"乐视网公司诉时越公司侵犯著作权纠纷案"中，也可以看出法官肯定了网络运营商利用免责条款说为自己打造"安全港"的做法，认为提供存储、搜索、链接服务的网络服务提供者享有一定条件下免责的权利。另有部分学者认为，虽然"避风港原则"的免责条款说在立法、司法实践中应用广泛，逐渐成为一种趋势，具有一定的合理性和审慎性，但是依循体系解释，过多地强调"避风港原则"，免除网络服务提供者法律责任，不仅会让"红旗规则"的限制作用失效，还会使得预先设定的合理的注意义务形同虚设，权利人的合法权益更难以得到保障。[1]

由《民法典》第1165条第1款、第1195条和第1197条的规定可知，网络侵权适用过错责任原则。过错责任原则实行"谁主张，谁举证"的模式。如果要让网络服务提供者对损害的扩大部分承担连带责任，其必须存在已经接收到权利人的通知或者投诉信息但没有及时采取必要措施的主观过错，由于权益受到侵害的权利人通常只是普通的网民，大多数不具备专业的互联网知识与技能，与兼具专业背景、技术、地位优势的网络服务提供者相比，在证据提供方面往往束手无策，加之我国立法对网络服务提供者接到通知的情形尚未细化，这使得权利人举证维权的道路更加艰辛。"避风港原则"过于青睐过错责任原则，课以权利人过重的举证责任却倾向于对网络服务提供者利益的保护，权利人通常因为无法获得有力的证据、过错要件缺位等问题，无法证明网络服务提供者接到通知未及时采取必要措施，反而使自己面临巨大的败诉风险。该原则的滥用会使得网络服务提供者的不作为被放纵，权利人的合法权益遭受侵害的事实被掩盖，二者之间利益失衡的问题日趋显现，网络服务提供者的责任懈怠行为被予以庇护，公民的合法权益却难得保障，有违我国依法治国所强调的公平责任原则。

检视《民法典》第1195条和第1196条规定，"避风港原则"没有涉及网络服务提供者接到通知或举报信息之前的义务从而变相免除了其在权利人通

---

[1] 刘晋名、艾围利："'避风港规则'的法律适用困境及消解路径"，载《南京社会科学》2020年第8期，第95~116页。

知前和通知后对网络用户上传、发布信息的注意审查义务。有些学者认为，网络服务提供者的被动性、工具性和中立性特点居于主导，其仅充当着提供联网设备、联网通道和网络技术支持的角色，无权主动对网络用户上传、发布的信息进行过滤、修改、删除，因而为其设定繁琐的普遍审核注意义务显然有违公平，这不仅会使得网络服务提供者因超负荷的工作压力而不堪重负，还会无形中为他们增加不可预见的责任风险，因此，免除注意义务是必要的。[1]然而，另一部分学者强调，如今网络服务提供者早已不再囿于被动性、工具性特点，除了提供技术与平台，它还具备编辑修改、删除屏蔽、推介分享、暂停封锁等多元化的信息管控功能。如果仍然对其注意义务毫无要求，一味适用"避风港原则"，必会使得恶意的网络服务提供者有恃无恐，难以得到有效规制。

由于"避风港原则"遵循过错责任原则将举证的重任全都压在权利人身上，要求权利人依照程序提供适当证据证明其权利受到侵害且网络服务提供者接到通知后仍不履行管理救助义务。由于我国网民基数较大且网络空间实名制尚未完全普及落实，包括真实姓名、身份证号码、联系方式、通讯地址、工作单位在内的个人身份信息完全获悉难以实现，加之有些网络服务提供者不配合，以保护隐私为由拒绝提供用户的确切信息，对本来就受到法益侵犯的权利人来说无疑是雪上加霜。

适用过错推定责任原则，网络服务提供者代替了权利人成为案件的举证主体，免除了权利人的举证责任。他需列举有力证据证明其在接到通知后及时采取了必要措施，履行了应尽的管理救助义务。鉴于网络服务提供者拥有服务内容、框架的设计、构建者的身份和角色，过错推定责任原则以其作为举证主体，不仅因为其对其所工作服务的虚拟空间内的信息了解、掌握程度明显深于权利人，举证更加便捷，而且举证主体的身份和要求将迫使网络服务提供者在提供服务时更加谨慎、收集用户信息时更加严谨、履行管理救助义务时更加积极。"避风港原则"中适用过错推定责任原则看似加重了网络服务提供者的举证责任，实则平衡了当事人间的举证责任，既给网络服务提供者带上了"紧箍圈"，又能在权益保护中彰显公平，利大于弊。《民法典》中

---

〔1〕 最高人民法院侵权责任法研究小组编著：《〈中华人民共和国侵权责任法〉条文理解与适用》，人民法院出版社 2016 年版，第 265 页。

关涉过错推定责任原则的法条较多且在现实应用中均取得了较好的成效，如第 1199 条、第 1222 条、第 1248 条和第 1252 条。

随着科技的发展和互联网的普及，网络空间升级为新型公共场所已得到大众的认可，作为该新型公共场所中各项设备和服务的日常经营者和运行管理者，在接到权利人通知前就履行相应的注意义务更是理所当然。我们应当借鉴德国联邦最高法院的做法，创建一个涵盖权利人通知前和通知后两个时段注意义务的"避风港原则"。首先，为网络服务提供者设立明确的注意义务标准，即以同行业同类别中的一个合格的从业人员在面临相同或相像情况所采取的恰当、有效的行为为标准。[1]其次，创设类似于通知前注意义务的"面向未来的审查义务"。通知前注意义务可以通过在合理期限内持续审查一个曾经的侵权行为人或严重的侵权事件来实现。在接到权利人通知后，要求网络服务提供者也应当及时查阅通知的内容是否符合要件齐全要求，并及时将通知审查的结果反馈给权利人，以此作为更高层次的通知后注意义务。

值得强调的是，我国应该明确接到通知后，采取必要措施前的合理缓冲时间，从立法上解决"及时"的时长模糊性问题。对此可以参照我国《民事诉讼法》第 103 条中人民法院在接受当事人财产保全申请后，对情况紧急必须在 48 小时内作出裁定的规定，在网络服务提供者接到通知后，采取必要措施前，为其设定 48 小时的最长缓冲时间。[2]若超过 48 小时，网络服务提供者对通知或者投诉信息所反映的不法行为没有采取力所能及的必要救助措施，履行必要管理义务，则应当对损害的扩大部分与违法行为实施者承担连带责任。

除此之外，德国创设的一种"刑法前预先过滤方案"在实践中成效显著。我国可立足于现行的既统一又分层次的立法体制，汲取其先进的立法理念服务于我国法治建设。我国可以充分发挥用民法、行政法等领域对行为的评价作用，借助避风港原则设置责任前置过滤模式。我国的民法、行政法领域早已存在诸多成熟的限缩网络服务提供者法律责任的规定，加之我国刑法作为法律最后一道防线的谦抑性特点，可以在对网络服务提供者刑事问责前利用

---

〔1〕　屈茂辉："论民法上的注意义务"，载《北方法学》2007 年第 1 期，第 22~34 页。
〔2〕　李佳伦："影响网络服务提供者采取措施及时性的因素"，载《当代法学》2017 年第 3 期，第 79~87 页。

民法、行政法领域规则，将那些没有刑事当罚性的网络服务行为排除出去，实现它们在刑法前的责任筛除作用。[1]这种责任前置过滤模式的设置不仅可以通过责任分流避免网络服务提供者刑事责任边界的不当扩张，后期也不会与犯罪论中应用刑法解释进行责任限制相冲突，具有合理性、可行性。拒不履行信息网络安全管理义务的刑事处罚被确立，类似的行政处罚早已编入《网络安全法》等法律法规中。在对网络服提供者刑事问责制裁前，充分利用我国阶梯式制裁模式的特点，使蕴藏于民事处罚、行政处罚条款中的责任限制机制物尽其用，能有效避免刑法和民法、行政法评价的脱节和割裂，更好地贯彻和保障我国法律秩序统一性、严谨性的要求。

---

[1] 梁根林：《刑事法网：扩张与限缩》，法律出版社 2005 年版，第 33~35 页。

第五章
新型疑难网络犯罪分析

第一节　刷单、反向刷单犯罪典型案例分析

一、刷单炒信及其危害

刷单炒信，是指在网络交易平台上，通过刷单、刷量、刷钻等方式炒作商家信用的行为。根据炒信效果的不同，可以将刷单炒信划分为两种基本类型：一是正向刷单炒信，即商家自己或要求他人假扮买家购买自己的商品并给予好评，从而提高店铺的销量和信誉的行为；二是反向刷单炒信，即商家自己或要求他人购买同行竞争者的商品并故意给予差评（恶意差评），或者故意给予好评，制造同行竞争者自己刷单的假象，从而导致其被电商平台认定为从事虚假交易而受到信誉降级处罚（恶意好评）的行为。

刷单炒信是随着电子商务的发展而滋生的一种独特的商业现象，主要集中在网店领域。以"云+端"技术为基础的电子商务平台应运而生，主要有以下几种运作模式：①B2B（Business-to-Business），如阿里巴巴、慧聪网；②B2C（Business-to-Customer），如当当、京东商城；③O2O（Online-to-Offline），如大众点评、携程旅游；④C2C（Customer-to-Customer），如淘宝。无论何种形式的电商平台，交易的虚拟性是其最大特征，选择线上交易的消费者无法直接经由身体感官直接体验产品的质量，所以其他用户的评价成为其是否购买的重要参考，换言之，信用和评价足以影响网络店铺的生存。为了有效遏制不正当竞争行为，各电商平台纷纷出台相应的管理政策对网络刷单行为进行处罚。当所受处罚远小于违法所带来的利益时，便会催生行为人实施违法行为。网络店铺店主为了获取高额经济利益，往往会选择置惩罚程度较轻的国家法律与平台政策于不顾，雇用专业刷手实施刷单行为，借以直接抬高店

铺的商品或商业信誉，误导消费者的消费行为。除此之外，部分店主更会以竞争对手为目标，雇佣刷手对竞争店铺实施恶意好评或差评行为，短期内反复实施下单、付款并评价的行为，直接或间接贬低竞争店铺的商业信誉，给竞争店铺造成较大的经济损失。

随着电子商务的发展，刷单炒信行为也日新月异，手段层出不穷，从最初的商家通过雇佣少量刷单者、好评返现的形式，到现在的通过有组织的刷单平台大量刷单、虚假流量直播带货等形式，刷单炒信已经形成了一条以不法商家、刷单中介、水军以及快递公司为主体的网络黑灰产业，严重损害市场主体的合法权益以及正常的市场经济秩序。正向刷单炒信行为通过营造虚假的店铺信誉与商品质量，误导消费者选购，常常出现实物不符、物低所值的情况，造成消费者财产损失。反向刷单炒信行为不论是恶意刷好评还是恶意刷差评的形式，都会直接或者间接地使竞争对手的销量下降，严重者会导致对手商家流动资金不足而破产的情形。刷单平台的集中大量刷单行为不仅会对消费者和部分商家造成损害，还会侵害电商平台网络信用评价机制。信用评价机制是电子商务的灵魂，在一个陌生而匿名的虚拟空间中，电子商务平台中的商品和服务质量是无法实地验证的，此时如果没有诚信作为基础，交易几乎无法达成。在电商平台成千上万的商品面前，卖家的信用评价无疑直接地影响消费者的购买决策。电商平台信用的缺失势必会导致平台用户的流失，从而失去电商平台发展的根基，不利于以电商平台交易为基础的网络经济的持续健康发展。在现如今"流量即金钱"的市场环境下，消费者很容易基于对明星代言或者直播带货的信任而消费，很多商家也是基于这一消费者心理，首先考虑的不再是商品质量，而是商品的宣传流量，不仅催生出了刷单炒信这样的黑灰产业链，也容易滋生下游违法犯罪行为，如大量伪劣商品的增多以及新型诈骗类犯罪的出现。

如果不加以严格规制，必然会严重侵害社会主义市场经济秩序。刑法作为最严厉的惩治手段，具有谦抑性的特点，往往作为其他法律不能保障社会关系时的最后手段。基于此，有学者认为对刷单炒信行为予以惩治是必要的，但是却没有必要运用刑罚予以规制。[1]但就目前非刑法手段惩治的效果来看，刷单炒信行为仍然大量存在，并且日益猖獗。2021年国家市场监管总局发布

---

〔1〕 叶良芳："刷单炒信行为的规范分析及其治理路径"，载《法学》2018年第3期，第191页。

的网络虚假宣传的 10 起典型案例，涉及四种不同类型的刷单方式："直播带货"中虚构关注度、流量；雇用专业团队、"刷手"；虚假交易拍 A 发 B 以及"寄空包"的方式。[1] 可见，现阶段刷单炒信行为方式日益翻新，手段更加隐蔽，在借助互联网复杂的技术手段基础上，常常使司法机关陷入举证困难、法律适用困难的境况。《反不正当竞争法》《电子商务法》《网络交易监督管理办法》都对刷单炒信行为予以了一定的规制，但是处罚效果却不尽如人意。以淘宝诉美名科技公司为例，美名科技公司于 2017 年 10 月设立刷单平台，以"虚假交易"的商品试用模式吸引商家使用"美丽啪"平台，设置了试用流程，指导、协助并审核通过了商家发布的意在虚假交易的商品试用活动，帮助商家销售的商品提升了交易量，并从中获利。美名科技公司通过"美丽啪"平台获取近 1800 万元的非法利润，而行政处罚却是一档顶格的 150 万元罚款。[2] 此种力度的行政处罚显然不能遏止刷单炒信行为的滋生。随着互联网技术的发展与电商交易平台的不断规范，电商平台的行业内部规范机制也越来越完善，淘宝平台针对网络虚假交易出台了"搜索降权"的处罚措施、买家举报的功能、刷单炒信风险控制系统等，但是从结果来看，行业内部规制同样没有显著成效，尤其是对于有组织的刷单炒信团伙，行业内部规制只能惩罚单个人，杯水车薪的处罚效果无法触及背后的组织团伙，因而不能彻底铲除该类行为。

不论是国家的民事、行政处罚还是电商行业内的规制，都具有一定的局限性，无法有效地打击刷单炒信行为，低力度的打击行为反而助长该行为的泛滥。如果不发动刑事手段进行有效治理，电商平台的交易秩序必然不能得到长足的发展。因此有必要将刷单炒信行为入刑，但同时需要注意设置入罪的门槛以及入罪的合理性，不能为了入罪而套用不合理的罪名。

二、正向刷单典型案例及罪名选择

正向刷单第一案：被告人李某通过创建"零距网商联盟"（前身为"迅爆军团"）http://www.5sbb.com 网站和利用 YY 语音聊天工具建立刷单炒信

---

[1]　"2021 年度重点领域反不正当竞争执法典型案例——网络虚假宣传篇（第二批）"，载 https://www.samr.gov.cn/xw/zj/202107/t20210728_ 333120.html，2020 年 12 月 20 日访问。

[2]　"浙江淘宝网络有限公司诉杭州美名科技有限公司不正当竞争纠纷案"，浙江省杭州市中级人民法院 [2018] 浙 01 民初 3845 号判决书。

平台，吸纳淘宝卖家注册账户成为会员，并收取 300 元至 500 元不等的保证金和 40 元至 50 元的平台管理维护费及体验费，并通过制定刷单炒信规则与流程，组织会员通过该平台发布或接受刷单炒信任务。会员在承接任务后，通过与发布任务的会员在淘宝网上进行虚假交易并给予虚假好评的方式赚取任务点，使自己能够采用悬赏任务点的方式吸引其他会员为自己刷单炒信，进而提升自己淘宝店铺的销量和信誉，欺骗淘宝买家。其间，李某还通过向会员销售任务点的方式牟利。从 2013 年 2 月至 2014 年 6 月，李某共收取平台管理维护费、体验费及任务点销售收入至少人民币 30 万元，另收取保证金共计人民币 50 余万元。另查明，http://www.5sbb.com 网站不具备获得增值电信业务经营许可的条件。对此，一审法院认为，被告人李某违反国家规定，以营利为目的，明知是虚假的信息仍通过网络有偿提供发布信息等服务，扰乱市场秩序，情节特别严重，其行为已构成非法经营罪，判处有期徒刑 5 年 6 个月，并处罚金人民币 90 万元；连同原判有期徒刑 9 个月，并处罚金人民币 2 万元，予以并罚，决定执行有期徒刑 5 年 9 个月，并处罚金人民币 92 万元。[1]

（一）非法经营罪的否定

在"零距离网商联盟"案中，检察院认为，被告人违反国家规定，以营利为目的，明知是虚假信息仍然通过网络有偿提供发布信息等服务，扰乱市场秩序且情节严重，构成非法经营罪。[2] 2017 年 6 月，法院一审宣判，认定被告人构成非法经营罪，定罪理由与检察院的公诉意见基本一致。[3] 从这一表述可以看出，公诉意见和判决意见实际上进一步援引了 2013 年"两高"颁布的《关于办理利用信息网络实施诽谤等刑事案件适用法律若干问题的解释》（以下简称《网络诽谤解释》）第 7 条的规定。按照该条规定，违反国家规定，以营利为目的，通过信息网络有偿提供删除信息服务，或者明知是虚假信息，通过信息网络有偿提供发布信息等服务，扰乱市场秩序，达到特定数额的，以非法经营罪定罪处罚。这一判决结论意味着，刷单炒信行为第一次被施以刑事处罚，得到了主流媒体的充分肯定。在理论界，不少学者也赞同这一判决结论。

---

〔1〕 参见浙江省杭州市余杭区人民法院［2016］浙 0110 刑初 726 号刑事判决书。

〔2〕 浙江省杭州市余杭区人民检察院杭余检未检刑诉［2016］392 号起诉书。

〔3〕 范跃红、赵洁瑶："全国首例组织刷单炒信刑事案件宣判"，载《检察日报》2017 年 6 月 21 日。

　　然而，笔者认为，对刷单炒信行为适用非法经营罪并不妥当。非法经营罪来源于 1979 年《刑法》中的投机倒把罪，本来肩负着替代口袋罪的使命，结果在 1997 年《刑法》通过之后的 20 年间，通过一系列司法解释的不断扩张以及司法实践中大量的判例适用，其最终也沦为了典型的口袋罪名。正因如此，该罪在学界饱受质疑，对非法经营罪的严格限缩适用也是学界的基本共识。基于这种背景，在解释论的出发点上，对该罪构成要件的理解与适用本身就应当采取较为严格的限缩性立场，如果行为不属于构成要件明确列举的类型以及司法解释确立的典型性非法经营行为，则应在法律适用上保持谨慎小心的态度。在灵活多变的网络经济时代，在可以预见的未来会出现更多类似的游走在刑法边缘的破坏市场秩序行为。在网络空间里，传统的经济犯罪也会出现异化的现象，而不断依赖非法经营罪的兜底表述，只会使得该罪"口袋罪名"的现状继续恶化。

　　公诉意见和法院判决将《网络诽谤解释》第 7 条作为主要依据没有充分的说服力。《网络诽谤解释》第 7 条设置的初衷实际上就是希望通过非法经营罪来规制网络上非常猖獗的"删帖"和"发帖"服务，也就是我们俗称的网络"水军"。[1]而这里的重要依据就是，该类行为破坏了《互联网信息服务管理办法》第 4 条所确立的国家对经营性互联网信息服务的许可制度。[2]但是，学者们认为，虽然这种行为具有社会危害性，但是它并不是所谓的经营性互联网信息服务，因此也没有违反这里的经营性互联网信息服务许可制度，故不应被解释为《刑法》第 225 条规定的非法经营行为。[3]笔者认同这种观点。按照《互联网信息服务管理办法》第 3 条的规定，经营性互联网信息服务，是指通过互联网向上网用户有偿提供信息或者网页制作等服务活动。这一规定为"经营性互联网信息服务"划定了非常宽泛的边界，不能仅仅做字面的解读。"删帖""发帖"者（包括其组织者）所提供服务的实质核心是恶意删除或发布网络评论，而不是信息服务本身，互联网只是他们所借助的手段。换言之，这些所谓的"水军"恰恰是互联网信息服务的用户，而不是提供者。不能因为这种"水军"的服务需要收取费用因而具有一定的"经营性

〔1〕　张向东："网络非法经营犯罪若干问题辨析"，载《法律适用》2014 年第 2 期，第 58 页。

〔2〕　王志祥："网络水军非法经营行为应予定罪"，载《法制日报》2013 年 9 月 11 日。

〔3〕　武良军："非法经营罪堵截条款异化之研究"，载《环球法律评论》2014 年第 5 期，第 43～44 页。

质"，并且又在互联网上进行，就将其直接与"经营性互联网信息服务"等同。事实上，如果贯彻这种对"经营性互联网信息服务"的宽泛解释，后果是不堪设想的。在网络空间中，使用互联网信息服务（如微信群组、QQ群组、微博平台）再次提供其他服务的主体非常多，如果将所有这些主体都认定为"经营性互联网信息服务"提供者，要求其取得国家许可并满足《电信条例》以及《互联网信息服务管理办法》（尤其是第5条至第6条）〔1〕所规定的一系列条件，是非常不现实的做法。因此，这里的"经营性互联网信息服务"应当理解为那些一般性、初始性和基础性的互联网信息服务，例如基础的网络接入服务、信息存储服务，或较为大型的门户网站等。〔2〕基于同样的道理，刷单炒信也主要是借助互联网通信技术提供非法的信用炒作服务，并不属于真正意义上的提供"经营性互联网信息服务"，因此本案判决意见在这一点上的理解也不准确。〔3〕

而且，退一步说，即使不考虑"经营性互联网信息服务"的规范解读，刷单炒信组织者的行为与《网络诽谤解释》第7条所描述的情形仍然存在明显差异。《网络诽谤解释》第7条中"明知是虚假信息，通过信息网络有偿提供发布信息"的核心含义是利用信息网络平台对虚假信息加以发布，其行为实质是对虚假信息进行传播扩散与推广，有较为典型的传播犯性质。但是，在本案中，被告人的行为主要着力于组织他人制造虚假的信用信息，也即组织信用造假，这里的行为模式并不仅仅是发帖那么简单，而是需要围绕以签订虚假合同为核心做出一系列的动作。因此，发布、传播虚假信息和组织信用造假二者显然还是不同的。

将组织刷单炒信行为认定为非法经营罪，也违背了该罪的规范保护目的。显然，组织刷单炒信行为并不符合《刑法》第225条所明确列举的三种非法经营行为。因此，从法教义学的角度来看，组织刷单炒信行为的刑事可罚性只可能从该罪的兜底性条款"其他严重扰乱市场秩序的非法经营行为"中获

---

〔1〕《互联网信息服务管理办法》第6条规定："从事经营性互联网信息服务，除应当符合《中华人民共和国电信条例》规定的要求外，还应当具备下列条件：（一）有业务发展计划及相关技术方案；（二）有健全的网络与信息安全保障措施，包括网站安全保障措施、信息安全保密管理制度、用户信息安全管理制度；（三）服务项目属于本办法第五条规定范围的，已取得有关主管部门同意的文件。"

〔2〕 张向东："网络非法经营犯罪若干问题辨析"，载《法律适用》2014年第2期，第60页。

〔3〕 陈东升、王春："刷单炒信第一案：法官详解为何定性为非法经营罪"，载《法制日报》2017年6月20日。

得。基于罪刑法定的要求，对该兜底条款进行类型性、限缩性的解释是学界的基本共识。对此，基本的依据就是同类解释规则和法益指导原则。所谓同类解释规则，是指对兜底条款的解释应当和并列的明确条款具有大体相当性。也就是说，对"其他严重扰乱市场秩序的非法经营行为"的解释，应当与明确列举的非法经营行为在大体方向和严重程度上具有相当性。而法益指导原则就是指在构成要件的解释中，应当发挥法益的指导机能，使刑法规定该犯罪、设立该条文的目的得以实现。而为了贯彻同类解释规则，法益作为同一犯罪不同行为类型的"最大公约数"无疑也是具有重要意义的。从《刑法》第225条所列明的三种行为类型来看，不论是未经许可经营专营、专卖物品，买卖经营许可证或批准文件，还是未经批准非法经营证券、期货、保险和资金支付结算业务，都侵害的是国家经营许可制度。因此，该罪的法益侵害不能泛化为对市场秩序的扰乱，而是应当限缩理解为对国家经营许可制度的破坏。所以，非法经营罪中"其他严重扰乱市场秩序的非法经营行为"也只能局限于那些破坏国家专营许可制度的行为。然而，如前文所述，组织刷单炒信行为主要侵犯的是围绕电商信用评价机制和虚假信誉所产生的一系列复合性法益，重点并不在于国家的某种专营许可制度。因此，从"兜底条款"的解释方法论出发，将刷单炒信行为解释为非法经营也是不妥当的。

最后，适用非法经营罪的兜底条款来处罚行为定性争议较大的刷单炒信行为，与最高人民法院对该罪的整体适用态度也有一定抵牾。2014年最高人民法院在《关于准确理解和适用刑法中"国家规定"的有关问题的通知》中指出，对被告人的行为是否属于《刑法》第225条第4项规定的"其他严重扰乱市场秩序的非法经营行为"，有关司法解释未作明确规定的，应当作为适用法律问题，逐级向最高人民法院请示。也就是说，在该罪构成要件和已有司法解释明文确定的行为类型之外，最高人民法院希望收回兜底条款的解释权，以此遏制该罪进一步扩张乃至完全异化的趋势。因此，地方法院对该兜底条款的解释也应更加审慎，不要轻易通过判决在事实上确立新的非法经营行为类型。

（二）虚假广告罪的肯定

从法教义学的角度来看，刷单炒信行为不宜适用非法经营罪来进行规制，因为这不但背离了该罪的规范保护目的，也将进一步恶化其"口袋罪名"的现状。从犯罪构成要件的可能文义射程出发，辅之以适当的扩大解释，刷单炒信行为可以被囊括在虚假广告罪之内。因为，虚构交易数量、销售状况以及好评荣誉一并在网络销售界面加以展示，在性质上确实属于一种虚假广告宣传行为。正向刷单炒信行为通过大量的虚假交易，编造虚假的店铺的销售量及好评，实质上是为店铺进行了虚假的广告宣传，误导消费者进行消费，客观上属于违反国家广告管理法规，利用广告对商品或者服务作虚假宣传。在刷单平台上下单的商家可以理解为广告经营者，刷单平台则可以理解为"广告发布者"，两者共同故意进行违法的刷单行为，符合虚假广告罪的构成要件，如果再符合情节严重的情况，可以将正向刷单炒信行为认定为虚假广告罪。李某组织刷单炒信平台，进行虚假交易以及虚假好评，获利 90 余万元，可以虚假广告罪论处。

三、反向刷单典型案例及罪名选择

反向刷单第一案：2013 年 9 月，北京智齿数汇科技有限公司通过北京万方数据股份有限公司获得万方数据知识资源系统 V1.0 的使用权，后于 2013 年 11 月在淘宝网注册成立名称为"PaperPass 论文通行证"的网上店铺，主要经营论文相似度检测业务，由该公司南京分公司即智齿科技南京公司具体负责运营。2014 年 4 月，在淘宝网经营论文相似度检测业务的被告人董某某为谋取市场竞争优势，雇佣并指使被告人谢某某，多次以同一账号恶意大量购买智齿科技南京公司淘宝网店铺的商品，其中，4 月 18 日凌晨指使被告人谢某某使用同一账号，恶意购买 120 单商品；4 月 22 日凌晨指使被告人谢某某使用同一账号，恶意购买 385 单商品；4 月 23 日凌晨指使被告人谢某某使用同一账号，恶意购买 1000 单商品。2014 年 4 月 23 日，浙江淘宝网络有限公司认定智齿科技南京公司淘宝网店铺从事虚假交易，并对该店铺作出商品搜索降权的处罚，后经智齿科技南京公司线下申诉，于 4 月 28 日恢复该店铺商品的搜索排名。被处罚期间因消费者在数日内无法通过淘宝网搜索栏搜索到智齿科技南京公司淘宝网店铺的商品，严重影响了该公司的正常经营。经审计，智齿科技南京公司因其淘宝网店铺被商品搜索降权处罚而导致的订单交易额损失为人民币 10 万余元。另外，被告人谢某某、董某某分别于 2014 年 5 月 13 日、5 月 16 日被公安机关抓获，二被告人归案后均如实供述了自己的犯罪事实。本案侦查期间，被告人董某某已赔偿被害单位智齿科技南京公司经济损失人民币 15 万元。[1]

南京市雨花台区人民法院审理后认为，董某某和谢某某的行为构成破坏生产经营罪，造成被害单位损失 159 844.29 元，鉴于二人如实供述且认罪悔罪，分别判处两人有期徒刑 1 年 6 个月、缓刑 2 年和有期徒刑 1 年、缓刑 1 年 2 个月。董某某的辩护人认为，董某某的行为仅是打击竞争对手的商业惯例，不属于破坏生产资料、生产工具、机器设备的经营行为，也不属于法条中规定的"以其他方法破坏生产经营"，行为后果也未造成"生产经营活动无法进行"，且行为与后果之间没有因果关系，没有达到立案标准等。[2]在该案的审理过程中，一二审法院均组织南京市刑法学专家进行座谈，主要有三种意见：①以破坏生产经营罪定罪；②以损害商业信誉、商品声誉罪定罪；③系不正当经营行为，不应用刑法调整，而应交由市场自我调节。

有学者赞同法院判决，认为破坏生产经营罪是一种针对全体财产的犯罪，而不是针对个别财产的犯罪；可以将生产经营的范围扩大解释为业务；破坏并不仅限于对生产资料的物理毁损，只要造成他人的业务无法开展并由此导致整体财产损失即可；有必要将"由于泄愤报复或者其他个人目的"解释为一种消极的动机，而非积极的动机；"其他方法"的解释应遵循同位解释规则，但应以保护法益以及实行行为的本质为解释的指导原理。[3]

（一）破坏生产经营罪的否定

对于是否构成破坏生产经营罪的主要争议在于，通过刷单炒信行为贬损对手商家信誉是否属于破坏生产经营罪中的"其他方法"。根据我国《刑法》第 276 条，出于泄愤报复或者其他个人目的，毁坏机器设备、残害耕畜或者以其他方法破坏生产经营的，构成破坏生产经营罪。该条所列举的"毁坏机器设备""残害耕畜"都是故意毁坏财物的行为，与其并列的"其他方法"也应当具有暴力毁坏财物的特征。在反向刷单炒信行为中，行为主体是通过恶意刷单好评的形式，在结果上确实对其他商家的经营活动造成了破坏，但是其行为方式明显不属于暴力的毁坏行为。同时反向刷单的直接后果是对手商家被淘宝网误判为刷信，进而对其进行降权处罚，对手商家实际损失的是

---

〔1〕 参见南京市雨花台区人民法院［2015］雨刑二初字第 29 号刑事判决书。

〔2〕 参见南京市中级人民法院［2016］苏 01 刑终 33 号判决书。

〔3〕 李世阳："互联网时代破坏生产经营罪的新解释——以南京'反向炒信案'为素材"，载《华东政法大学学报》2018 年第 1 期，第 50 页。

商品的搜索排名，这样的搜索排名实质上是一种程序算法，影响的只是商品的排列位置，并非具有财物属性的经营资料。所以，刷单炒信既不是一种暴力的毁坏行为，也没有对财物属性的生产资料进行毁损，不应当属于"其他方法"，将反向刷单炒信行为定为破坏生产经营罪有违刑法解释原理。

（二）损害商业信誉、商品声誉罪的肯定

反向刷单炒信中的恶意刷单差评，是通过故意捏造虚假的评价并公布在对方的商品信息页面，给对方造成信誉损失的行为；恶意刷单好评则是故意捏造对手商家恶意刷单的这一虚假消息，使平台对其进行搜索降权处罚，损害对手商家信誉的行为。不论是哪种行为方式，都是以刷单炒信作为手段，扰乱市场秩序，让对手商家遭遇商业信誉风险，当给对手商家造成重大损失或者有其他严重情节的行为时，是符合损害商业信誉、商品声誉罪的构成要件的，因此将反向刷单炒信行为认定为损害商业信誉、商品声誉罪比破坏生产经营罪更具合理性。董某某、谢某某通过恶意刷单好评使对手商家信誉降低并受到平台搜索降权处罚，损失 15 万元，并未达到司法实践中损害商业信誉罪的立案标准 50 万元，仅仅因为侵害的财产数额未达到一定标准，而改变该行为破坏竞争秩序的实质，定财产类犯罪中的破坏生产经营罪，显然有类推定罪之嫌。

第二节　贩卖 VPN 翻墙软件犯罪典型案例分析

一、防火墙建立的必要性

"翻墙"一词在现代汉语中的意思为"比喻人或动物等不走门，越墙出入"。在网络语境中，"翻墙"则被引申出其他含义。百度百科对于翻墙的定义：翻墙，是指绕过相应的 IP 封锁、内容过滤、域名劫持、流量限制等，实现对网络内容的访问。因为有些网站限制了某些地区/国家的 IP 地址的访问，或者某些地区/国家的网络 IP 地址无法访问其他地区/国家的链接，在这些情况下，网络用户不能直接连接目标网站，就需要使用 VPN 代理技术来更换 IP 地址，从而达到能够浏览的效果。那么，网络"翻墙"就可以理解为，通过某种逃避访问限制的方式来获取被监管的互联网中的信息的一种特殊上网手段。在我国，网民所称的"翻墙"，一般是指绕开我国的网络管制，浏览境外服务器的相关网页内容。

互联网为国民打开了通往世界的大门，使人足不出户便可以了解天下大事。互联网以其高度开放和相互连接的优势为我们提供了一个比电视、广播和报刊等传统媒体更加广大的平台来满足大家对信息的需求。互联网成为人们生活的重要工具，人们充分利用互联网获取信息并提高了资源利用效率和生活幸福指数。然而，在这个庞大的互联网信息空间中，同样夹杂着大量的有害和不良信息，包括危害国家和社会安全的信息，侵犯国家秘密、商业秘密和个人隐私的信息，含有种族歧视、宗教歧视、民族歧视、国家歧视和团体个人歧视等的信息。因此，有必要对网络内容进行审查，有效阻止有害和不良信息的传播，控制网络犯罪，预防网络信息污染。基于网络自身的开放性和网络用户的隐蔽性，网络上巨大的信息流只有通过行政机关制定一系列的措施并运用一定的技术手段来进行监管才能使网络得到相对的管控。所以，在可访问网络和不可访问网络之间建立的以阻挡网络访问的防火墙，是目前世界各国采取的最为广泛和有效的措施。出于国家安全的考虑，我国设置了长城防火墙（Great Fire Wall of China，GFW），此处的防火墙非字面意义上的防火墙，而是指网络审查的设施。它的作用主要是监控网络上的通信，对认为不符合中国官方要求的传输内容，进行干扰、阻断、屏蔽。关于翻墙的主要法律法规，是1996年2月1日国务院令第195号发布以及1997年5月20日修正的《计算机信息网络国际联网管理暂行规定》。

《计算机信息网络国际联网管理暂行规定》第6条规定："计算机信息网络直接进行国际联网，必须使用邮电部国家公用电信网提供的国际出入口信道。任何单位和个人不得自行建立或者使用其他信道进行国际联网。"第14条规定："违反本规定第六条、第八条和第十条的规定的，由公安机关责令停止联网，给予警告，可以并处15000元以下的罚款；有违法所得的，没收违法所得。"第15条规定："违反本规定，同时触犯其他有关法律、行政法规的，依照有关法律、行政法规的规定予以处罚；构成犯罪的，依法追究刑事责任。"2017年工信部出台的《关于清理规范互联网网络接入服务市场的通知》明确提到"未经电信主管部门批准，不得自行建立或租用专线（含虚拟专用网络VPN）等其他信道开展跨境经营活动"。

二、个人使用 VPN 访问境外网站的法律责任

个人购买 VPN 软件并翻墙浏览境外网站是否构成犯罪呢？答案是否定的，不构成犯罪但属于违法行为，应予以行政处罚而非刑罚。据警方的调查了解，违法行为人陈某自 2019 年 2 月向吴某购买"翻墙"软件"Shadowrocket"后，便将该软件下载至自己的苹果手机中，在手机上使用该软件建立非法信道进行国际联网，并长期用于浏览境外色情网站。目前，根据《计算机信息网络国际联网管理暂行规定》第 14 条、第 16 条之规定，给予违法行为人陈某警告处罚。[1]

首先，这种行为没有危害社会，不具有社会危害性。如果仅仅是浏览境外网站，绝不能认为是一种犯罪行为。就像延安夫妻在自己房间内观看黄片，虽然淫秽物品也属违禁之列，但他们自娱自乐，没有侵害他人的权利和自由，也没有令他人知晓和不适。此时公权力介入明显不当，否则国民的权利和自由随时面临威胁，国民的安全感会丧失殆尽。

其次，个人使用 VPN 以犯罪论处违反法律面前人人平等原则。我们在现实生活中，因为工作、学习或其他原因常常都需要与国际接轨，不能因为使用相关软件连接了外网就统一被定为犯罪行为，如果普通公民上外网被定为犯罪，那国家因为政治需要与国际对接使用外网、公司因为跨国际合作需要使用外网、政府官员因为工作需要使用外网等又该如何定性呢？不能对一个行为采取两个或多个标准来衡量，这样有悖公平。如果这样规定反而会让更多的民众因此对制定相关规定的人产生不满，况且禁止所有国人使用外网也不利于国家的发展。

复次，使用 VPN 服务并不属于建立或使用其他信道的行为。为了加强对计算机信息网络国际联网的管理，保障国际计算机信息交流的健康发展，我国制定了《计算机信息网络国际联网管理暂行规定》，其第 6 条规定"计算机信息网络直接进行国际联网，必须使用邮电部国家公用电信网提供的国际出入口信道。任何单位和个人不得自行建立或者使用其他信道进行国际联网"。如违反上述规定，公安机关会责令停止联网，给予警告，可以并处 15 000 元

---

〔1〕"男子通过'翻墙'软件访问境外色情网站，被刑事处罚"，载 http://news. china. com. cn/2020－07/29/content_ 76323176. htm，2021 年 9 月 27 日访问。

以下的罚款；有违法所得的，没收违法所得。上述《计算机信息网络国际联网管理暂行规定》禁止任何单位或个人自行建立或使用其他信道进行国际联网，而使用 VPN 服务并不属于建立或使用其他信道的行为。信道是指传输信号的通道，它通常都是有形的，包括电话线、光缆、电磁波等，而 VPN 并非建立或者使用其他信道，它只是利用现有的信道，通过蒙蔽信道上的检测系统来实现国际联网。打个比方，A 国禁止 A 国公民从陆路、水路或其他路线前往 B 国，有的 A 国人就伪造了 C 国的身份证件，欺骗边检人员，通过陆路顺利前往 B 国。因为 A 国并没有禁止 C 国人前往 B 国。在这个例子中，该 A 国人并未建立或者使用其他路线，他仅仅是规避了 A 国的边检系统，这就和 VPN 一样，使用 VPN 并不属于自行建立或使用其他信道，因此《计算机信息网络国际联网管理暂行规定》不能作为规范使用 VPN 行为的法律依据。

最后，个人使用行为不以犯罪论处在刑法中屡见不鲜。如卖淫嫖娼行为不是犯罪，但是组织卖淫、协助组织卖淫、引诱容留介绍卖淫行为属于犯罪；吸毒不是犯罪，但是走私毒品、制造运输贩卖毒品、非法持有毒品行为是犯罪；观看淫秽物品不是犯罪，但是制作传播淫秽物品行为是犯罪。

三、非法向他人销售 VPN 的刑事责任

（一）法律适用的定性分歧

相关刑事案件在实践中主要存在以下三种定性：其一，以非法经营罪定罪量刑。例如，在薛某非法经营案中，被告人薛某在未取得中华人民共和国增值电信业务经营许可证的情况下，私自在家中架设 VPN 服务器，并通过某电商平台销售 VPN 代理服务，营业额达 47 万余元。此案中，薛某以非法经营罪被判处有期徒刑 3 年，缓刑 3 年，并处罚金 10 万元。其二，以提供侵入、非法控制计算机信息系统程序、工具罪定罪量刑。例如，在卢某提供侵入、非法控制计算机信息系统程序、工具罪一案中，被告人卢某成立专门公司，租用境外服务器架设 VPN 专用网络，雇佣销售推广、技术支持人员，通过某电商平台及相关网站非法向 2499 人次提供 VPN 服务，销售收入 37 万余元。此案中，卢某以提供侵入、非法控制计算机信息系统程序、工具罪被判处有期徒刑 3 年零 3 个月，并处罚金 4 万元。其三，以拒不履行信息网络安全管理义务罪定罪量刑。例如，在朱某拒不履行信息网络安全管理义务一案中，被告人朱某注册成立公司，创建多个网站用于推广其代理销售和自己开发并销

售的 VPN 软件。其后，朱某又租用境内外服务器建立自己的 VPN 平台，为他人提供通道在网上予以出售。接到公安局关停 VPN 业务的通知后，朱某仍未停止经营直至案发。据统计，共产生连接境外 IP 记录的会员账号 478 个，朱某收入 4 万余元。朱某以拒不履行信息网络安全管理义务罪被判处有期徒刑 1 年 4 个月，并处罚金 8 万元。[1]

实践中，部分案例即使认定为非法经营行为，也会因具体适用法律依据不同而出现罪与非罪、此罪与彼罪的现象。其一，依据《刑法》第 225 条第 1 款适用非法经营罪。该款规定，"未经许可经营法律、行政法规规定的专营、专卖物品或者其他限制买卖的物品的"以非法经营罪定罪处罚。认为适用该条款的理由是，在未取得电信业务经营许可证的情况下制售 VPN 的行为违反了国家电信部门的专营权。行为人的目的在于利用代理服务来营利，重在"经营"，这一点可与提供侵入、非法控制计算机信息系统程序、工具罪重在"控制"区分开来。因此，只要存在经营 VPN 的行为，则依此定性为非法经营罪。至于入罪标准的"情节严重"要求，则根据购买人次、经营时间、方式、影响范围、非法牟利数额等因素综合考虑。其二，依据《刑法》第 225 条第 4 项及相应的司法解释适用非法经营罪。该款规定，"其他严重扰乱市场秩序的非法经营行为"以非法经营罪定罪处罚。适用该款是因为与其有关的司法解释明确了非法经营电信业务的行为方式及情节严重的标准。最高人民法院《关于审理扰乱电信市场管理秩序案件具体应用法律若干问题的解释》第 1 条规定："违反国家规定，采取租用国际专线、私设转接设备或者其他方法，擅自经营国际电信业务或者涉港澳台电信业务进行营利活动，扰乱电信市场管理秩序，情节严重的，依照刑法第二百二十五条第（四）项的规定，以非法经营罪定罪处罚。"对于"情节严重"的标准，该解释第 2 条规定："……下列情形……属于非法经营行为'情节严重'：（一）经营去话业务数额在一百万元以上的；（二）经营来话业务造成电信资费损失数额在一百万元以上的……"依此规定，只有销售金额达到"情节严重"，即 100 万元以上的规定，才依非法经营罪定罪处罚；未达到 100 万元以上的数额标准则无法定非法经营罪。司法实践中，绝大多数案例中的被告人以提供侵入、非法控制计算机信息系统程序、工具罪定罪处罚，其原因之一就是认为制售 VPN 的行

---

[1] 案件来源：中国裁判文书网。

为存在想象竞合，适用两罪。若销售额没有达到 100 万元的标准，就转而认定提供侵入、非法控制计算机信息系统程序、工具罪。

（二）法律适用的理论分歧

关于制售 VPN 相关刑事犯罪案件的定性，在理论上也存在争论，但却与实践情况大不相同。理论界的主流观点认为应当定性为非法经营罪。该观点主要认为，在我国，经营者在没有取得电信业务经营许可证的情况下，租售"翻墙"软件及提供相关技术服务均属于违法行为。在网上搭建 VPN 服务器并向用户提供账号和登录软件属于提供跨境网络接入服务，应归类为增值电信业务。未取得增值电信业务经营许可证的行为违反国家规定，应定性为非法经营罪。

此外，也有部分观点认为，应当按提供侵入、非法控制计算机信息系统程序、工具罪定罪。该观点认为，侵入、非法控制是指通过终端设备对他人的计算机系统进行非法访问，或利用网站漏洞将某种病毒植入网站，令访问了该网站的用户的网络安全受到侵犯。非法出售 VPN，已经侵犯了公用网络的网络安全，应当以提供侵入、非法控制计算机信息系统程序、工具罪定罪。

但是，很多学者从反方向提出了见解，认为用提供侵入、非法控制计算机信息系统程序、工具罪来指控提供 VPN "翻墙"服务的行为存在问题。例如，有反对观点认为，利用 VPN 类工具翻墙，即绕过相应的国内互联网限制性手段，实现国内网络对国际互联网网络内容的访问。但是，技术不等于采用该技术的工具，采用加密协议技术是 VPN 技术的内核，采用技术本身并不违法。又有反对观点认为，VPN 服务本身是合法存在的一项电信业务，是《电信条例》附件明确规定的电信业务分类。制售只不过违背了不得利用其来浏览互联网的政策监管，并不存在控制计算机信息系统的情况，更不存在非法侵入计算机信息系统的情况。VPN 从技术上来看并不属于专门用于侵入计算机信息系统、非法控制计算机信息系统的工具，也不具有侵入或非法控制计算机信息系统的功能。另外，使用 VPN 软件之后所获取的信息，不一定包含非法内容，无法认定 VPN 是非法获取计算机信息系统数据的软件。

（三）法律适用分歧产生的原因

（1）相关立法规定匮乏。随着网络技术的发展方式和手段频繁更新，制售 VPN 等"翻墙"软件的行为缺乏系统的明文规定，仅在《互联网信息服务管理办法》等行政法规中进行了简单规定。出于对国家安全或国家政策的考虑，对 VPN 技术的相关术语并不明确，且缺乏对非法经营罪涉及制售 VPN 行为构成非法经营罪情节严重标准的明文规定。对于非法经营罪，《刑法》仅有对擅自经营国际电信业务的规定，故仍需对 VPN 行为属于国际电信业务及其入罪的经营数额、损失数额的标准作进一步推理论证，才能适用相关的规定。

（2）现行司法解释对计算机犯罪"情节特别严重""后果特别严重"的数额标准认定过低。2011 年，最高人民法院、最高人民检察院《关于办理危害计算机信息系统安全刑事案件应用法律若干问题的解释》第 3 条具体规定了提供侵入、非法控制计算机信息系统程序、工具罪"情节特别严重"的数额标准，即违法所得 25 000 元以上或者造成经济损失在 5 万元以上。在司法实践中，因为计算机犯罪存在获利机制产业化的特点，犯罪数额很容易达到此标准，动辄被判处 3 年以上有期徒刑，不符合轻罪数量应多于重罪数量的阶梯标准。实践中，制售 VPN 的行为定性为提供侵入、非法控制计算机信息系统程序、工具罪，均出现量刑过重的情形。上述案件中，卢某等人非法获利 37 万余元，法院按提供侵入、非法控制计算机信息系统程序、工具罪定罪处罚，属情节特别严重，判处 3 年以上刑罚。但是，若按照《刑法》第 225 条第 4 项及相应的司法解释中关于非法经营罪的相关规定来定罪处罚，则不构罪。这也是实践中制售 VPN 的行为产生法律适用不一的重要原因。

（3）指导性案例匮乏。最高人民法院和最高人民检察院的指导性案例在全国刑事审判实践中起到了重要作用，对减少"同案不同判"的现象具有实际意义。但是，相关指导案例仍然存在滞后于实践，且数量较少的情况，这导致部分法院在面对制售 VPN 这类新类型的案件时无所适从。

（4）相关法律规定存在竞合歧义。《刑法》第 287 条规定："利用计算机实施金融诈骗、盗窃、贪污、挪用公款、窃取国家秘密或者其他犯罪的，依照本法有关规定定罪处罚。"实践中，对制售 VPN 行为适用提供侵入、非法控制计算机信息系统程序、工具罪和非法经营罪，存在按照牵连犯、目的犯、想象竞合犯从一重处罚三种分歧。这是由于随着经济社会的发展，对新类型计算机犯罪的理解不同所导致。

（四）法律适用完善路径

应对制售 VPN 犯罪行为司法适用中存在的突出问题，可以考虑从以下几个方面进行完善：①完善相关立法。通过立、改、废、释并举的方式，推动现有法律法规延伸适用到网络空间。首先，应完善网络信息服务方面的法律法规。其次，应完善网络安全法配套规定和标准体系，建立健全关键信息基础设施安全保护、数据安全管理和网络安全审查等网络安全管理制度。最后，相关部门在公布新的法律规定时，应对之前颁布的法律规定进行梳理，确保两者之间不存在法律适用分歧。若发现已存在法律适用冲突的情况，应对分歧进行合理的解释和说明。②修改司法解释的不完善之处。提高相关司法解释中"情节特别严重""后果特别严重"的数额标准，将入罪门槛的"违法所得"数额提升，或者提高升格量刑档的标准，以提高法定刑的门槛，防止"情节严重"被架空导致的罪刑失衡问题。③指导性案例的推进。随着信息网络时代的到来，可以预见的是，包括计算机犯罪在内的各种新类型复杂疑难网络犯罪案件将呈上升态势。为确保法律适用统一，最高人民法院和最高人民检察院指导性案例的作用会越来越突出。为确保指导性案例的作用充分发挥，相关部门应健全完善指导性案例的沟通联络机制，即对于个案中具有普遍意义的法律适用问题，最高人民法院和最高人民检察院可以联合发布指导性案例，以确保法律适用标准的统一。④合理释法和准确适法。各级法院应当全面落实宽严相济刑事政策的要求，充分理解刑法条文的内涵。刑法的规范是富有弹性的规范，需通过法官的经验、社会观念，以及公众的价值、理念来检视。法官可在个案中寻找情景因素，将案件审理和裁判作为一个情境式的讨论。在办理制售 VPN 案件中，不提倡机械适用《刑法》及相关司法解释中规定的关于非法经营罪的数额标准，应当根据制售 VPN 行为方式、次数、影响等灵活认定犯罪情节。与此同时，法官还应准确区分牵连犯与吸收犯，认清手段行为是否被目的行为完全吸收，综合案件的事实合理区分一罪与数罪，根据犯罪情节及危害后果做到罪责相适应，确保案件事实证据和定罪量刑经得起法律的检验。当既构成提供侵入、非法控制计算机信息系统程序、工具罪，同时又构成非法经营罪，且达到入罪标准时，可以依照想象竞合犯的定罪原则，依照处罚较重的规定定罪处罚。根据2016年出台的最高人民法院、最高人民检察院、公安部《关于办理电信网络诈骗等刑事案件适用法律若干问题的意见》，网络服务提供者不履行法律、法规规定的信息网络安全管理义务，经监管部门责令采取改正措施而拒不改正，致使产生严重后果的，以拒不履行信息网络安全管理义务罪追究刑事责任。此罪的规定范围广泛，对《网络安全法》等法律规定的信息网络安全管理义务的违反，只要满足"经监管部门责令采取改正措施而拒不改正"的要件，均成立犯罪。此罪虽有"口袋罪"之嫌，但对于制作、销售 VPN 翻墙软件并提供后续服务的行为，受到行政处罚后拒不改正，造成严重后果，且达到相关司法解释认定标准的，以拒不履行信息网络安全管理义务罪定罪则较为合适。一是因为此罪的法定刑为 3 年以下有期徒刑，且有并处或单处罚金的规定，对被告人科处刑罚时较为灵活；二是避免了涉计算机犯罪情节严重、情节特别严重司法解释标准过低的问题以及非法经营罪入罪法律依据存在分歧的缺陷。

第三节　网络爬虫犯罪典型案例分析

一、网络爬虫概述

（一）作为技术的网络爬虫

网络爬虫，又称网络蜘蛛或网络机器人，是互联网时代一项普遍运用的网络信息搜集技术。该项技术最早应用于搜索引擎领域，是搜索引擎获取数据来源的支撑性技术之一。网络爬虫是一套实现信息收集的技术，通过遍历网络内容，按照指定规则爬取所需的数据和脚本，并下载到本地形成互联网网页镜像备份的程序。以通用网络爬虫为例，该技术运行的基本原理是：①为了获取初始的网络地址，建立即将运行的网络地址队列。②根据初始的网络地址，爬取网络地址所在页面并进行挖掘，把此页面上所有的网络地址提取并存入队列中。③从队列中读取新提取的地址，从而访问新的网页，同时在新网页中获取网络地址，并重复上述过程。④满足爬虫程序设置的 stop 条件，停止爬取。随着数据资源的爆炸式增长，网络爬虫的应用场景和商业模式变得更加广泛和多样，较为常见的有新闻平台的内容汇聚和生成、电子商务平台的价格对比功能、基于气象数据的天气预报应用等。一个出色的网络爬虫工具能够处理大量的数据，大大节省了人们在该类工作上所花费的时间。网络爬虫作为数据抓取的实践工具，构成了互联网开放和信息资源共享理念的基石。网络爬虫技术是互联网开放共享精神的重要实现工具。允许收集者通过爬虫技术收集数据是数据开放共享的重要措施，网络爬虫能够通过聚合信息、提供链接，为数据所有者的网站带来更多的访问量，这些善意、适量的数据抓取行为，符合数据所有者开放共享数据的预期。网络爬虫行业制定了行业规则——Robots 协议，Robots 协议的核心思想是，通过使网络机器人的使用者阅读被爬取网页目录下的 Robots.txt 文件，规范网络机器人的访问对象。网站管理者编写置于网站根目录下的单方文本协议 Robots.txt，告知网络爬虫对哪些网页具有抓取的权限。该协议并无强制性效力以至于不能阻止不符合规定的爬虫访问，仅仅对访问的爬虫有指导性作用。该行业治理公约是最直接、最基本的治理公约，一开始仅针对互联网搜索服务，并不针对其他业务的爬虫公司，是法律位阶非常低的内容，属于行业内统一遵循的行业规则。

（二）作为犯罪工具的网络爬虫

网络爬虫作为一项技术，亦可用于犯罪，正如菜刀也可以用来杀人一样。网络爬虫技术也可能用来进行犯罪。而且，以爬虫技术为依托已经形成了一个黑灰产业犯罪。如图所示，上游为黑灰产业提供信息和资料、程序工具和技术支持的服务商，中游为营销推广类黑灰产业，比如各类刷单、打码、删除差评平台，下游为各类以爬虫为依托的违法犯罪，比如虚假评价、诈骗信息等。正是这些黑灰产业的存在，刺激了以网络爬虫技术为依托的犯罪的生长。如何在刑法上通过惩治网络爬虫犯罪来惩治这些黑灰产业，如何打击犯罪之源，这是刑法理论上亟待解决的难题。

上游：资源技术	中游：营销推广	下游：违法犯罪
黑卡卡商 猫池设备 软件研发 个人信息盗卖 网络账号托管	空包交易平台 刷单平台 接码平台 验证码打码 流量渠道 群控设备	垃圾广告 虚假、诈骗信息 刷量、虚假评价 薅羊毛 非法套现 网络攻击 盗窃

网络爬虫犯罪的社会危害在于：①恶意抓取侵害他人权益和经营自由。通过网络爬虫访问和收集网站数据行为本身已经产生了相当规模的网络流量，但是，有分析表明其中 2/3 的数据抓取行为是恶意的，并且这一比例还在不断上升：恶意机器人可以掠夺资源、削弱竞争对手。恶意机器人往往被滥用于从一个站点抓取内容，然后将该内容发布至另一个站点，而不显示数据源

或链接，这一不当手段将帮助非法组织建立虚假网站，产生欺诈风险，以及对知识产权、商业秘密的窃取行为。②恶意爬虫危及网络安全。从行为本身来讲，恶意爬虫会对目标网站产生 DDOS 攻击的效果，当有成百上千的爬虫机器人与同一网站进行交互，网站将会失去对真实目标的判断，其很难确定哪些流量来自真实用户，哪些流量来自机器人。若平台使用了掺杂虚假访问行为的缺陷数据，作出相关的营销决策，可能会导致大量时间和金钱的损失。尽管 Robots 协议作为国际通行的行业规范，能够帮助网站在 Robots. txt 文件中明确列出限制抓取的信息范围，但并不能从根本上阻止机器人的恶意爬虫行为，其协议本身无法为网站提供任何技术层面的保护。目前恶意的网络爬虫行为已经给互联网平台带来了一定的商业和技术风险，影响了其正常的平台运营和业务开展。

二、网络爬虫从技术中立到违法犯罪

（一）从技术中立到民事违法

网络爬虫从技术中立到犯罪的过程中，必然少不了其中一环：民事法律的惩罚。在技术刚起步时，一是由于刚开始出现的违法行为多为情节轻微的民事侵权案件，侵害法益并不严重，二是由于刑法适用的严厉性，不宜对刚出现的轻微违法行为设立刑事处罚。

爱奇艺诉上海千杉不正当竞争纠纷案

案情简介

上海千杉公司开发了一个名为"电视猫 MoreTV"的软件，通过爬虫链接爱奇艺 APP 的视频，屏蔽爱奇艺视频的片头广告，但未屏蔽视频来源标识"爱奇艺"，使得用户无论在网络机顶盒和智能电视的一套设备上，还是在手机智能端，只要安装了"电视猫 MoreTV"APP，就能够在该 APP 上播放水印标识为爱奇艺的视频，并跳过片头广告。爱奇艺网页对于爬虫的网页链接具有抓取保护机制，突破该机制需要技术处理来获得爱奇艺网页中的密钥，而电视猫 MoreTV 采取了突破该机制的技术。爱奇艺认为，千杉公司的行为构成不正当竞争。

案件焦点

法院认为，爱奇艺所诉有两项行为：第一项行为是千杉公司绕过爱奇艺 APP 播放原属于爱奇艺网站视频的行为；第二项行为是千杉公司过滤爱奇艺片头广告的行为。法院认为第二种行为具有恶意，根据人的经济学属性，大多数人不愿浪费时间成本观看广告，也不愿浪费金钱成本购买爱奇艺的会员，被告的行为若长此以往，爱奇艺用户将大量减少，这是一种不正当的竞争手段。

但是对于第一种行为，即利用爬虫技术通过设置链接的方式绕过爱奇艺 APP 播放爱奇艺的视频，法院不认为其是一种不正当竞争的行为。法官有两个观点来论证"正当竞争"：其一，互联网应该互联互通；其二，被告采取的是"正当手段"。对于第一个观点，笔者认为，在法庭上，已经证明了爱奇艺并非具有独家网络播放权，虽然被告并没有相关资质，但是仅就原被告的竞争关系而非著作权而言，千杉公司并未侵犯爱奇艺的播放权，互联网应当互联的观点行得通。但是对于第二个观点，笔者有疑问：采用爬虫技术突破爱奇艺设置的禁止链接抓取的措施，是不是一种正当行为？在今天根据众多司法实践看来，这种突破技术措施的行为显然不是正当的；但是在审判的当时，这种行为正当性的判断颇有挑战难度，因为一无法律条文明确规定，二无司法裁判铺垫经验，判断显然颇具难度。

（二）从民事违法到刑事违法

网络爬虫从民事违法到刑事违法的过程中，不得不提及史上最大的数据窃取案——瑞智华胜非法获取计算机信息系统数据案，这也是司法机关对网络爬虫黑灰产业的最著名的一次惩治行动。瑞智华胜作为一家新三板上市公司，于 2017 年 12 月上市，但在 2018 年就引起了三起侵害信息网络传播权纠纷，在 2019 年正式宣判该公司与其主要负责人员成立违法犯罪。

瑞智华胜非法获取计算机信息系统数据案

案情简介

瑞智华胜设计了三种违法程序：分别为 SD 程序、爬虫程序和加粉程序。SD 程序可以在运营服务商允许的前提下，抓取用户流量并进行解析。在此过程中用户的登录信息被泄露出来，并被保存到运营商的 Redis 数据库中。爬虫程序既而绕过运营商的技术保护措施，访问 Redis 数据库获取这些信息。最后利用加粉程序，通过获得的用户登录账号密码非法登录并进行强制加粉。

瑞智华胜具有多方媒体账号运营客户端，包括微信、微博、淘宝等；盗取的数据多达几十亿条，涉及近百家互联网公司；有多达 80 多个自媒体运营账户，这些账户刚成立没多久就获得了大量粉丝关注，这些粉丝很大一部分是在不知情的情况下，被盗取了信息而强制加关注的。

案件焦点

该案件之所以从民事违法发展到刑事违法，原因在于：

第一，该公司所为侵犯了"计算机信息系统数据"安全——也是国家为了规范爬虫等非法获取数据的行为设立的刑法客体。在最高人民法院、最高人民检察院颁布的司法解释[1]中，这里的数据被认定为身份认证信息。这种数据的要求是，必须具有完整性和有效性，即获取该数据信息后，可以登录账号经核实正常进入系统。

第二，该公司所犯罪行达到了情节特别严重的标准。所谓"情节严重"，根据该案件情况，司法解释认定为获取身份认证信息达 10 组以上的，或违法所得超过 5000 元。而对于"违法所得"同样有两种标准，一是非法经营收入，二是非法获利。"情节特别严重"的认定标准是达到情节严重的 5 倍以上。根据公开资料，仅 2016 年开始转行至互联网营销后，该公司营业收入达 3000 万元，净利润达 1000 万元，而该公司的主要业务即自媒体运营，大量粉丝都来源于强制加粉。该公司非法获取的身份认证信息量和非法营业收入、非法获利远远超过了情节特别严重的标准。

三、网络爬虫犯罪涉嫌具体罪名及典型案例

（一）侵犯公民个人信息罪

侵犯公民个人信息罪是指违反国家有关规定，向他人出售或者提供公民个人信息，情节严重的行为。

---

[1] 最高人民法院、最高人民检察院《关于办理危害计算机信息系统安全刑事案件应用法律若干问题的解释》。

相关判例：

1. 上海市金山区人民法院［2018］沪 0116 刑初 924 号刑事判决书

法院经审理查明，2018 年 2 月至同年 4 月期间，被告人马某为牟利，使用自己编写的爬虫程序窃取 APP 及网站的用户信息，后使用微信聊天的方式出售给苏某某（另案处理）包括姓名、联系方式等内容的公民个人信息约 20 万条，非法获利共计 2.4 万元。

法院认为，被告人马某违反国家相关规定，窃取公民个人信息后向他人出售，情节特别严重，其行为已构成侵犯公民个人信息罪。

2. 温岭市人民法院［2018］浙 1081 刑初 1339 号刑事判决书

法院认为，被告人陈某 1、陈某 2 结伙，违反国家有关规定，为牟取暴利，非法获取、出售公民个人信息，被告人王某某知被告人陈某 2 非法获取公民个人信息，受陈某 2 指使予以帮助获取，情节特别严重，其行为均已构成侵犯公民个人信息罪，系共同犯罪，其中被告人陈某 2 作用较被告人陈某 1 相对较小。被告人姜某、杨某违反国家有关规定，非法购买、出售公民个人信息，情节特别严重，其行为均已构成侵犯公民个人信息罪。

3. 河南省济源市人民法院［2018］豫 9001 刑初 503 号刑事判决书

济源市人民法院查明，被告人魏某某通过"网络爬虫"程序下载含有公民姓名和电话号码的工商个体户和单位资料进行贩卖，现有证据查明，魏某某非法获利 55 822 元。案发后，公安机关从其使用的手机和笔记本电脑上查获自 2018 年 3 月至 4 月期间的公民个人信息及企业信息总计 3 296 634 条。

济源市人民法院认为，被告人魏某某违反国家规定获取公民个人信息后向他人出售，情节特别严重，其行为已构成侵犯公民个人信息罪。

（二）非法侵入计算机信息系统罪

非法侵入计算机信息系统罪是指自然人或者单位违反国家规定，侵入国家事务、国防建设、尖端科学技术领域的计算机信息系统的行为。

1. 郑州市金水区人民法院［2018］豫 0105 刑初 54 号刑事判决书

经审理查明：2017 年 5 月，被告人王某某在知悉河南省国家税务局"省国税局一体化办税平台"终端服务器系统登录漏洞和河南 CA 数字证书认证系统漏洞后，与被告人梁某某预谋侵入河南省国家税务局"省国税局一体化办税平台"终端服务器系统修改纳税人的报税数据，以给河南 CA 公司"找麻烦"。后由熟知数字证书（ukey）的被告人李某制作伪造的河南 CA 数字证书并重置纳税人登录密码，被告人王某某、刘某某和张某利用无线上网卡等反侦察方法，使用李某伪造的河南 CA 数字证书非法利用纳税人身份进入河南省国家税务局"省国税局一体化办税平台"随意篡改纳税人缴税数据、扣缴税款提交系统。经河南省国家税务局落实，本次作案涉及 12 个地市合计 110 户纳税人，其中有 61 户存在税款被他人扣缴的情况，被扣缴税款总金额 194 余万元，单笔最大金额为 1 416 041.71 元。

法院认为：被告人梁某某、王某某、张某、李某、刘某某违反国家规定，侵入国家事务的计算机信息系统，其行为均已构成非法侵入计算机信息系统罪。公诉机关指控五被告人犯非法侵入计算机信息系统罪罪名成立。

2. 四川省德昌县人民法院［2018］川 3424 刑初 169 号刑事判决书

德昌县人民法院查明，被告人使用"爬虫"软件，大量爬取全国各地及凉山州公安局交警支队车管所公告的车牌放号信息，之后使用软件采用多线程提交、批量刷单、验证码自动识别等方式，突破系统安全保护措施，将爬取的车牌号提交至"交通安全服务管理平台"车辆报废查询系统进行对比，并根据反馈情况自动记录未注册车牌号，建立全国未注册车牌号数据库。

德昌县人民法院认为，被告人为牟取私利，违法国家规定，侵入国家事务领域的计算机信息系统，构成非法侵入计算机信息系统罪。

（三）非法获取计算机信息系统数据、非法控制计算机信息系统罪

非法获取计算机信息系统数据、非法控制计算机信息系统罪是指自然人或者单位违反国家规定，侵入国家事务、国防建设、尖端科学技术领域的计算机信息系统以外的计算机信息系统或者采用其他技术手段，获取该计算机信息系统中存储、处理或者传输的数据，或者对该计算机信息系统实施非法控制，情节严重的行为。

1. 全国首例爬虫行为入罪案北京市海淀区人民法院［2017］京 0108 刑初 2384 号刑事判决书

经审理查明，被告单位上海晟品网络科技有限公司系有限责任公司，经营计算机网络科技领域内的技术开发、技术服务、电子商务、电子产品等业务。被告人张某某系上海晟品网络科技有限公司法定代表人兼 CEO，负责公司整体运行；被告人宋某于 2016 年 8 月至 2017 年 2 月任职上海晟品网络科技有限公司，担任联席 CEO，系产品负责人；被告人侯某某于 2016 年 8 月至

2017年2月任上海晟品网络科技有限公司CTO，系技术负责人；被告人郭某系上海晟品网络科技有限公司职员。被告人张某某、宋某、侯某某经共谋，于2016年至2017年间采用技术手段抓取被害单位北京字节跳动网络技术有限公司（办公地点位于北京市海淀区北三环西路43号中航广场）服务器中存储的视频数据，并由侯某某指使被告人郭某破解北京字节跳动网络技术有限公司的防抓取措施，使用"tt_ spider"文件实施视频数据抓取行为，造成被害单位北京字节跳动网络技术有限公司损失技术服务费人民币2万元。经鉴定，"tt_ spider"文件中包含通过头条号视频列表、分类视频列表、相关视频及评论三个接口对今日头条服务器进行数据抓取，并将结果存入到数据库中的逻辑。在数据抓取的过程中使用伪造device_ id绕过服务器的身份校验，使用伪造UA及IP绕过服务器的访问频率限制。

法院认为，被告单位上海晟品网络科技有限公司违反国家规定，采用技术手段获取计算机信息系统中存储的数据，情节严重，其行为已构成非法获取计算机信息系统数据罪，应予惩处；被告人张某某、宋某、侯某某作为直接负责的主管人员，被告人郭某作为其他直接责任人员，亦应惩处。

2. 杭州市余杭区人民法院［2014］杭余刑初字第1231号刑事判决书

法院经审理查明，2014年5月初，从事"云派券"等业务的福建微数移动科技有限公司的软件工程师被告人翁某某发现淘宝店铺源码存在漏洞，利用该漏洞可以在店铺源码中植入一个url（服务器的网址），执行该url指向的javascript，可以获取访问被植入url淘宝店铺的所有淘宝用户的cookie，即淘宝用户登录时产生的一组认证信息，利用cookie可以执行对应账号权限内的所有操作，无需账号、密码，并且可以利用获取的卖家cookie实现将url再次植入该卖家淘宝店铺源码，实现自动循环，获取更多的淘宝用户cookie。为了增加派发优惠券的淘宝店铺数量，被告人翁某某向公司法定代表人被告人黄某某报告，并在被告人黄某某的授意下以非法获取cookie数据为目的，编写了用于获取cookie的javascript，存储在被告人黄某某租用的阿里云服务器中。自同年5月15日开始，通过上述方法，被告人黄某某、翁某某非法获取淘宝用户cookie达2600万余组，并将获取的cookie存放在虚拟队列中。被告人黄某某还利用自己编写的网络爬虫程序读取虚拟队列中的cookie，并利用cookie获取相应淘宝用户的交易订单数据（内容包含用户昵称、姓名、商品价格、交易创建时间、收货人姓名、收货人电话、收货地址等）达1亿条左右。

法院认为，被告人黄某某、翁某某违反国家规定，侵入计算机信息系统，获取该计算机信息系统中存储、处理、传输的数据，情节特别严重，其行为均已构成非法获取计算机信息系统数据罪。

（四）破坏计算机信息系统罪

破坏计算机信息系统罪是指违反国家规定，对计算机信息系统功能进行删除、修改、增加、干扰，造成计算机信息系统不能正常运行，对于计算机信息系统中存储、处理或者传输的数据和应用程序进行删除、修改、增加的操作，或者故意制作、传播计算机病毒等破坏性程序，影响计算机系统的正常运行，后果严重的行为。

案例：天津市南开区人民法院［2017］津0104刑初740号刑事判决书。

经审理查明，被告人王某某（QQ昵称"翼某"）与被告人黄某某（QQ昵称"名字是符号"）系网友关系。

王某系第十三届全运会组委会接待服务部工作人员。王某与被告人王某某系同学关系。2017年7月间，王某委托被告人王某某对该接待管理系统的美工进行改善，并向被告人王某某提供了该系统管理后台的url、管理员的用户名和密码。后被告人王某某将所获悉的以上信息通过QQ聊天告知被告人黄某某。被告人黄某某自称发现该系统存在安全漏洞并告知被告人王某某，后被告人王某某将此事告知王某，并意图以此为由获得对该接待管理系统的安全维护业务，但被告知该接待管理系统具有相关证书证实具有安全性。被告人王某某萌生邪念，指使被告人黄某某对该接待管理系统进行攻击。2017年8月8日，被告人黄某某在其居住地利用计算机使用Python（计算机程序设计语言）编写"爬虫"病毒程序，利用被告人王某某提供的登录信息，将该病毒程序植入第十三届全运会组委会接待管理系统，此程序在运行中具有自动点击"删除"按钮功能，造成该接待管理系统内参赛运动员以及技术官员的来津抵离信息、酒店住宿信息、人员身份信息等存储信息被大量删除，致使当日全运会组委会接待服务部使用的39台计算机无法正常登录接待管理系统。由于无法掌握上述被删除的信息，无法利用通信设施与参赛的运动员以及技术官员取得联系，给全运会组委会的接待服务工作造成了严重影响。后由负责开发、维护该接待管理系统的天津开发区先特网络系统有限公司技术人员恢复该接待管理系统被删除的数据共计4478条，但仍有大量数据无法恢复，致使动用人力进行补录。

法院认为，被告人王某某为牟私利，违反国家规定教唆他人破坏计算机信息系统。被告人黄某某受他人教唆后，违反国家规定实施破坏计算机信息系统的行为，其编写"爬虫"程序并利用获知的相关信息，登录正在使用中的第十三届全运会信息技术系统的一个业务子系统即接待管理系统，将"爬虫"程序植入该接待管理系统，致使用于接待服务的39台计算机不能正常运行该接待管理系统，造成该系统内存储的大量数据信息被删除，使第十三届全运会组委会接待服务人员在不能掌握服务对象相关信息的情况下进行接送等服务工作，影响了第十三届全运会接待服务工作的正常进行，后果严重。两被告人之行为依法构成破坏计算机信息系统罪。

（五）侵犯著作权罪

侵犯著作权罪是指以营利为目的，未经著作权人许可复制发行其文字、音像、计算机软件等作品，出版他人享有独占出版权的图书，未经制作者许可复制发行其制作的音像制品，制作、展览假冒他人署名的美术作品，违法所得数额较大或者有其他严重情节的行为。

案例：上海市徐汇区人民法院［2017］沪0104刑初325号。

法院经审理查明，2013年底，被告人段某某通过其在"马克斯"网站论坛下载的相关软件程序，在互联网上架设了"窝窝电影网"（该网址前期为 www.wowody.net，后于2016年初变更为www.wowo123.com）。该网站能采集、聚合、链接乐视、土豆等国内各大视频网站的影视作品资源，并能屏蔽被链网站影视作品的片头广告；网站的网页内编辑设置有影视作品目录、索引、内容简介、排行榜等栏目，供用户点击浏览。网站设立后被告人即加入了两个广告联盟，采取在网页上刊登收费广告的方式，收取用户点击、浏览影视作品后产生的广告费。经统计，自2014年1月至2016年5月案发，被告人段某某通过广告联盟共收取广告费约53万余元。

案发后根据对"窝窝电影网"网页客户端进行的司法鉴定，尚存有效链接的影视作品共计308部；经对"窝窝电影网"服务器端进行的抽样司法鉴定，尚存有效链接的影视作品共计203部，该有效视频的点击量共计3 846 189次。

法院认为，被告人段某某以营利为目的，未经著作权人许可，通过信息网络向公众传播（视为发行）大量他人影视作品，非法经营额达53万余元，属情节特别严重，其行为已构成侵犯著作权罪。

第四节　深度链接犯罪典型案例分析

根据《信息网络传播权保护条例释义》[1]，网络链接是指提供网络服务的主体在其控制网站提供的相关信息标题后埋置储存该信息详细内容的网络地址，用户通过点击该信息标题便可以自动获得该信息的具体内容，该信息内容既可以来源于主体控制的网站，也可以来源于不受主体控制的网站。其链接行为依据用户界面的呈现方式可分为一般链接和深度链接。一般链接是一种合法的互联网技术。二者的区别在于，用户在点击一般链接后，页面会离开设链者网页而进入被链网络空间，但用户在点击深度链接时不会脱离设链者网站。换言之，深度链接中设链者网站已然储存了被链方的文件或信息。[2]从违法角度看，在一般链接中，设链者仅仅给用户提供了查阅被链者网页的途径而并未复制、截取被链网页信息，学界普遍认定为其可能构成民事侵权但达不到犯罪程度。而关于深度链接，由于其侵犯著作权程度明显、技术复杂、社会危害性大，受到学界的广泛关注。

一、典型案例

张某深度链接侵犯著作权案

法院审理查明，张某设立了www.1000ys.cc网站，并在浙江绍兴租用服务器，通过安装相关软件，完成网站和服务器的连接。之后，张某利用www.1000ys.cc网站管理后台，从直接上传作品的"哈酷资源网"加框链接未经著作权人授权的影视作品。为提高网站的知名度和所链接影视作品的点击量，张某还在www.1000ys.cc网站以设置目录、索引、内容简介、排行榜等方式向用户推荐影视作品，并通过强制提供QVOD播放软件等方法，为用户浏览、下载上述影视作品提供服务。2010年2月起，张某加入"百度广告联盟"，由"百度广告联盟"在其设立的www.1000ys.cc网站上发布各类广告。至2012年9月5日案发时，张某从"百度广告联盟"获取广告收益共计

---

〔1〕　张建华主编：《信息网络传播权保护条例释义》，中国法制出版社2006年版，第92页。

〔2〕　参见王迁："网络环境中版权直接侵权的认定"，载《东方法学》2009年第2期，第12~21页。

10万余元。

庭审中，为网站用户提供影视作品的"深度链接"服务的行为是否构成侵犯著作权，成为控辩双方争论的焦点。张某认为，其提供给网站用户的仅仅是种子文件的链接，并非实际的侵权影视作品的文件，也不是种子文件的制作者。

法院审理认为，张某开设影视视频分享网站后，从互联网论坛获得了通过采集盗版影片资源建立网站并进行牟利的信息及操作技术，通过"深度链接"的技术定向链接至境外的哈酷资源网，主动采集影片资源，并以设置目录、索引、内容简介、排行榜等方式向用户推荐影视作品。然后加入"百度广告联盟"，通过在网站上刊登收费广告获取利益，其主观上具备了营利目的。其网络服务提供行为，使公众可以在个人选定的时间和地点通过网站获得作品，符合信息网络传播行为的实质性要件，属信息网络传播行为，因此符合侵犯著作权罪中"发行"（通过信息网络向公众传播）的行为性质。虽然"深度链接"不再是以前赤裸裸的内容复制，然而这种暗度陈仓的搬家行为，也是一种传播信息的方式。经侦查机关抽检、相关权利人目视检测作品内容比对、鉴定机构有效链接测试，张某未经著作权人许可，通过信息网络向公众传播的影视作品达941部，已符合构成侵犯著作权罪的入罪情形。[1]

二、深度链接行为的刑事责任

深度链接行为在法律上如何评价？又属于什么性质的行为？对此，知识产权法领域有专家认为，深度链接不是一个独立的信息网络传播行为，只是一个帮助上传行为扩大传播的帮助传播行为。理由是链接并不提供影视作品的源文件，源文件一般是由上传者予以控制，上传者随时可以关闭自己的服务器或者删除自己服务器中的源文件，这样就会导致链接无效，因此链接实际上无法完全控制影视作品的自由传播，而一定程度上依附于上传者。因此，他们认为，链接只是一个帮助传播行为。这样的观点被称为"服务器标准"。

相反观点则认为，根据《著作权法》相关规定，传播行为本质上是为公

---

〔1〕 孙超："网络'深度链接'侵犯影视著作权 经营者获刑"，载《人民法院报》2014年6月10日。

众提供影视作品内容，使得用户可以获得作品内容。而深度链接行为也可以向用户提供作品内容，某种程度上比上传行为更为便捷，传播效果更好。因此，深度链接行为也是一种信息网络传播行为。这种观点被称为"用户感知标准"。

在排除深度链接入刑的质疑后，其刑事法律性质的探讨尤为关键。然而学术界和司法界对此都存在较大争议，均未明确对深度链接行为刑事法律责任的界定。一方面，学术界认为依据不同的标准，如"服务器标准""公众感知标准""法律标准"等，其深度链接行为的刑事法律性质的界定也会不同，从而影响是否构成侵权的判断，进而影响设链方刑事责任认定；另一方面，在司法实践中不同法院的判断标准存在矛盾，因此对该类法律行为的判断标准存在差异，造成裁判相互排斥的结果。

学术界主要存在以下两种观点：观点一，深度链接行为适用侵犯著作权法的帮助犯予以处理，即作品被设链方上传至服务器的行为仍属于非提供作品行为，用户利用的仍是被链接方网站的作品，即使通过设链方的深度链接也不可以再次获得作品。观点二，深度链接行为单独评价，作为侵犯著作权罪的正犯予以处罚，存在实质呈现正犯说、社会危害性正犯说两种认识，即深度链接行为具有极高的社会危害性，属于信息网络传播行为，构成直接侵权。

司法实务中对于深度链接行为纠纷案同样存在差异，法院虽同处于"信息网络传播权"框架下进行处理，但理由却不尽相同。其刑事法律性质的认定有如下三种路径：路径一，采取"服务器标准"认为设链方属于共同侵权，其理由在于：深度链接行为是一种实质上的帮助行为；路径二，采取"公众感知标准"认定设链方属于直接侵权，其理由在于：设链方直接侵犯了著作权人的信息网络传播权；路径三，采取"法律标准"，认为设链方直接侵犯了信息网络传播权，其理由在于：运用扩大解释，信息网络传播行为包括将作品上传至服务器的行为。

笔者认为，部分学者主张其行为通过"帮助犯"和"共同犯罪"进行入罪的观点并不恰当，原因有二：其一，在刑法中帮助犯和成立共同犯罪有其特有的基本条件；其二，法院难以认定"设链方"和"被链接方"存在意思联络。同时亦反对部分学者主张通过"片面共犯"理论进行入罪处理的看法，主要原因在于：我国坚持"共犯从属性"的通说，共同犯罪下的片面共犯无法满足传统共犯所要求的意思联络。笔者认为，深度链接行为的刑事法律性质应借鉴其民事法律性质，在采取"服务器判断标准"的情况下，对设链方不宜以侵犯著作权罪的帮助犯或共犯评价，而是应当将深度链接这类侵害法益的网络帮助行为以侵犯著作权罪的正犯形式入罪。

以目前的著作权法为依据，深度链接行为原则上是一种帮助传播行为，但同时具有自身的独立性，相对于上传行为而言，不完全处于帮助传播的地位。那么，未经著作权人许可，深度链接他人影视作品，涉嫌构成侵犯著作权罪。具体的定罪路径，无外乎共同犯罪和单独犯罪这两个方向。

三、深度链接行为之共同犯罪的入罪思路

共同犯罪的基本定罪思路是：深度链接行为具有依附于上传行为的从属性，这种依附性和从属性决定了其可以构成帮助行为，进而与上传行为构成共同犯罪，或者行为本身构成片面共犯。这个思路在理论上没什么问题，但有两大司法认定困难之处：

第一，犯意联络的认定存在困难。链接者与被链者是否有意思联络，难以断定。无奈之下，有学者提出了"默示的意思联络"的判断标准。这种观点认为，被链接者如果没有采取相关禁止链接的技术保护措施，防范他人进行设置链接，就意味着他存在放任他人继续进行传播的心理；而链接者认识到被链接者没有采取必要的防范措施而予以链接的，其与被链接者意图是一致的。这时，双方其实是一种心照不宣的默认。这种心照不宣的默认尽管还达不到明确的程度，但因为共同犯意的意思联络只是要求"有"，而不要求"明确有"。因此，两者之间仍然存在比较特殊的共同犯意联络。

笔者认为，被链接者没有采取防范措施的原因可以有很多种，比如出于疏忽大意、遗忘等，显然这些情况下认定被链接者存在"放任他人继续进行传播的心理"是不妥的。并且，是否采取防范措施是被链接者的"自由和权利"，不是义务，不能将链接者利用这种"自由和权利"的行为的责任归咎于被链接者。因此，链接者与被链接者之间的犯意联络仍需根据双方有无明确的意思表示以及客观方面因素加以判断，比如合作合同、来往的电子邮件、双方网站上的其他联络等。然而，这些证据材料常常是缺失的。这意味着，共谋型的共同犯罪成立的可行性不大。

第二，深度链接行为成立片面共犯也有障碍。被链接者主观上认识到所

链接的影视作品系他人非法上传至网络的，而仍大量深度链接相关作品，可能构成片面共犯。但限于上传者往往比较众多且单个上传者上传的作品数量较少，因此一般情况下大多数的上传行为即使违法，但仍很难达到追诉的标准，且由于很多被链接的网站的服务器置于国外，考虑到司法取证的难度，同样存在无法追究上传者或被链接者刑事责任的诸多可能。然而，在上传这种实行行为难以被认定为犯罪，或直接传播者不到案的情况下，链接者也难以被认定为片面共犯。

因此，这个共同犯罪定罪思路的操作性不强。而深度链接行为在民事上一贯被认定为间接的信息网络传播行为或者是帮助型的信息网络传播行为，进而涉及间接侵权或者帮助侵权。根据刑法二次违法性原理，深度链接行为一般构成刑法上的帮助犯或教唆犯，难以构成刑法上的实行犯，因此也很难构成单独犯罪。

四、深度链接行为的正犯化的入罪路径

笔者认为，借助于刑法理论"共犯正犯化"的理论，深度链接行为的"正犯化"，可以使其从帮助犯的角色转化为实行犯，从而构成单独犯罪。当然，需要说明的是，我国刑法上，使用正犯这样的概念并不是很严谨，这里笔者只是借助这样的表述用语。

深度链接行为的正犯化有其合理性，具体理由有：第一，深度链接行为的"独立性"特征提供了"正犯化"的前提条件。《著作权法》第 10 条第 12 项规定："信息网络传播权，即以有线或者无线方式向公众提供作品，使公众可以在其选定的时间和地点获得作品的权利。"这项法规的表述意思并没有要求传播者对影视作品有绝对的控制。尽管深度链接者没有上传影视作品，但是确实使得用户获得了作品内容，至于法规条文中表述了"在其选定的时间和地点"这样的要求，是一个相对的概念。在上传者持续不断的上传过程中，深度链接当然是有效的，链接者自然也能够在这个时间范围内控制用户针对作品的观看。相对于上传者或传播者的绝对控制，深度链接者则是一种相对控制。尤其是 P2P 的传播模式下，同一部影视作品存在众多的上传者，即便其中一个或少数的上传者中断了自己的上传，仍然不会影响链接的有效性，因为链接者仍然可以从其他上传者那里轻易获取相同的影视作品。也就是说，一般情况下，在现有网络技术条件下，单个上传行为对链接行为的影响是可

以忽略的。可以说，上传行为与链接在对影视作品控制上存在"量"的区分，但不存在"质"的区分。从这个角度讲，深度链接行为尽管不能被看成直接的信息网络传播行为，但仍可看出有一定的独立性。这个独立性恰恰为深度链接行为正犯化提供了前提条件。

第二，深度链接行为本身直接侵害法益，符合实行行为的本质要求。深度链接行为将所链接作品内容直接传递给受众，无疑是对著作权权能的直接侵害。造成这种现象的原因是共同犯罪形态在网络中的异化。网络社会的虚拟性和技术性使得传统共同犯罪的共犯关系发生了异化。这种异化表现在：行为人原本在分工上处于帮助犯或是教唆犯的地位，但实际发挥的作用则完全可能是实行犯的作用。这一点区别于现实社会中的传统共同犯罪形态。因此，笔者认为，深度链接行为在共同犯罪中的地位和作用与实行犯在本质上是一致的。

第三，深度链接行为本身的可独立评价性，为正犯化提供了实质性的条件。正犯化的实质条件则在于其具有单独的刑事可罚性。这一刑事可罚性主要来自刑事司法在著作权人与深度链接等服务提供者的利益博弈间的抉择。应当明确，著作权人的合法利益要高于深度链接等服务提供者的利益，法律应当优先保护的是著作权人，即在深度链接等服务提供者构成间接侵权以及犯罪的情况下，刑事司法保护的倾向性应该是著作权人。深度链接行为无论从行为性质上，还是侵害法益程度上，都具有单独的刑事可罚性。

第五节　偷换二维码犯罪典型案例分析

近几年来，随着智能手机的普及，支付方式取得了飞速发展，移动支付应用增长显著。尤其在中国，非现金支付正成为新趋势。无论是在大型商超还是菜市摊贩，从城市到乡村，随处都可见到黑白相间的支付二维码，人们购物后熟练地拿出手机扫码完成支付。在扫描二维码支付这一新型的移动支付方式给生活带来便利的同时，财产犯罪也贯穿线上线下，且在犯罪形态上出现诸多不同于传统财产犯罪的新特点，为犯罪行为的性质认定加入新的变量。

司法实践中，不同司法机关对偷换商家提供的支付二维码取财行为作出截然不同的罪名认定，有损法律的权威。从刑法理论上准确认定该新型作案手段的罪质，有助于对此罪和彼罪的区分进一步精细化，能够丰富和推动财产犯罪理论的再发展。同时，因各罪名入罪标准、定档量刑不同，在刑法理论上对新支付手段催生的定性难题进行回答，对精准打击财产犯罪、实现法治目标具有现实意义。

一、典型案例

刑事判决书［2017］闽0581刑初1070号

公诉机关福建省石狮市人民检察院。

被告人邹某敏，男，1986年2月20日出生于江西省吉安市，汉族，初中文化，无业，住吉安市峡江县。因本案于2017年3月16日被晋江市公安局行政拘留9日，同月25日被刑事拘留，同年4月28日被逮捕。现羁押于石狮市看守所。

石狮市人民检察院以狮检公刑诉［2017］1099号起诉书指控被告人邹某敏犯诈骗罪，于2017年8月15日向本院提起公诉。本院依法适用普通程序，组成合议庭，公开开庭审理了本案。石狮市人民检察院指派检察员陈莹、代理检察员曾小红出庭支持公诉，被告人邹某敏到庭参加诉讼。现已审理终结。

公诉机关指控，2017年2月至3月间，被告人邹某敏先后多次到石狮市沃尔玛商场门口台湾脆皮玉米店、世茂摩天城商场可可柠檬奶茶店、石狮市湖东菜市场等处，将被害人郑某、王某1等人店里的微信二维码调换为自己的微信二维码，骗取到店消费顾客本应转账至被害人微信账号的钱款共计人民币6983.03元。公诉机关指控上述事实的证据有被害人陈述、书证及被告人的供述和辩解等。公诉机关认为，被告人邹某敏的行为已构成诈骗罪，提请依照《刑法》第266条的规定判处。

经审理查明，2017年2月至3月间，被告人邹某敏先后到石狮市沃尔玛商场门口台湾脆皮玉米店、章鱼小丸子店、世茂摩天城商场可可柠檬奶茶店、石狮市湖东菜市场、长福菜市场、五星菜市场、洋下菜市场，以及晋江市青阳街道等地的店铺、摊位，乘无人注意之机，将上述店铺、摊位上的微信收款二维码调换为自己的微信二维码，从而获取顾客通过微信扫描支付给上述商家的钱款。经查，被告人邹某敏获取被害人郑某、王某1等人的钱款共计人民币6983.03元。案发后，赃款均未追回。

2017年3月25日，被告人邹某敏在石狮市华山酒店附近路边被公安人员抓获。另查明，被告人邹某敏因上述在晋江市调换商家二维码窃取财物后于同月 16 日被晋江市公安局行政拘留 9 日。

法院认为，被告人邹某敏以非法占有为目的，多次采用秘密手段窃取他人财物，总金额为人民币 6983.03 元，属数额较大，其行为已构成盗窃罪。关于本案的定罪问题，涉及以下几点：

第一，被告人邹某敏采用秘密手段，调换商家的微信收款二维码，从而获取顾客支付给商家的款项，符合盗窃罪的客观构成要件。调换二维码是其获取财物的关键。

第二，商家向顾客交付货物后，商家的财产权利已然处于确定、可控状态，顾客必须立即支付对等价款。微信收款二维码可看作是商家的收银箱，顾客扫描商家的二维码即是向商家的收银箱付款。被告人调换二维码即是秘密用自己的收银箱换掉商家的收银箱，使得顾客交付的款项落入自己的收银箱，从而占为己有。

第三，被告人并没有对商家或顾客实施虚构事实或隐瞒真相的行为，不能认定商家或顾客主观上受骗。所谓"诈骗"，即有人"使诈"、有人"受骗"。本案被告人与商家或顾客没有任何联络，包括当面及隔空（网络电信）接触，除了调换二维码外，被告人对商家及顾客的付款没有任何明示或暗示。商家让顾客扫描支付，正是被告人采用秘密手段的结果，使得商家没有发现二维码已被调包，而非主观上自愿向被告人或被告人的二维码交付财物。顾客基于商家的指令，当面向商家提供的二维码转账付款，其结果由商家承担，不存在顾客受被告人欺骗的情形。顾客不是受骗者，也不是受害者，商家是受害者，但不是受骗者。综上，被告人邹某敏的行为不符合诈骗罪的客观构成要件，其以调换商家二维码获取财物的行为，符合盗窃罪的客观构成要件，应当以盗窃罪追究其刑事责任。公诉机关指控被告人邹某敏构成诈骗罪定罪不当，应予纠正。被告人邹某敏归案后如实供述其犯罪事实，依法予以从轻处罚。被告人邹某敏多次盗窃作案，酌情从重处罚。依照《刑法》第 264 条、第 67 条第 3 款和第 64 条的规定，判决如下：（1）被告人邹某敏犯盗窃罪，判处有期徒刑 8 个月，并处罚金人民币 2000 元。（2）责令被告人邹某敏赔偿被害人经济损失人民币 5609.2 元，其中郭某 616 元、李某 611.9 元、陈某 619.6 元、尧某 610.5 元、许某 603 元、蔡某 607 元、涂某 332.2 元、王某 1

人民币 605 元、蒋某 602 元、王某 2 人民币 53 元、郑某 199 元、刘某 100 元、熊某 50 元。追缴被告人违法所得人民币 1373.83 元予以没收，上缴国库。扣押在石狮市公安局的作案工具苹果四代手机一部予以没收，由扣押机关依法处理。

二、偷换二维码之界定

（一）何谓偷换二维码

当前刑法学界所讨论的二维码替换案是专指替换商家收款二维码的案件，即行为人趁商铺老板不注意将其收款二维码替换以便收取顾客所支付的货款。事实上，二维码替换案件除了这种案件外，还存在这样一类案件，即行为人以向他人付款的名义让他人打开微信收款码，然后在取得他人信任的情况下借机取得他人手机，接着迅速将他人微信收款码换成其付款码，然后行为人用自己的手机扫描被害人手机的微信付款码获取钱款。在此，本书所要研究的二维码替换案仅指前述学者所争论的替换商家收款二维码的案件。

（二）顾客所付货款的性质

我国学者在论述二维码替换案时一般认为顾客所付货款是其对银行或支付平台的债权，比如，有学者认为二维码案中，顾客（被骗人）处分的是自己对银行的债权，商家（被害人）丧失的是本该属于自己对银行的债权，行为人获得的则是对银行的债权。[1]张明楷教授则认为二维码案的商户除了处分商品外，没有处分银行债权；顾客处分了自己的银行债权，但没有处分商品。[2]但其实，顾客通过支付宝或微信支付款项时可能使用与第三方支付平台绑定的银行卡，也可能使用支付宝账户中的钱款或微信钱包，就后者而言，由于第三方支付平台不是银行，所以很难说顾客所付货款是其对银行的债权，即便是使用与第三方支付平台绑定的银行卡进行支付，由于银行卡存在借记卡和信用卡之分，当顾客使用的是借记卡时由于该卡中的钱款是预先存入的，所以可以认为顾客所支付的货款是其对银行的债权。但是，如果顾客所绑定的银行卡是信用卡，在不存在溢缴款的情况下，则此时货款由银行直接支付，顾客因此产生还款义务，可见所支付的货款并非顾客对银行的债权，其原本

---

[1] 孙杰："更换二维码取财行为的刑法评价"，载《政法论丛》2018 年第 2 期，第 129 页。

[2] 张明楷："三角诈骗的类型"，载《法学评论》2017 年第 1 期，第 20~25 页。

就为银行所有，由此，很难说顾客所支付的货款是其对银行的债权。并且，即便顾客从支付宝账户或者微信钱包中支付货款，也很难说该货款是顾客对第三方支付平台的债权。这里支付宝账户或微信钱包中的钱款被称为沉淀资金或者备付金。根据 2013 年中国人民银行出台的《支付机构客户备付金存管办法》第 2 条，客户备付金是指支付机构为办理客户委托的支付业务而实际收到的预收待付货币资金。中国人民银行有关负责人就非银行支付机构客户备付金集中存管有关问题答记者问时指出：客户备付金是支付机构预收其客户的待付货币资金，不属于支付机构的自有财产。客户备付金的所有权属于支付机构客户，但不同于客户本人的银行存款，不受《存款保险条例》保护，也不以客户本人名义存放在银行，而是以支付机构名义存放在银行，并且由支付机构向银行发起资金调拨指令。我国学者指出，当沉淀资金由买家存放于第三方支付机构时，双方围绕沉淀资金形成保管法律关系，沉淀资金保管应为混藏保管合同，保管期间，第三方支付机构没有取得沉淀资金的所有权，沉淀资金的所有权仍然属于买方。[1]可见，由于顾客对支付宝账户或微信钱包的钱款拥有所有权，所以不能说顾客所支付的货款是顾客对第三方支付平台的债权。据此，考虑到大多数学者在讨论二维码替换案时均是在讨论顾客通过绑定的银行卡（非信用卡）支付货款的情况，为延续讨论和避免行文争议，本书将设定顾客所付货款是从与第三方支付平台绑定的银行卡（非信用卡）中支付。

三、偷换二维码行为的定性之争

（一）争议焦点

偷换支付二维码取财行为在定性问题上之所以产生这么多观点分歧，在于其不同于传统案件的诸多特殊性：一是主体众多，涉及商家、顾客、行为人三方主体，在财产法益受害主体方面产生争议；二是三方之间的法律关系相互交织，除了刑事上的法律关系之外，商家和顾客之间存在着买卖合同的民事法律关系；三是行为人的行为方式既有秘密窃取的成分，也存在着隐瞒真相的特点，处于盗骗交织的模糊地带，有一定迷惑性；四是涉及多个刑法

---

〔1〕 参见杨宏芹、张岑："第三方支付中沉淀资金的归属及监管研究"，载《互联网金融法律评论》2016 年第 1 期，第 155 页。

理论争议问题：行为人获取的支付款不是现金，其刑法性质是什么，如果是财产性利益，财产性利益能否成为某一财产犯罪的行为对象？当顾客扫描二维码付款时，能否认定商家对该笔支付款取得了占有？这些问题都为偷换二维码取财行为的定性带来了难度。

1. 被害人的确定

被害人的确定是本案定性的关键，目前存在相当大的争论。如前所示，盗窃罪论者一般认为被害人是商家，而持诈骗罪观点的论者在被害人是谁的问题上争议巨大。一般诈骗罪存在"顾客受害说"和"商家受害说"两种分析思路，三角诈骗说则一般认为被害人是商家。

2. 行为对象的性质

行为人实施偷换支付二维码取财行为，目的是非法占有顾客将要支付、商家即将收取的支付款。关于这笔支付款的性质，有的论者认为是债权，也有的论者认为是商家享有的相对于顾客的债权人地位，有的诈骗罪论者认为，行为人的行为对象是商店中的商品。对于债权能否成为财产犯罪的对象，也有一些讨论。

3. 财物占有状况

诈骗罪的本质是财物占有人因受骗陷入错误认识自愿交付财物。盗窃罪要求被害人需对财物存在占有。作为行为对象的支付款的占有状况如何，是本案行为定性的关键问题。由于支付款尚未到达商家的账户就直接转入行为人账户，是否可以认为商家对该支付款取得占有？

4. 是否存在财物处分行为

行为人的行为只有一个，即偷偷将商家提供给顾客用于支付支付款的二维码换成自己的，商家和顾客对行为人的存在及其偷换支付二维码的行为均不知情，行为人平和地取得了支付款，有一定秘密窃取的成分。同时，行为人偷换支付二维码的目的是希望顾客误将行为人的二维码当作是商家的二维码而向其转账付款，如果顾客没有陷入这一认识错误，就不会向其付款，因此行为人的偷换行为又有欺骗手段的外观。在偷换支付二维码取财行为中，商家向顾客交付商品，指示顾客扫描二维码付款，以及顾客通过扫描二维码付款，是否可以理解为诈骗罪要求的"财产处分"行为？顾客和商家对二维码指向的资金账户归属存在的错误认识，是否构成诈骗罪的认识错误？这些问题都需要进一步分析。

（二）关于偷换二维码取财行为的学说

对于偷换支付二维码取财行为的定性，主要集中在盗窃罪与诈骗罪两大阵营的讨论上。诈骗罪和盗窃罪是常见的财产犯罪类型。通说认为，诈骗行为最突出的特点在于被骗人基于错误"自觉地"处分财物或者财产性利益；盗窃行为的基本特征则是行为人"秘密窃取"了被害人的财物。但在实践中，特别是在新型支付手段下，行为人的行为可能既有欺骗性又有秘密性，这使得行为的定性出现困难，二维码案则是这一类情况的典型。

1. 盗窃罪

盗窃说从偷换二维码行为本身的秘密性出发，认定行为人构成盗窃罪，主张构成盗窃罪的观点都认同商家是被害人。在盗窃罪说内部，又有"盗窃对象是顾客的钱款""盗窃对象是商家的商品""盗窃对象是商家占有的钱款""盗窃对象是商家享有的债权"的分歧。

"盗窃对象是顾客的钱款"论者认为：偷换二维码行为侵犯了顾客对银行或支付平台的债权的占有，属于秘密窃取行为。顾客享有对其占有的微信或支付宝中的钱款不受非法干涉进行支配的权利。顾客的真实意愿是微信或支付宝中的钱款转让给商家，然而，行为人偷换二维码使得顾客在客观上将其享有的银行债权转让给了行为人，违背了顾客的真实意愿。由此，行为人应成立盗窃罪。[1]但是转移钱款并不违背顾客的意志。而盗窃罪的成立需要破除他人对财物占有，建立新的占有。所谓破除他人占有，是指违背占有者的意志或者在没有占有者相应意志的前提下排除其对相应物品的占有。由于破除他人占有以违背占有者的意志或者欠缺占有者相应意志为前提，当存在占有者放弃或者转移占有的同意时，不能认为行为人破除了占有者的占有，从而不符合盗窃罪的构成要件。[2]在二维码案中，由于顾客属于基于认识错误转移钱款，所以行为人取得钱款就不能被评价为破除他人占有，建立新的占有。具体来说，在顾客善意、无过错的情况下，顾客相信眼前的二维码就是商家用于收款的二维码，当他用手机扫描该二维码并弹出付款页面时，他相信该页面上的收款人就是商家或他所认可的收款人，在此情形下，顾客输入交易金额以及支付密码后点击确认付款，这一系列的操作完全是在顾客自由

〔1〕杜牧真："从犯罪客体看偷换二维码行为的本质"，载《人民检察》2018年第13期，第75页。

〔2〕王钢：《德国判例刑法》（分则），北京大学出版社2016年版，第159~160页。

意志之下进行的，很难说转移货款的行为违背了顾客的意志。

"盗窃对象是商家的商品"论者认为：二维码案应定盗窃罪，行为人属于间接正犯。如果行为人利用他人作为工具，侵夺了第三人对财物的占有，建立起新占有，因而成立盗窃罪的间接正犯。二维码案中行为人先利用不知情的顾客取得了商户的商品，只不过最终商品归于顾客，与商品价格等值的货币转移到了行为人的手中，这与行为人利用不知情的顾客为自己窃取商品在法律评价上并不存在差异，因此，行为人应当认定为盗窃罪的间接正犯。[1]但是，作为盗窃罪的间接正犯，其行为对象是第三人的财物，被利用的他人所取得的对第三人财物的占有应该属于非法占有。然而，在偷换二维码的案件中，由于商家和顾客之间的买卖合同是真实有效的，所以，商家为履行交货义务而主动将货物交付于顾客，进而货物由商家转为顾客占有就合法有效，既然顾客对货物的占有是合法占有，那就不存在顾客非法占有商家的货物之说。并且顾客基于合同而占有货物不能说是被行为人所利用，因为行为人和顾客之间根本没有就获取货物有过交流。

"盗窃对象是商家占有的钱款"论者认为：在偷换商家支付二维码获取财物的案件中，由于行为人获取商家财物的手段，在本质上属于秘密窃取，并且无论是在社会观念上还是在所有权意识上，至少在顾客扫码支付的那一瞬间，钱款属于商家所有和占有，行为人通过秘密手段将商家的财物转移为自己非法占有，完全符合盗窃罪的构成特征，应当成立盗窃罪。[2]二维码案属于三角盗窃。所谓的三角盗窃存在三方主体，即行为人、处分权限人和被害人。在二维码案中，被害人是商户，处分权限人是顾客。在顾客购买商品前，钱款由顾客现实占有。而当顾客和商户达成交易合意，拿到商品并准备付款的瞬间，该笔货款则属于商户观念占有。进而，行为人以非法占有为目的，违背商户的意志，利用不知情的顾客将商户观念占有的货款转移给行为人占有，应定性盗窃罪。[3]但这些说法均未给出令人信服的理由，并且这种拟制

---

〔1〕 参见陈文昊："'新型三角诈骗'之探讨"，载《大连海事大学学报（社会科学版）》2017年第5期，第43~49页。

〔2〕 周铭川："偷换商家支付二维码获取财物的定性分析"，载《东方法学》2017年第2期，第112页。

〔3〕 参见夏朗："论三角盗窃——从'二维码调包案'说起"，载《江汉大学学报（社会科学版）》2018年第2期，第29~34页。

的占有完全违背了事实，因为不论顾客是从微信钱包或支付宝账户中支付货款，还是从其银行卡中支付货款（以债权转让的方式支付），在货款被转出前它始终为顾客所有，不可能为商家占有。在刑法上占有尽管也包含了事实与规范两方面的因素，但仍然是一个侧重于事实性的概念。从事实性的支配力看商家对待付货款完全没有事实支配可能，因为它存在于顾客的微信钱包、支付宝账户或者银行卡中，顾客借助其用户名和密码享有完全的事实支配力；从社会一般观念来看，没有人会把别人微信、支付宝或者银行卡中的钱说成是自己的钱。在二维码案中，货款直接从顾客的账户转移至行为人的账户，就是从顾客绝对支配的领域转移到了行为人绝对支配的领域，商家对该笔货款不可能具有任何事实上的支配力。由此，商家不可能观念上占有货款。

"盗窃对象是商家享有的债权"论者认为：偷换二维码，意味着窃得针对商家的债权地位，法律后果是将商家针对顾客的债权转移给自己享有，而这种债权转让是非基于商家的意愿，即违反商家的意愿。所以，行为人构成盗窃罪，其盗窃的对象是商家的财产性利益（享有针对顾客的债权）。[1]叶良芳、马路瑶则认为：由于偷换二维码的行为导致店家丧失支付价款请求权，它属于财产性利益，可以成为盗窃罪的对象，而行为人借助偷换手段取得店家债权，符合秘密窃取的特征，并且店家对行为人的窃取行为并无认知，所以，行为人偷换店家收款二维码获得营业收入的行为对店家构成盗窃罪。[2]但上述观点存在问题：其一，行为人何时取得债权？按照论者的观点，在行为人偷换商家二维码时便取得了商家针对顾客的债权。但这种理解必须以商家和顾客存在交易为前提。倘若二者不存在交易，则这种观点会让人感到匪夷所思。试想，商家早晨刚刚把店铺门打开，尚未有顾客光顾，这时行为人将商家的二维码替换，难道此时行为人就取得了商家的债权？很明显，商家都还没有交易，也即没有合同成立，哪来的债权？进而，哪来的债权转移？其二，盗窃的实行行为是什么？叶良芳、马路瑶认为行为人以偷换收款二维码的手段取得店家债权，符合秘密窃取的特征。[3]据此，论者认为偷换二维

---

[1]　参见柏浪涛："论诈骗罪中的'处分意识'"，载《东方法学》2017年第2期，第97页。

[2]　参见叶良芳、马路瑶："第三方支付环境下非法占有他人财物行为的定性"，载《华东政法大学学报》2017年第3期，第103～109页。

[3]　参见叶良芳、马路瑶："第三方支付环境下非法占有他人财物行为的定性"，载《华东政法大学学报》2017年第3期，第103～109页。

码的行为就是盗窃罪的实行行为。可是，如果没有顾客和商家发生交易，那么单纯偷换二维码根本不可能给商家造成债权侵害，此其一；其二，即便存在顾客和商家交易，但如果顾客决定用现金付款，那么商家此次交易的债权亦不存在被行为人侵害之说。所以，认为偷换二维码的行为是盗窃罪的秘密窃取行为不合适。

2. 诈骗罪

诈骗说从顾客陷入认识错误这一事实出发，认定行为人构成诈骗罪，根据最终的受害人不同又分为"一般诈骗说"和"三角诈骗说"。

"一般诈骗说"中有学者认为在二维码案件中顾客占有通过支付平台的环节转至行为人占有，自始至终店主无论是事实上还是观念上都未实现对钱款的占有，既然如此，就无法认定店主为本案的被害人。本案的被害人应是顾客，顾客在遭受欺诈的情形下，"自愿"地将自身占有的钱款转移至犯罪嫌疑人的账户之下，符合诈骗罪的构成要件，所以行为人应定诈骗罪。〔1〕此说认为受害人是顾客，虽然顾客支付欠款后取得价值大致相当的商品，貌似没有任何损失，但民法和刑法有不同之处，刑法上的受害人应是顾客，而民法上的最终受损人则可能是店家。换句话说，民事关系中遭受损失的人，未必会被认定为刑事案件中的被害人。〔2〕财产损失上所采纳的都是形式的个别财产说。刑法学界对诈骗罪的财产损失的认定问题存在三种学说：其一，形式的个别财产说，该说主张只要基于被告人的欺骗行为丧失财产，就存在财产损失。具体来说，在如果不受欺骗就不会交付财物或转移财产性利益的情况下，被害人由于受欺骗而交付财物或转移财产性利益时，就导致被害人丧失了使用、收益、处分财物的利益或财产性利益的丧失，即使整体财产没有减少，对被害人而言也是损失。〔3〕其二，实质的个别财产说，该说主张不仅要对被害人交付的财物与其得到的财物之间的客观金钱价值进行比较，还要联系受骗者或被害人的交易目的等进行判断，或者说要兼顾被害人的主观感受。〔4〕

〔1〕 参见蔡一军："论新型支付环境下财产性质对罪名认定之影响"，载《东方法学》2017年第2期，第107~111页。

〔2〕 参见刘梦雅、张爱艳："偷换商家支付二维码案的刑法认定"，载《中国检察官》2018年第2期，第12~15页。

〔3〕 张明楷："三角诈骗的类型"，载《法学评论》2017年第1期，第20~25页。

〔4〕 参见蔡桂生："论诈骗罪中财产损失的认定及排除——以捐助、补助诈骗案件为中心"，载《政治与法律》2014年第9期，第48~58页。

其三，整体财产说，该说主张认定诈骗罪意义上的财产损失应该根据客观化的判断标准对比被害人财产在处分行为前后的整体价值，确定其整体财产是否有所减损。对于这三种学说，形式的个别财产说不仅过分扩大了处罚范围，而且将财产与财产权人的交易目的、自我实现等割裂，与司法实践和刑法主流理论不相符。[1]所以，不应采纳形式的个别财产说。"三角诈骗说"中传统的三角诈骗说认为，二维码案应评价为三角诈骗，其中被骗人是顾客，被害人是商家，顾客处分的是自己对银行的债权，商家丧失的是本该属于自己的对银行的债权，行为人获得的则是对银行的债权。[2]新型三角诈骗说的代表张明楷教授认为，二维码案被告人的行为成立三角诈骗。但是这里的三角诈骗不是传统类型的三角诈骗，而是另一种类型的三角诈骗，即被告人实施欺骗行为，受骗人产生认识错误并基于认识错误处分自己的财产，进而使被害人遭受损失。[3]传统三角诈骗要求三方主体，即行为人、被骗人和被害人，这里被骗人和被害人发生分离，并且被骗人要有处分被害人财物的权限。尽管学者通过一系列的论证得出二维码案存在行为人、被骗人和被害人三方主体，但是，其所面临的最大问题是虽然被骗人对财物具有处分权限，但其处分的是自己的财物，该财物事实上并非被害人所有或者占有，于是这就与传统的三角诈骗相龃龉，难以将案件事实涵摄进传统的三角诈骗之中。

四、偷换二维码是以债权实现为对象的诈骗

如前文所述，关于二维码案存在多种认定方案，且各方案均存在一些无法化解的矛盾。关于盗窃说，顾客自愿交付财物，不可能成为盗窃的受害人；商家对货款并无事实上的占有，也不能成为盗窃的受害人，因此盗窃说不可能成立。诈骗说将顾客预设为受骗人，然而顾客既未陷入刑法意义上的错误，又未遭受损失，因此诈骗说也不能成立。

但实际上，上述讨论忽略了商家作为处分人（受骗人）的可能。之所以忽略商家受骗的可能，是因为一般认为顾客并未欺骗商家，商家处分商品的意思不存在瑕疵，因而不能被认定为受骗人。然而，这样的看法仅关注到商

---

〔1〕　参见蔡颖："偷换二维码行为的刑法定性"，载《法学》2020 年第 1 期，第 124~137 页。
〔2〕　孙杰："更换二维码取财行为的刑法评价"，载《政法论丛》2018 年第 2 期，第 129 页。
〔3〕　张明楷："三角诈骗的类型"，载《法学评论》2017 年第 1 期，第 20~25 页。

家对商品的处分，而未注意到其对合同债权的处分。

在一次合法交易中，交易一方不仅要处分自己的财产，也会获得对价，后者的直接来源是对合同债权的处分（债权的实现）。因此，交易过程实际上内含两个相互独立的处分行为。以二维码案中的商家为例，基于合意，商家享有合同债权，负担合同义务。一方面，为了履行合同义务，商家处分商品；另一方面，为了得到对价，商家处分合同债权，要求顾客按照其指定方式支付货款。这是两个独立的处分行为，应该进行分别审查。

典型的诈骗罪往往发生在前者的过程中，即商家处分商品的过程中。例如，顾客使用伪造的支付界面，让商家误认为顾客支付了对价，并基于该错误而交付财物。在此情况下，欺骗行为导致合同自始无效，商家不享有合同债权，也就不存在诈骗债权的问题。但是，在二维码案中，顾客和商家之间的买卖合同合法有效，商家享有相对于顾客的合同债权。为了实现合同债权，商家有权指示顾客将货款支付到其指定的二维码的账户中。此时，由于行为人偷换了作为支付通道的二维码，商家误以为置换后的二维码指向的是自己的账户，基于此错误认识指示或者接受顾客打款至错误的二维码，顾客打款后，商家的债权消灭，但其并未按照预期收到货款，因而造成损失。

因此，二维码案可以被重新抽象为：行为人通过偷换二维码的行为对商家进行欺骗，导致其误认二维码的权属关系，并基于该错误，积极指示或者消极接受顾客按照违背其真意的方式履行合同，造成其合法债权无意义地消灭，行为人获得利益。其中，商家既是受骗者，又是受害者，其损失的是合同债权，行为人获得的是作为合同债权的具体内容的货款。本书将这一诈骗类型称为"以债权实现为对象的诈骗"。

"以债权实现为对象的诈骗"是指：当被害人享有合法债权的情况下，被害人在实现债权的阶段，基于行为人欺骗行为造成的错误，积极指示或者消极接受债务人按照违背被害人真实意思的方式履行合同义务，造成被害人债权无意义地消灭，行为人或者第三人获得利益。此类案件中，被害人基于错误处分的是债权，行为人获取的是债权所指向的具体财产，两者具有素材的同一性，行为人构成诈骗罪。

"以债权实现为对象的诈骗"具有三个特点：①被害人享有合法的债权，这是成立此类诈骗的前提。②基于欺骗行为造成的错误，被骗人处分的是债权而非财物。③最重要的是，被害人处分的是自己的债权，但行为人获得的并不是债权本身，而是债权得以实现而产生的财产。债权作为财产性利益，当然可以成为财产处分的对象。但是，在常见的诈骗犯罪中，相关债权在处分前后并不会发生形式的改变，比如欺骗他人使之放弃债权，债权本身的形式并不会发生改变。

第六节　网络谣言犯罪典型案例分析

一、网络谣言概述

（一）网络谣言的内涵

关于谣言的内涵，不同时代的不同学者的理解是不同的。据记载，一般认为"谣言"一词最早出现在中国古籍《后汉书·刘焉传》"在政烦忧，谣言远闻"中，本句将谣言界定为诋毁与诽谤之意。明朝冯梦龙所著《东周列国志》一书中记载"凡街市无根之语，谓之谣言"。此句意在说明谣言的本质是无事实根据性。根据《现代汉语词典》对谣言的定义，谣言是指没有事实根据的消息。在20世纪中期，西方学术界对于谣言的研究就拉开了帷幕，他们通过多门学科对谣言进行定义，其中包括社会学、新闻传播学等学科。美国心理学家奥尔波特认为："谣言之所以为谣言，是因为其不靠谱，正是这一特性，使其区别于知识、科学。"[1]1947年，奥尔波特和波兹曼给出了一个决定谣言的公式：谣言＝（事件的）重要性×（事件的）模糊性；他们在这个公式中指出了谣言的产生和事件的重要性与模糊性成正比关系，事件越重要而且越模糊，谣言产生的效应也就越大。当重要性与模糊性一方趋向零时，谣言也就不会产生了。要想终止谣言的传播，就应及时披露事件的真相，所谓：谣言止于真相。

学界对"谣言"的定义主要有三种，第一种是"未经官方证实的，在民间广为流传的，真伪不明的事实性信息"，如法国著名传播学者卡普费雷（Kapferer）教授界定的谣言是："我们称之为谣言的，是在社会中出现并流传的未经官方公开证实或者已经被官方所辟谣的信息。"第二种是与虚假信息同

---

[1]　[美]奥尔波特等：《谣言心理学》，刘水平、梁元元、黄鹂译，辽宁教育出版社2003年版，第16~17页。

义。第三种是没有事实根据的消息、传闻。[1]

笔者以为，第一种定义系卡普费雷从社会传播学角度给出的一种定义，实际上是在信息传播过程中从信息受众体视角出发，对"谣言"在传播过程中的真实形象的一种描述性定义。

第二种定义系以"内容是否虚假"为标准界定"谣言"，是一种"事后定义"，认为只有经调查确为虚假的信息才是谣言。该定义无法涵盖一切在生活中被称为"谣言"但事后又被证实的信息，属于对谣言的客观调查。

第三种定义，以"有无事实根据"为标准来界定"谣言"，该种理解绕开了"虚假与真实"的判断，转而以"事实根据"的有无为判断标准。与"内容虚假"的客观调查不同，"有无事实根据"的判断通常情形下属于内心的推理、判断活动，需要"主观事实调查"即"事实层面的故意"调查，如此谣言与否的评价成了一种全然主观的判断。

综合而言，第一种定义属于表面定义，笔者以为也是最符合谣言传播过程在人们心中的实际印象。此外，当下社会努力宣传"不信谣、不传谣"的规范行为，实际上也是由此定义出发而制定的。因为如果民众真的可以分辨出虚假信息，通常也不会"信谣、传谣"。第二种定义实际上并不是"谣言"的真实定义，而是法律规范视野下"谣言"的刻板印象。所谓"幸存者偏差"，那些经常被法律规制的"谣言信息"总是以"虚假信息"的面貌出现在司法者面前，导致"谣言"与"虚假"在司法者眼中发生了"竞合"。这体现了"谣言"的法律规制内涵是"虚假信息"。第三种定义是从主观层面对谣言的调查，符合造谣者、传谣者的实际心态，是一种"主观故意的判断标准"。但是第三种谣言全然以"主观心理"评价，抛却了"内容虚假"无法体现法律规制的本质，故也不可取。

笔者认为谣言的内涵即未经官方证实的，在民间广为流传的，真伪不明的事实性信息。

（二）网络谣言的特征

1. 传播者与接受者的双向隐蔽性

虽然网民通过网络社交媒体发布的信息会面向一部分特定的群体，如自

---

[1] 中国社会科学院语言研究所词典编辑室编：《现代汉语词典》（2002年增补本），商务印书馆2002年版，第1462页。

己的好友等，其主要目的也可能是向特定的主体传播，但因为网络平台面向的是不特定群体，其也会浏览到相关的信息，因此，网络信息更多的还是面向不特定的社会公众。由于网络具有虚拟性和非全面实名制的特性，谣言的散播者可以没有后顾之忧地传播大量包含主观臆断和个人情绪的信息，而接受者也会因为身份的不透明而选择接受并再次传播。在大多数情况下，传播者与接受者之间并不知道相互之间的真实身份关系，因而具有双向隐蔽性。

2. 网络谣言内容的不确定性

对于其不确定性，可以从以下两个方面理解。首先，谣言并非无中生有、空穴来风的，其内容中包含着真实性因子。"人们总能在谣言背后找到孕育它诞生的细胞与温床，同时也总能在现实中找到谣言信息的原型，即事实内核。"[1]它总是与一定的事实相关，并寄生于事实之上。其次，谣言是与一定事实相关并在社会中广泛传播的未经证实的信息。如果谣言被证实，那么就不会对公众的认知产生误导，便不再是谣言。

二、网络型寻衅滋事罪立法中关键概念的界定

寻衅滋事罪，是一个在司法实践中极为常见的罪名，它规定在《刑法》的第 293 条，其法条如下："有下列寻衅滋事行为之一，破坏社会秩序的，处五年以下有期徒刑、拘役或者管制：（一）随意殴打他人，情节恶劣的；（二）追逐、拦截、辱骂、恐吓他人，情节恶劣的；（三）强拿硬要或者任意损毁、占用公私财物，情节严重的；（四）在公共场所起哄闹事，造成公共场所秩序严重混乱的。纠集他人多次实施前款行为，严重破坏社会秩序的，处五年以上十年以下有期徒刑，可以并处罚金。"根据该法条，可以将寻衅滋事罪大致归为如下的四种类型：随意殴打型、追逐辱骂型、强拿损毁型、起哄闹事型。

法治社会没有"法外之地"，在信息技术突飞猛进的网络时代中，该罪名的适用范围也相应扩张到了虚拟世界，针对网络上层出不穷的造谣、侮辱、闹事等行为，我国在《关于办理利用信息网络实施诽谤等刑事案件适用法律若干问题的解释》的第 5 条中作出了如下的规定："利用信息网络辱骂、恐吓

---

[1]　黄毅峰："社会冲突视阈下的谣言行动逻辑探析"，载《天津行政学院学报》2010 年第 5 期，第 32 页。

他人，情节恶劣，破坏社会秩序的，依照刑法第二百九十三条第一款第（二）项的规定，以寻衅滋事罪定罪处罚。编造虚假信息，或者明知是编造的虚假信息，在信息网络上散布，或者组织、指使人员在信息网络上散布，起哄闹事，造成公共秩序严重混乱的，依照刑法第二百九十三条第一款第（四）项的规定，以寻衅滋事罪定罪处罚。"

可以看出，由于虚拟空间所具备的特有特征，该司法解释中规定的网络型寻衅滋事罪并没有完全包含传统型寻衅滋事罪的四种类型，而是主要针对追逐辱骂型和传播谣言、起哄闹事型两类作出了相应的规定。但上述解释的规定并不完备和详尽，引起了理论界的许多争论，比如其中的"公共秩序""公共场所"等都产生了很大的争议。

（一）公共场所的界定

首先，网络空间究竟属不属于寻衅滋事罪意义上的"公共场所"呢？最高人民法院、最高人民检察院《关于办理寻衅滋事刑事案件适用法律若干问题的解释》第5条对公共场所作出了列举式的说明，包括车站、码头、机场、医院、商场、公园、影剧院、展览会、运动场或者其他公共场所，在该条文中，对于公共场所的列举中加入了"其他公共场所"这一兜底性规定，目的就是在出现新的可以被认定为公共场所的情况下，刑法能够及时地提供可参考的法条，为法律的滞后性保有余地。将信息网络纳入公共场所的范围内，是这一解释的一大创新之处。

公共场所具有明显的两大特征，即公共性和开放性，而网络空间的特征完美地契合了这两点。公共性指的是共有的、公用的，并不属于某个具体的个人。网络空间为所有进入网络的人提供了一个分享、交流的平台，人人都可以发言，也可以退出，因此符合公共性这一特征。而在开放性方面，网络空间甚至比现实世界的公共空间还要开放，只需一个电脑或者手机，任何人都可以轻松访问虚拟世界，几乎没有门槛的限制。

张明楷教授认为：网络空间属于公共空间，但公共空间与公共场所存在区别，公共场所是公众（不特定人或者多数人）可以在其中活动的场地、处所，或者说，是公众可以自由出入的场所。这里的自由出入不是言论的自由出入，而是指身体的自由出入。或许有人认为，完全可以对公共场所作扩大解释，使其包括网络空间。但这已经不是扩大解释，而是用上位概念替换下位概念，亦即，将公共场所提升为公共空间，将公共场所秩序提升为公共秩序。如同将妇女提升为人一样，属于典型的类推解释。[1]但笔者认为，《网络诽谤解释》将信息网络视为公共场所，是基于信息网络发展以及社会变化的合理的扩大解释，并没有超出一般人的理解范围，并不违反罪刑法定的原则。在网络发展如此迅猛的大环境下，我们常常能看到官方对于"互联网并非法外之地"的宣传，人们也深刻认识到即便是处于虚拟空间中也不能肆意妄为，依旧要遵守国家的法律法规。此外，由于物理性并不是公共场所的当然特征，因此身体能否自由进出不能成为评判空间是否成为公共场所的标准，人的身体虽然不能够直接进入网络空间之中，但人的意志在网络空间中无处不在。在虚拟世界中发表的不当言论可以对外界、他人产生影响，甚至会对公共秩序造成一定的破坏和损害。从这个角度来说，网络空间可以认定为是公共场所。

法律具有一定的滞后性，随着时代的进步、科技的发展，原先的某些法律规定会明显与如今的法律实践发生冲突，因此应当及时对相关规定及概念进行解释和修改。与传统媒介相比，在网络空间上的犯罪如编造虚假信息，传播更广，范围更深，造成的结果更加难以控制。因此，将网络空间纳入公共场所的范围中符合时代的发展背景，能够满足当前打击网络犯罪的需要。

（二）公共秩序的界定

1. 公共场所秩序与公共秩序

寻衅滋事罪中原本的法条规定为"造成公共场所秩序严重混乱"，而在《网络诽谤解释》中则对网络型寻衅滋事罪规定为"造成公共秩序严重混乱"，这不禁让人产生疑惑，"公共场所秩序"和"公共秩序"的区别在哪？有特意将"场所"二字去掉的必要性吗？

根据汉语词典的定义，公共秩序也称社会秩序，是指为维护社会公共生活所必需的秩序；由法律，行政法规，国家机关、企业事业单位和社会团体的规章制度等所确定；主要包括社会管理秩序、生产秩序、工作秩序、交通秩序和公共场所秩序等。就该定义来看，"公共秩序"是"公共场所秩序"的上位概念，两者是包含与被包含的关系。赞成者认为，由于网络空间的犯罪行为具有跨时间、跨空间、跨地域的特点，其影响的范围和持续性都会高于普通的寻衅滋事罪，远远超过对公共场所秩序造成的负面影响，因此将

---

〔1〕　张明楷："简评近年来的刑事司法解释"，载《清华法学》2014 年第 1 期，第 16~17 页。

"场所"两字去掉并无不可。而反对者则认为，如果将"公共场所秩序"替换为"公共秩序"，会使得所保护的法益过于抽象，反而可能使得该罪名成为"口袋罪"。

笔者更为倾向于反对者的观点，将"公共秩序"限缩为"公共场所秩序"其实更为合理。公共秩序本身就是一个大而宽泛的概念，而寻衅滋事罪本身是从"流氓罪"演化而来，在日常的司法实践中更是屡次充当"口袋罪"的角色。如果将"公共秩序"限缩为"公共场所秩序"，首先能够明晰所保护的法益，有利于司法实践中的界定，其次也能够避免寻衅滋事罪的扩大适用，减轻该罪名"口袋化"的趋势。从理论和实践两个方面来说，都更为适宜。

2. 公共秩序混乱的界定

《网络诽谤解释》第 5 条第 2 款规定："……造成公共秩序严重混乱的，依照……"那么该处的公共秩序混乱指的是什么呢？如果编造谣言仅仅造成了网络空间的混乱而没有对现实社会的公共秩序造成影响，可以认定为网络型的寻衅滋事罪吗？

部分学者认为，"造成公共秩序严重混乱"只能是现实世界中的秩序严重混乱，比如有人在网络上编造在某市民广场有炸弹的谣言，造成城市秩序动荡、交通瘫痪，在这种情况下，可以以寻衅滋事罪定罪处罚。反之，如果没有引起现实以及社会的混乱，而只是单纯地引起网络秩序上的混乱，则不能以寻衅滋事罪定罪处罚。这种观点具有一定的可取之处，在某种程度上更为规范地限制了寻衅滋事罪的适用范围。

但笔者认为公众的心理状态也是刑法所保护的对象，如果所编造的谣言导致社会公众惶恐不安，即便仅导致网络空间秩序混乱，没有造成现实社会公共秩序的严重混乱，也应当可以以寻衅滋事罪定罪处罚。比如在河南汤阴挖肾谣言案中，谣言者散布的虚假信息使得当地村民基于恐惧心理而不敢出门。再比如新冠肺炎疫情期间产生的种种谣言，如"粮食短缺，抓紧时间囤货""戴多层口罩才能防住新型冠状病毒""打疫苗会导致阳痿"等加剧了民众的不安情绪。大量的不实信息充斥着网络，在高速的传播下，导致了社会公众的惶恐不安情绪。因此，基于保护法益的需要，法律需要对公众情绪造成严重负面影响的编造虚假信息行为作出惩戒。

（三）虚假信息的界定

我国《刑法》及《网络诽谤解释》等规范均未对"虚假信息"的概念及认定作出明确的规定。一方面，在互联网时代下亟须对网络空间中的虚假信息进行有效打击；另一方面，基于对公民言论自由的保障，也需要准确把握虚假信息的界限，适当限缩其范围，保障公民的监督自由和言论自由。因此应当通过合理的方法严格限制"虚假信息"的认定范围。

通常来说，虚假信息是指不真实的、与事实不相符合的信息。而网络空间中的虚假信息是指经互联网发布、传播的虚构或是对客观事实进行扭曲变形的信息。但应当将其与公民的一般评论性或猜测性言论做严格的区分，对于某一事件或某一事物，每个人都会持有不同的态度和看法，单纯的评论性信息因为不涉及客观事物的真假，基于言论自由原则与刑法谦抑性原则，对其不能用刑法学意义上的虚假信息进行评价，否则宪法赋予公民的言论自由权便成了一纸空文。

首先，应确定相关信息的性质是事实性言论还是观点性的言论。网络型寻衅滋事罪中的"虚假信息"应当是属于对客观事实进行描述的信息，内容上应当是关于事实的信息，并且具有明确性，而观点性的言论属于公民言论自由的范畴，是人们对其思想的一个表达，不宜作为刑法中的"虚假信息"进行认定。

其次，认定"虚假信息"应当排除有根据的信息，且相关信息需具有较大的误导性。如若行为人在网络上发布的信息是有事实根据的，当然不可纳入"虚假信息"的规制范围，但对于"没有根据的信息"也并非全都是"与事实不相符的消息"，一些消息有一定的事实根据但却与事实并不完全相符，此时，应当考量不相符和部分的性质与影响，若造成了严重社会影响且根源在于不相符的部分，那么该信息则应当认定为虚假信息，但相反，即使当行为人不能阐明或无法证明其所发布消息的根据来源，只要该消息的内容与事实相符，便不能将该消息认定为"虚假信息"并对行为人以网络型寻衅滋事罪定罪处罚。

最后，认定"虚假信息"应当考虑当事人的主观心态。一般来说，行为人应为明知或者应当明知该信息没有相关依据的心理态度。对于行为人不具有主观恶意，仅因误信了一些看似较为真实的信息，而发布、传播谣言的行为，不宜作犯罪处理。

（四）情节恶劣的界定

我国的法律和司法解释没有对网络型寻衅滋事罪的"情节恶劣"要素作出相应的规定。但我们可以参考其他涉及"情节恶劣"的法条以此来作出相应的界定。2013年"两高"颁布的《关于办理寻衅滋事刑事案件适用法律若干问题的解释》第3条对普通的寻衅滋事罪的"情节恶劣"情形作出了相应的规定，《关于办理利用信息网络实施诽谤等刑事案件适用法律若干问题的解释》中第2条对网络诽谤的"情节严重"作出了规定。全国人大常委会法制工作委员会在《〈中华人民共和国刑法修正案（八）〉条文说明、立法理由及相关规定》一书中将"情节恶劣"界定为造成恶劣影响或者激起民愤，造成其他后果等。综合上述规定，可以大致将"寻衅滋事罪"的情形认定为以下情形：①多次辱骂、恐吓他人，对公共秩序造成恶劣影响的；②造成被害人或者其近亲属精神失常、自残、自杀等严重后果的；③辱骂、恐吓行为严重影响他人工作、生活、生产、经营的；④两年内曾因辱骂、恐吓行为受过行政处罚，又利用网络辱骂、恐吓他人的；⑤同一辱骂、恐吓信息实际被点击、浏览量达到5000次以上，或被转发量达500次以上，且产生广泛影响的。

三、网络型寻衅滋事罪司法适用中的问题

（一）结果要件上"以流量数据论证公共秩序严重混乱"

1. 典型案例介绍

2020年7月2日15时30分许，被告人龚某龙在北京市朝阳区其单位内通过手机上网，了解到有关北京市石景山区万达广场女子新冠肺炎核酸检测呈阳性的热点新闻。其于当日15时51分编写了该女子在朝阳区多处商圈的虚假行程发到工作微信群中。后该虚假信息被转发至多个微信群，被他人在微博中引用，阅读量达375 250次。被告人龚某龙后被查获，其用于发送信息的手机被扣押在案。

公诉机关指控：对被告人应当以编造、故意传播虚假信息罪定罪，鉴于其自愿认罪认罚，建议判处被告人龚某龙有期徒刑6个月。法院认可了公诉机关的指控，并判决有期徒刑6个月。

2. 案例评析

笔者通过对22篇有关网络型寻衅滋事罪判决书的梳理发现，实践中法院对于"网络空间秩序严重混乱"的裁判逻辑较为一致，法官的判决逻辑大体

是"网络空间是现实社会的组成部分"——流量数据增幅——网络秩序混乱——现实社会公共秩序混乱。比如判决文书中表述"其在微信群内每天转发一次""该虚假信息在新浪微博网站被转发950次"。又如"案发后，阅读量达到1.6万条，讨论39条，严重影响了国家机关形象，造成社会秩序混乱"。甚至有部分判决连具体"阅读量、转发量、评论量"都没有，而仅有"严重损害国家机关形象、引起大量网民负面评价"等极其模糊的论述，类似判决大同小异，笔者亦不再赘述。

言论型犯罪的认定，理应在惩罚犯罪以保护相关法益的基础上，充分尊重言论自由，以保障公民的权利。笔者以为，尽管双层社会已然到来，"网络空间"也确实是社会的组成部分，但是仅仅以"转发、阅读、评论数量"等流量数据来认定"网络空间秩序严重混乱"也不尽合理。

首先，由于网络空间本身也是一个流量空间，流量始终跟着热点事件，有热点事件就必然存在巨大流量。因此仅凭"流量数据"并不必然证明"网络秩序混乱"，否则网络空间则根本不存在秩序可言。相反，笔者以为"流量数据"是"网络秩序混乱"的严重程度的表征。

其次，"虚假谣言"引发较大流量关注也无法直接证明"网络秩序混乱"，尽管"虚假谣言"确实引起了网民们错误的关注，存在虚张声势、混淆视听，但是这很难说明"网络秩序混乱"。尽管对于社会虚假谣言引发的巨大流量关注，通常会引起网民对相关事件政府机关进行宪法意义上的质询、追问行使社会监督，而相关事件政府面对社会监督负有公开澄清说明的宪法义务。但是当虚假谣言本身的可信度很低而无人问津且政府的辟谣工作相对简单容易时，也不能认为存在社会危害。

事实上"秩序混乱"应该具有"现实影响性"，也即具有"可还原为现实性"。如果网络虚假谣言引发的流量关注无法被证明为"具有现实侵害性"，那么所谓的"网络空间秩序混乱"实际上就是一种虚拟的、主观臆断的、客观不存在的结果，至多可以被视为是一种暂时留存于"网民心理秩序"的混乱，有学者提出"公众心绪安宁"的群体法益概念，笔者以为，其观点具有一定的合理性，适用于那些引发巨大社会流量关注，谣言具有相当程度的惊恐、血腥等足以扰乱公众心绪安宁的内容。当虚假网络谣言引发巨大社会流量关注但是并不具有其他现实社会秩序混乱时，其内容呈现相当程度的惊恐、血腥等足以扰乱公众心绪安宁的时候，可以"公众心绪安宁"为法益基础去论证"社会公共秩序混乱"。当虚假网络谣言引发了巨大流量导致门户网站崩溃、系统错乱比如"12306 购票系统崩溃"、相关政府迫于舆论消耗大量人力物力资源调查澄清等具有可还原为现实侵害性危害后果时,应当认定为"社会公共秩序混乱"。对于既没有造成现实社会公共秩序混乱,也未达到足以扰乱公众心绪安宁的虚假网络谣言,仅仅有较大的流量数据的,一般应当不以犯罪论处,因为此时很有可能是网络水手的"虚假流量",不具有社会现实危害结果。

司法实践中以"抽象的流量数据"证明另一个"抽象的公共秩序混乱",这种从"抽象"到"抽象"的论证,充满了疑惑与无力感,令人无所适从,严重地破坏了刑法的明确性与严肃性。

(二)因果关系认定不当

1. 典型案件介绍

2007 年 2 月 6 日,陈某恩与同组六个村民一起拍卖得到龙山县召市镇邮政支局的房产,后陈某恩经营家电生意需要贷款,便以此房产抵押贷款,因没有分户,无法办理贷款业务。2017 年 6 月 5 日,陈某恩要求龙山县国土局不动产登记中心办理房屋抵押登记,龙山县国土局认为手续不合法不予登记。陈某恩认为龙山县国土局不动产登记中心程序违法,遂起诉龙山县国土局,陈某恩败诉后不服,向州、省人民法院上诉,州中级人民法院、省高级人民法院均维持一审判决。陈某恩仍不服,2018 年 9 月 11 日,陈某恩向湘西州人民检察院申诉,并打印一份《请求提起行政抗诉申请书》,通过邮寄方式寄给湘西州人民检察院,请求湘西州人民检察院提起抗诉,内容为:"对我没有认知错误的事实依然不予确认,我砍杀学生来报复社会来抗争""如果这次的不公平对待不予纠正,我再次重申,我到长沙八一路××小学砍杀学生"。

2018 年 10 月 15 日,陈某恩去长沙市湘雅二医院治病,次日到湖南省信访局登记信访,路过长沙市芙蓉区××小学大门口,并拍了一张照片,第二天就回到龙山县召市镇家中。2018 年 10 月 19 日,陈某恩亲笔书写了一封陈情书,并将自己拍摄的××小学照片和自己从长沙回龙山的车票打印在一张纸上,再次邮寄给湘西州人民检察院民行科,内容为:"我再次重申,你们如果因为此案小,包庇被告和法院的违法行为,压我一个,你好他好大家好,我到长沙××小学砍杀学生报复社会。我也再次到××小学观察了环境,砍几个小学生肯定做得到。"

2018 年 10 月 22 日 9 时许，湘西州人民检察院民行科收到信件后，立即通报给龙山县人民检察院、湘西州公安局、长沙市公安局。龙山县人民检察院于 11 时 19 分向龙山县公安局报警。长沙市公安局于 2018 年 10 月 22 日 10 时 55 分接到州检察院报警后，为应对陈某恩到××小学砍杀学生事件，长沙市公安机关采取了紧急应对措施，共出动警力 45 人，警车 8 辆。长沙市四所小学接警后均加强了安保措施、增加了安全保卫人员，安排保卫人员与校行政管理人员在校门口参与安保、执勤。陈某恩的行为严重扰乱了社会秩序。

法院认为，上诉人陈某恩编造虚假恐怖信息，严重扰乱社会秩序，其行为已构成编造虚假恐怖信息罪。

2. 案例评析

笔者通过对 42 篇网络谣言犯罪案件的研究发现，对于网络谣言的编造、传播行为与相应的社会危害结果之间的因果关系认定十分粗略随意，有"唯结果论"的归罪色彩。

如上文所述，司法实践中存在着纯粹以"流量数据"为"社会公共秩序严重混乱"的标准的现状，但是笔者以为，尽管当下处于"人人自媒体时代"，但也实质上等于"人人都不是媒体"。互联网上每天存在着海量的信息碎片，如果不是网络大 V、权威媒体、明星博主等拥有众多粉丝基础的"流量媒体"，而只是普通网络民众所编造、发布的信息，其信息的可信度、传播能力十分有限，通常瞬间就会淹没在海量的互联网信息中。正如上文所论述的网络谣言的传播机制，实际上是包括普通民众、有一定粉丝基础的媒体号、营销号或者博主大 V 甚至是权威媒体的共同参与而引发流量关注的。正是因为多方主体参与，每个主体的传播信息能力各不相同，因此，有必要研究最终的"流量数据"与最初编造、传播者的行为之间的因果关系。

比如，一个普通的网民 A 基于刷存在感的动机而自行在微博编辑"据有关文件决定，为应对疫情防控，决定于今日 24：00 封城"并在微博发布，该网络谣言内容尽管具有一定的恐慌性，但是由于其内容简单、模糊，发布主体又不具有权威性，且该信息并无官方文件配图，可以说可信度很低，传播力十分有限。但是此时如果一个流量大 V 博主或者权威媒体 B 在注意到此类消息后，在未进行"信息真实性形式审查"的情况下即进行转发，那么该"谣言"的可信度与传播能力将立即发生巨大提升，可能由开始的无人问津而瞬间引起巨大流量关注与民众恐慌并最终形成流量数据 C。很显然，A 的编造与传播行为与流量数据 C 的结果之间存在一个介入因素即 B 的转发行为。且 B 在不经形式审查的情况下即转发一个很难为一般人相信的信息的行为实质应当被认定属于"异常介入因素",从而切断"造谣者 A 的行为与流量数据 C 之间的因果关系"。因此,流量数据 C 的结果在客观上应当只能归属于 B 的转发行为,而不能归属于 A 的造谣行为。同类的行为还有 B 如果对 A 编造的谣言进行"背书证明"或者另行配上虚假的官方文图或者进行视频直播方式等使"谣言"的可信度发生质的改变时,实际上都是对"谣言"传播能力的"加工奉献",由此产生的流量数据 C 的结果完全归属于 A 的造谣行为是不合理的,而司法实践中并未对此类情形予以细究,一概认定为危害结果。

因此,笔者以为应当通过对后续转发者的客观行为与主观方面综合考察是否存在"异常介入因素"。具体而言,首先,考察其他转发者的转发行为性质(另行背书、评论行为、转移媒体平台)来考察"谣言"的传播能力是否有实质性改变(比如谣言的可信度、谣言的内容指向、谣言的传播形式等),其次,考察该转发者是否存在"故意或者重大过失",对于客观上具有"显著增信或者显著增强传播能力"的转发行为,主观上转发者存在"故意或者重大过失"应当视为"异常介入因素"切断造谣行为与后续传播结果之间的因果关系。比如在陈某恩编造故意传播虚假恐怖信息二审刑事案件[1]中,陈某恩的行为被法院认定为"营造恐怖气氛,足以引起社会恐慌,依法应认定为'虚假恐怖信息'。笔者以为本案中湘西州人民检察院民行科收到信件后的处理行为不当是引发后续长沙市公安局采取应急措施的重要原因。其一,行为人向司法机关预告以要求解决合理诉求为条件否则将实施恐怖活动行为,司法机关作为面对犯罪事项经验丰富的部门,面对他人的恶害预告,应当冷静判断,积极沟通解决,其事后的应急处置行为与行为人的恶害通告行为之间难言有因果关系。其二,本案中行为人只是预告危害并且提出了明确的前置条件并不具有"明显、即刻的危险",司法机关与其派遣大量人力物力看守校园,不如优先控制行为人本人。本案中的检察院对于行为人编造的虚假恐怖信息的处理属于"异常介入因素",其将信件转发给下级检察院的行为具有明显的"增信"性质,致使下级检察院予以相信。主观上,湘西州人民检察院的行为在程序上严重不合理,存在重大过错。其在完全能够主动联系控制行

---

〔1〕 参见湖南省湘西土家族苗族自治州中级人民法院〔2020〕湘 31 刑终 105 号刑事裁定书。

为人本人时并没有去控制被告人本人，而是优先转发报警致使采取应急措施，直至应急措施解除后才对被告人予以抓捕。因此，本案中行为人向检察院"附明显前置条件的恶害通告"行为与后续公安局采取的应急措施之间不存在因果关系，检察院不当处理行为是异常介入因素。

（三）网络谣言罪名认定流于形式，口袋化严重

1. 典型案例

2017 年，薛某控制使用以海外同城人人帮网络科技有限公司、某传媒有限公司、某网络科技有限公司为主体申请注册多个微信公众号，通过微信公众号发布广告和文章获取点击流量方式营利，其中某网络科技有限公司系薛某大舅子郭某注册成立供薛某使用。

2020 年 2 月底，薛某在新冠肺炎疫情期间，为吸引流量、提高公众号的关注量，便萌生利用该文章编造夸大境外华人因疫情受到很大影响文章的想法，后薛某将文章发给其公司员工林某，并编造虚假疫情信息的文章标题"疫情之下的××（外国名称）：店铺关门歇业，华人有家难回，华商太难了"，要求林某按照该标题编辑修改文章发布至微信公众号上。

林某明知该文章标题及内容是虚假疫情信息，却根据薛某的要求编辑一篇虚假的境外疫情文章"范本"。之后，林某将上述虚假疫情文章"范本"发给临时聘用的寒假工学生余某（另案处理），要求余某将其中的国家名称和华人名称更改后发布至薛某控制经营的微信公众号上。作为公司临聘员工，余某明知该文章系虚假疫情信息，但按照要求进行国家名称和华人名字替换编辑后，交由林某审核同意后提交至公司控制的微信公众号上。再经微信公众号后台发布管理者薛某以及郭某确认同意后发布至 18 个境外国家名称的微信公众号上予以网络传播。

虚假疫情文章在上述 18 个微信公众号上发布后，截至微信公众号被查删，此类文章被阅读数量共计 2.1 万次，其中郭某控制下的微信公众号的文章共计阅读量为 8200 余次。该类虚假文章发布后误导境内外华人以为上述 18 个国家发生疫情、该国的华人受到很大影响，无法回国，造成恶劣影响，严重扰乱社会秩序。

福清法院经审理认为，在疫情防控的特殊时期，编造、传播虚假疫情信息，不但给防控工作带来干扰，更容易对社会秩序造成负面影响。薛某、林某在新冠肺炎疫情期间，为博取眼球，编造虚假的疫情信息，故意在信息网

络上传播，严重扰乱社会秩序，其行为已经构成编造、故意传播虚假信息罪。鉴于薛某、林某、郭某犯罪后投案自首，且均认罪认罚，遂分别判处三名被告人1年3个月至1年8个月的有期徒刑。

2. 案例评析

笔者发现，司法实践中编造、故意传播虚假信息罪与网络型寻衅滋事罪这两个罪大抵成了当下刑法规制网络谣言的主要罪名。在笔者筛选的42份有关网络谣言判决书中，有32份是以该两类罪名定罪处罚的，其比例高达76%。由于该两类罪名在罪状描述上高度一致，仅在谣言内容、结果要件与基准刑罚上存在区别。网络型寻衅滋事罪规制的对象是"虚假信息"，结果要件是"造成社会公共秩序严重混乱"，基准刑是"五年以下"，而虚假信息罪规制的对象是四类急情，结果要件是"严重扰乱社会秩序"，基准刑罚是"三年以下"。实践中，对于网络谣言的罪名认定，通常仅以内容为条件进行划分，凡是属于"四类急情"的适用编造、故意传播虚假信息罪，"四类急情"以外的适用网络型寻衅滋事罪，这两个罪名以全包围的形式囊括了所有的网络谣言。但是这类罪都属于"社会管理秩序犯罪"，笔者发现存在司法实践中有些法院将破坏"经济秩序"的编造传播虚假广告行为、以盈利为目的有偿散布虚假信息的行为也一并适用该两类犯罪进行裁判。笔者以为是由于这两类犯罪的取证较为简单，通常都是以"流量数据"为表征，证明"社会秩序严重混乱"。而如果欲以虚假广告罪、非法经营罪等罪来认定，其"情节严重"的取证较为困难且没有在司法实践中形成统一，因此部分法院为求无误而选择适用了在实践中较为统一的做法。由此可见，"流量数据"表现"社会秩序严重混乱"，由于取证较为简便、清晰，且有诸多类似司法判例，往往使得部分司法机关有意识地规避那些"取证困难""论述繁琐"的罪名适用。这一做法无形中加剧了"寻衅滋事罪"在网络层面的口袋化现象。

此外，对于有组织地炒作虚假信息单位犯罪或者以炒作虚假信息牟利为目的的犯罪，司法实践中也常以这两个罪名规制，在刑罚种类上显得不合适。由于这两个罪名均不存在单位犯罪，刑罚种类中也不存在相应的"财产刑"，这就导致无法惩罚那些公司化组织运营的营销号或者是不良媒体并对之处以罚款抑制其"违法逐利"的动机，而只能对单位的负责人处以一般刑罚。笔者以为对于以牟利为目的有组织地炒作、散布虚假网络谣言的，应当适用"非法经营罪"进行规制，本罪存在单位犯罪，可以对犯罪组织进行追责。此外，本罪也存在"罚金型"条款可以抑制"违法得利"的动机，使得刑罚恰如其分。

（四）主观要件上以"未经核实"推定"明知虚假"不合理

1. 典型案例介绍

贵州省毕节市七星关区人民检察院指控，2018 年以来，被告人赵某伟通过微博私信、微信等方式与多个不特定对象私聊，在私聊过程中向不特定对象编造了自己有在贵州毕节、凯里等地花钱开路，买通幼儿园、福利院的工作人员，然后对幼儿园、福利院的幼儿进行性侵的经历。为让不特定对象深信其经历，赵某伟将自己之前用两部手机同时登录两个微信账号伪造的自己和"陈某 4 风车幼儿园"聊天记录手机截屏照片发送给不特定对象。

2019 年 5 月 31 日，被告人赵某伟通过微博私信方式与孔某 1 私聊，在私聊过程中向孔某 1 编造了其曾在贵州毕节、凯里等地花钱开路，买通幼儿园、福利院的工作人员，然后对幼儿园、福利院的幼儿进行性侵的经历。为了让孔某 1 深信其有性侵幼儿的经历，赵某伟将自己之前用两部手机同时登录两个微信账号伪造的自己和"陈某 4 风车幼儿园"聊天记录的手机截屏照片发送给孔某 1，孔某 1 当时就直言谴责赵某伟的这种行为是畜生行为，并将赵某伟与其私聊的聊天记录截屏保存在手机里。2019 年 6 月 1 日，孔某 1 通过微博搜索"儿童保护"后，关注了"starrynighto 儿童保护"的微博，并通过私信方式向"starrynighto 儿童保护"求助，求助过程中孔某 1 将之前截屏保存的聊天记录发送给"starrynighto 儿童保护"，在北京联合大学读书的学生"starrynighto 儿童保护"私信处理人员吕某 1 看到孔某 1 的求助之后，便同"starrynighto 儿童保护"成员倪某、林某 2、邢某等人通过微信群"starrynighto 迅速讨论小组"讨论处置方式，经讨论选择报警。随后吕某 1 在北京拨打 110 报警，但北京警方称无法转接贵州，吕某 1 在北京报警未成功后，在西南政法大学读书的林某 2 又向重庆警方报警，警方作了登记后无后续跟进反馈，在上海读书的倪某也通过网络报了警，因倪某网络报警时未实名而未通过网络后台审批。2019 年 6 月 3 日，林某 2 将相关图片信息通过微信私聊方式传给其网友许某。2019 年 6 月 26 日，许某将相关图片信息传到"想念胡霞的第二天"微信群，该微信群成员周某 1 随后将相关图片信息传给郭某，郭某将相关图片信息传给高某 1，高某 1 又将相关图片信息传到"××残奥会"微信群，该微信群成员被告人尤某燊看到相关图片信息后，通过微博搜索"毕节""毕节性侵"，发现微博上没有报道，但还是将相关图片信息传给其朋友林某1，林某1称"这种太反动了，不会出现的，出现了也没人信，因为相信的话现实要崩塌"。尤某燚称"找到这个人了，想发微博"。林某1随后质疑"但是他为啥发信息爆料？会不会是骗流量的，而且微博名字都不改，就一个微博，不知道是不是假的"。在林某1已经质疑的情况下，尤某燚仍然于2019年6月26日11时56分，通过其微博公开发布相关图片信息内容，导致该图片信息被全国多家知名媒体转载，造成严重的社会负面影响。当天13时26分，黔东南州凯里市公安局网络安全保卫大队民警罗光凌联系到尤某燚要求其删帖，尤某燚在将帖子删除后仍然通过微信等方式进行传播。

法院认为，被告人赵某伟编造幼儿园、福利院幼儿被性侵的虚假警情，在信息网络上传播，严重扰乱社会秩序，其行为构成编造、故意传播虚假信息罪；被告人尤某燚明知前述警情系虚假信息，故意在信息网络上传播，严重扰乱社会秩序，其行为构成故意传播虚假信息罪。

2. 案例评析

刑法中的"明知"包括"确实知道"与"法律推定知道"。实践中，存在部分法院以"未经核实"为由推定传播网络谣言者为"明知虚假信息，故意传播"的判例，比如赵某伟、尤某燚编造故意传播虚假信息案件中，被告人赵某伟通过微博私信、微信等方式与多个不特定对象私聊，在私聊过程中向不特定对象编造了自己有在贵州毕节、凯里等地花钱开路，买通幼儿园、福利院的工作人员，然后对幼儿园、福利院的幼儿进行性侵的经历。为让不特定对象深信其经历，赵某伟将自己之前用两部手机同时登录两个微信账号伪造的自己和"陈某4风车幼儿园"聊天记录手机截屏照片发送给不特定对象，并引起多位网民关注，有的人选择报警。本案中"虚假信息"的传播路径大致如下：被告人赵某伟（捏造并在微信群传播）——孔某1（转发微信群）——吕某1（在微信群转发并报警未成功）——林某2、倪某、刑某（共同报警未成功）——许某（转发微信群）——周某1（转发微信群）——高某1（转发微信群）——被告人尤某燚（转发好友）——林某1（对真实性提出怀疑）——被告人尤某燚（转发微博）——在微博引起大量围观。本案中公诉机关指控尤某燚的理由是："在林某1已经质疑的情况下，尤某燚仍然于2019年6月26日11时56分，通过其微博公开发布相关图片信息内容，导致该图片信息被全国多家知名媒体转载，造成严重的社会负面影响。"而法院对该指控事实予以确认。笔者通过对本案通篇研读，发现并无证据证明被告人尤某燊对其在微博上转发的消息"确知"为虚假，也无有力证据证明其对该信息"真实性"持较高的怀疑态度。根据被告人尤某燊与他人的网络聊天记录能够证明其对信息的真实性一直处于"半信半疑"的状态，并且本案中也无证据表明被告人尤某燊存在"炒作牟利"的主观目的，笔者以为仅仅以"未经核实"即认定为"明知虚假信息"裁判并不合理，无形中给普通网民设定了"真实性审查"的义务。能够推定行为人"明知"的事实和证据基础是不存在的，定罪过程很有可能沦为"客观归罪"或者等同于"严格责任"。信息网络的核心优势之一便是信息获取与信息交换的便捷性，如果网民必须预先对信息的真实性进行审查才能加以转发利用，这实际上等于完全抑制了信息网络的技术应用。此外，本案中，也存在多名其他人员在微信群的转发行为，如此推论，其他传播主体也应当是"明知"虚假信息而传播，仅仅因是被告人尤某燊在微博的转发行为引起大量围观，所以只对其进行处罚也不具有合理性。

笔者以为，应当针对不同的主体，根据其传播行为风险性质设定不同的"主观故意"推定标准。对于普通的网络民众，由于其社会影响力小而有限，其传播行为风险性不高，对于"明知虚假信息"的认定应当以认识程度达到"较大的虚假可能性"主观标准才能推定"明知"，对于以获取流量经济为目的的流量博主、有一定粉丝基础的公众号可以以"较大的真实可能性"主观标准或者"一定形式上的核实义务"客观标准来推定。对于社会主体的信息真实性的审查义务必须坚持"明确形式化标准"，而不能要求"实质化标准"或者"模糊化、无可能的形式化标准"，否则会立即陷入"自我审查的无限旋涡"而导致社会的寒蝉效应。

四、网络谣言的刑法规制立法建议

（一）保护言论自由，网络谣言犯罪应具有明确性与必要性

为了最大限度地保护言论自由，网络谣言的刑法规制至少应具有明确性与必要性。犯罪构成要件的模糊会导致刑罚的恣意与民众的不可预测性，网络言论会因不确定性的刑罚风险而削弱网络言论活力。法益侵害是罪刑法定的灵魂，为了确保刑法规制的必要性，网络谣言犯罪法益侵害应尽可能具有现实性，法益的精神化、抽象化会使得网络谣言刑事打击过于前置化、边缘

化，从而压缩网络言论自由空间。

具体而言，在犯罪构成要件中，坚持主观要件中"故意"与"明知"的严格标准，综合考察犯罪动机与悔罪表现。对于即兴类谣言，此类犯罪多由于法律意识淡薄，不具有违法性认识且主观没有牟利目的，主观恶性不大，再犯罪可能性不高，且大多数人能够自动到案，具有自首情节，到案后也多能主动悔罪，认罪认罚配合办案机关调查，可以酌情从轻处罚，没有造成严重后果的，可以考虑判处非监禁刑。对于因维权纠纷而猜疑政府谣言，能及时悔罪，及时在网络澄清说明，没有造成严重后果的，可以免予刑事处罚。对于因政府存在重大过失而引起的猜疑政府谣言的，不应以犯罪论处。不得以"未经核实"作为普通网民"主观明知"的推定标准。坚持客观要件的明确性与现实危害性，结果要件的明确性，笔者以为，对于"编造、故意传播虚假信息罪"中的"严重扰乱社会秩序"可以参照《关于审理编造、故意传播虚假恐怖信息刑事案件适用法律若干问题的解释》第 2 条适用。网络谣言型寻衅滋事罪具有过度的口袋化倾向，且该罪名作为"编造、故意传播虚假信息罪"的替代性罪名存在违反了"罪刑法定原则"属于明显的类推解释。此外，该解释确定的基准刑为 5 年以下，与"编造、故意传播虚假恐怖信息罪"基准刑一致，刑罚显得过重与《刑法修正案（九）》对网络犯罪一律设置为"三年以下"刑罚标准不一致，建议在将"编造、故意传播虚假信息罪"修订为"险情、疫情、灾情、警情等"或者将其进行司法扩大解释后废止"网络谣言型寻衅滋事罪"条款效力，正本清源。在诽谤罪中，明确对特定公职人员的诽谤不得认定为"损害国家形象，严重危害国家利益"的规定，保障民主监督权的行使。

（二）保障公民监督权，规定公职人员的容忍义务

"政治言论是言论自由王冠上的那颗明珠，而言论自由则首先和主要被视作一项政治权利。长期以来，这一点几乎已经深入人心到成为人们思考言论自由的'直觉'和'本能'。当提起言论自由时，相信绝大多数人都会首先想到政治言论或政治异见人士。"[1]比较尴尬的现实是，我国私人诽谤刑事案的立案率极低，而针对公职人员的诽谤，通常适用公诉程序，且法院多作有罪判决，两者形成极大的反差，难言合理。在我国限制网络言论自由的规定

---

〔1〕 左亦鲁："告别'街头发言者'——美国网络言论自由二十年"，载《中外法学》2015 年第 2 期，第 119 页。

中我们可以发现，受到限制程度最高的为政治性言论；而在所有的言论类型中，恰恰是政治性言论的价值最高，理应受到保护的程度也最高。[1]为了保障民主监督权的有效行使，有必要设置公职人员的容忍义务。

具体的容忍义务如下：①容忍的行为：仅限于诽谤行为，不包括诬告陷害行为；因为前者系因官民纠纷而引起的民众对特定公职人员的猜疑，通常仅仅属于口头、言语诬陷而没有任何实际的"陷害"行为，此类口头诬陷行为通常较为容易证伪，不存在因此而受追诉的可能性。但是"具有实质恶意"的诬告陷害行为通常不仅具有口头诬告，而且存在为使得被害人受到刑事追诉而进行的其他制造伪证等"栽赃陷害"行为，使得受陷害公职人员陷入受刑事追诉的风险，严重侵害了其合法权益，对此类恶意行为不应予以"容忍"。②容忍诽谤的内容：应当以与诽谤行为人利益直接相关的"不当或违法公务行为"为限度。对于公职人员的非公务行为比如私人生活等行为不属于容忍义务的范围。③容忍诽谤的义务人：应当仅由公职人员本人承担而不包括其亲人、朋友等其他人；④容忍诽谤的行为形式应当仅仅限于口头、语言描述；⑤容忍诽谤的对象：应当限于与该公职人员公务行为有直接利害关系的人及其监护人。

（三）保护司法公正性，对地方政府机关的猜疑谣言应设置错位管辖机制

实践中，对于猜疑地方政府的网络谣言犯罪，尤其是涉及当地政府机关、公安机关、司法机关主要负责人的违法猜疑谣言，由于我国高度的政治关联性体制，常常使得当地机关的调查、辟谣与审判工作的公正性、真实性容易遭受质疑，不利于对"猜疑类谣言案件"的彻底解决。因此，笔者建议设置如下的错位管辖机制以保障辟谣的真实性与审判的公正性。

由于受谣言猜疑的公职人员所属地机关对案件的过程、全貌更为了解，易于快速对案件进行调查取证，调查的范围应当是对造谣、传谣者的讯问笔录（是否坦白承认并及时澄清说明），对猜疑类谣言的社会危害性后果的取证，初步侦查的刑事强制措施应当限于传唤、讯问。先由当地监察委员会或公安机关的初步侦查认为确实属于谣言且造成严重危害后果需要予以追诉的，再通过设置错位管辖机制即报请自己的上级机关制定其他地方监察委或者公安机关予以进一步侦查，此阶段可以对造谣、传谣者予以正式侦查，并由该

---

〔1〕　陈道英："我国网络空间中的言论自由"，载《河北法学》2012年第10期，第28页。

地方检察院监督追诉活动并负责提起公诉。如此，该谣言的辟谣与审判便具有真实性与公正性，能够实质消解此类谣言引起的社会心理恐慌与怨愤情绪。

如果由当地机关进行辟谣与刑事追诉，其一，除非当事人进行辟谣澄清，否则辟谣澄清的效果差且容易引起更深层次的猜疑与舆论风波；其二，由于地方重要机关主要负责人之间高度的政治关联性体制，审判的公正性受到质疑；其三，审判本身的稳定性将成为潜在的第二个"猜疑谣言"，实质上使得本案的"审判监督程序"难以启动。

第七节　网络不正当竞争和垄断犯罪典型案例分析

市场经济是以利益最大化为内在驱动力，通过供求、价格、竞争等市场机制配置社会资源和引导社会经济运行的经济体制模式。竞争是市场经济的基本构成要素，是市场经济活力的源泉。在市场中，鼓励符合国家法律、遵守社会公认的商业道德、信守诚实信用原则的商业手段的正当竞争。但是在市场竞争中，为了追求经济利益，一些经营者和其他的市场参与者违反诚信公平等原则，违反法律规定，采取不正当的方式进行竞争，如商业毁谤、商业贿赂、侵犯商业秘密、虚假广告。不正当竞争是对正当竞争行为的违反和侵害，不正当竞争行为会损害其他的经营者的合法权益，扰乱社会经济秩序。依据我国 1993 年制定的《反不正当竞争法》，对于这些不正当竞争行为都应该依法规制，对不正当竞争行为进行处罚以避免不正当竞争行为产生。当然随着经济的发展，如随着互联网经济的发展，互联网的不正当竞争行为成为当前不正当竞争中的一大难题。互联网领域频频发生的流量劫持、客户端干扰、商业抄袭、软件拦截等行为，严重影响了网民对网络的正常使用和自由选择权，也损害了相关经营者的合法权益。

一、网络不正当竞争的典型案例及罪名分析

（一）网络不正当竞争的相关法律规定

1993 年 12 月 1 日起施行并于 2017 年 11 月 4 日第十二届全国人民代表大会常务委员会第三十次会议修订的《反不正当竞争法》规定：不正当竞争行为，是指经营者在生产经营活动中，违反本法规定，扰乱市场竞争秩序，损害其他经营者或者消费者的合法权益的行为。其中涉及网络不正当竞争的条

款，第 6 条规定："经营者不得实施下列混淆行为，引人误认为是他人商品或者与他人存在特定联系……（三）擅自使用他人有一定影响的域名主体部分、网站名称、网页等；（四）其他足以引人误认为是他人商品或者与他人存在特定联系的混淆行为。"第 12 条规定："经营者利用网络从事生产经营活动，应当遵守本法的各项规定。经营者不得利用技术手段，通过影响用户选择或者其他方式，实施下列妨碍、破坏其他经营者合法提供的网络产品或者服务正常运行的行为：（一）未经其他经营者同意，在其合法提供的网络产品或者服务中，插入链接、强制进行目标跳转；（二）误导、欺骗、强迫用户修改、关闭、卸载其他经营者合法提供的网络产品或者服务；（三）恶意对其他经营者合法提供的网络产品或者服务实施不兼容；（四）其他妨碍、破坏其他经营者合法提供的网络产品或者服务正常运行的行为。"第 31 条规定："违反本法规定，构成犯罪的，依法追究刑事责任。"

（二）网络不正当竞争的典型案例

案例 1：2016 年，千聊和荔枝微课先后进入在线教育市场，所属公司分别是广州思坞信息科技有限公司（以下简称"广州思坞"）和深圳十方融海科技有限公司。2016 年 10 月 20 日凌晨，"Cro SB"等非活跃账号用户，在荔枝微课使用"创建课程"功能后，上传不雅视频 14 段、反动视频 16 段。荔枝微课因及时发现，并对内容进行拦截与账号封号处理，并未造成严重影响。2017 年 3 月 8 日晚间，上述投放涉黄信息的情况再次发生。数小时后，"荔枝微课"域名"lizhiweike.com"被微信风控团队封禁 7 天。3 月 23 日，平台不仅再次出现涉黄信息，由于上传者雇佣水军恶意举报，荔枝微课所属域名被微信屏蔽，无法进行正常课程，流失大量客户，严重影响公司声誉，这导致荔枝微课的经济总损失估算约 205.6 万元。荔枝微课方面调查发现，千聊创始人薛某升、股东廖某科利用匿名账户参与投放淫秽内容，并且在淘宝网店购买投诉服务，定向投诉荔枝微课；薛某升在投放淫秽内容后，将淫秽内容的网页链接发送给千聊法定代表人朱某修。[1]

案例 2：Soul 和 Uki 的案情则更为触目惊心，Soul 所属公司合伙人李某指使员工范某某故意在 Uki 社交软件上发布不当言论及涉黄内容后截图进行恶

---

[1] "千聊恶意举报荔枝微课　互联网恶性竞争何时休？"，载 https://t. cj. sina. com. cn/articles/view/1642634100/61e89b7404000wrtr？autocallup＝no&isfromsina＝no，2022 年 5 月 10 日访问。

意举报，导致 Uki 社交软件自 2019 年 11 月 18 日起，被中央网信办通知各大应用商店全部下架。2020 年 2 月 27 日案件告破，Uki 所属公司澄清被举报事项，该款软件在各大应用商店重新上架，直接间接损失数千万元。

经检索中国裁判文书网，千聊案当事人薛某升、廖某科、朱某修均未涉及刑事案件，所属公司广州思坞也仅涉及数起民事案件裁判，可见该案并未进入刑事审判程序。后经检索发现 2017 年一份盖有广州市公安局番禺区分局小谷围派出所公章的破案经过显示"千聊人员在荔枝微课平台恶意上传淫秽、反动视频，导致事主公司域名被微信屏蔽，正常课程内容无法进行……经侦查，犯罪嫌疑人薛某某有重大作案嫌疑……经审讯，嫌疑人对其犯罪事实供认不讳。另一份 2018 年 6 月广州市公安局番禺区分局出具的行政处罚决定书显示"薛某某因传播淫秽物品处的行为处以行政拘留十五日，折抵不执行"。据此，可以推测该案在公安机关以破坏生产经营罪立案侦查，并对薛某升刑事拘留，后变更为取保候审的强制措施，在这一年多的侦查期限内，检察机关并未批捕或者决定起诉，遂由公安机关根据其具体行为"传播淫秽物品"处以行政拘留并与 2017 年的刑事拘留期限相折抵不再执行行政拘留。而 Soul 一案，公安机关同样以破坏生产经营罪刑事拘留犯罪嫌疑人，而上海市普陀区检察院经审查认为，嫌疑人基于对同行恶意打压的目的，在被害公司已经审核作出删除或禁言的情况下，仍通过截图自身发布的有害信息的方式，造成有害信息已公布的表象，并向监管部门举报，导致被害单位负责人被约谈、APP 下架，商业运营陷入停滞，损害了被害单位的商业信誉与商品声誉。普陀区人民检察院后以损害商业信誉、商品声誉罪批准逮捕李某、范某某。目前该案在审查起诉阶段。两名嫌疑人现已取保候审。[1]

（三）网络不正当竞争的罪名分析

1. 两案行为人不成立损害商业信誉、商品声誉罪

根据《刑法》第 221 条，损害商业信誉、商品声誉罪的客观要件为"捏造并散布虚伪事实，损害他人的商业信誉、商品声誉"，这种客观构造也决定了行为人主观上应系明知且意在追求或放任他人商业信誉、商品声誉受损的结果。从主客观两个维度分析，两案中行为人所实施的发布敏感信息进而截

---

[1] "Soul 和 Uki 互撕之下的仙人跳、保护费和黑吃黑"，载 https://baijiahao.baidu.com/s? id＝1662048049332685153&wfr＝spider&for＝pc，2022 年 5 月 10 日访问。

图举报的行为，并不符合损害商业信誉、商品声誉罪的犯罪构成要件。

第一，行为人发布不良内容的图片和信息并立即截图举报的行为并不属于"散布"。散布是指使不特定人或者多数人知悉或可能知悉所捏造的虚伪事实。荔枝微课在第一次被发布涉黄信息后因及时发现，并对内容进行拦截与账号封号处理，并未造成严重影响。后续发布涉黄信息虽然报道中并未说明是否拦截，但是结合微信迅速封禁来看，显然并不能达到为大多数人知悉的目的；而 Uki 软件有双重不良信息屏蔽审核功能，对于涉嫌违反国家法律法规的内容予以拦截，并将拦截内容提交人工审核，在人工审核通过之前，用户发布的内容仅自己可见，并不会被公开至软件其他用户。因此，行为人上传的违法信息因技术保障不可能散布出去，即不特定或者多数用户不可能接收到这种信息，那么，就明显不属于"散布"。

第二，由客观事实合理推定行为人的主观认知，其主观心态明显不属于使对手软件声誉受损，而是意图使其不能继续为公众使用。2016 年 8 月，国家网信办发布的《移动互联网应用程序信息服务管理规定》第 8 条规定，对于应用程序提供者发布违法信息内容的行为，视情况采取警示、暂停发布、下架应用程序等措施。2018 年 12 月，国家网信办有关负责人在集体约谈全国 28 家应用商店、社交平台和云服务企业时，也曾明确表示，国家网信办对于违法违规 APP 始终保持"零容忍"态度，一经发现，立即查处，绝不姑息。而《网络安全法》对网络运营者和国家有关部门都明确要求加强信息管理，对禁止发布或者传输的信息要采取停止传输、采取消除等处置措施。作为软件开发、经营的专业人士，本案行为人对于关系企业生存发展的重要法律法规不可能不知情。所谓的商业信誉、商品声誉是以商业主体和商品尚存为前提的，如果某应用从软件平台中被禁用，某软件被强制下架而从各应用商店消失，就无从谈及信誉或声誉的问题。

而千聊一案以传播淫秽物品行政处罚收场则有可能是基于疑罪从无，在收集的证据尚不能证明构成犯罪的情况下作出的一种折中处理，但是从结果来看，千聊一案估算造成 200 余万元的损失，根据最高人民检察院、公安部《关于公安机关管辖的刑事案件立案追诉标准的规定（一）》第 34 条［破坏生产经营案（《刑法》第 276 条）］规定"由于泄愤报复或者其他个人目的，毁坏机器设备、残害耕畜或者以其他方法破坏生产经营，涉嫌下列情形之一的，应予立案追诉：（一）造成公私财物损失五千元以上的……"，该案的损失已经远远超过 5000 元入罪的标准，再结合其在互联网领域和百万计的用户中造成的恶劣影响，应当认为符合《刑法》第 276 条 "情节严重的，处三年以上七年以下有期徒刑" 的量刑标准。

虽然千聊一案已经行政处罚，但是公安机关收集证据足以证明犯罪事实应当追究刑事责任的，仍然可以通过检察机关提起公诉，审理本案的互联网法院也可以依据最高人民法院《关于在审理经济纠纷案件中涉及经济犯罪嫌疑若干问题的规定》第 10 条，将本案线索材料移送公安机关重新侦查。对于嫌疑人因为本案曾经被刑事拘留、行政拘留的期间则可以在判处刑法刑罚时依据《刑法》第 47 条依法予以折抵。

2. 两案行为人的行为构成破坏生产经营罪

根据《刑法》第 276 条，破坏生产经营罪是指，"由于泄愤报复或者其他个人目的，毁坏机器设备、残害耕畜或者以其他方法破坏生产经营的" 行为。上述两案中行为人的行为完全符合该罪的主观目的，也符合 "破坏" "经营" 的构成要素以及本罪之实质特征。

第一，所谓的 "其他个人目的" 明显包括基于打击竞争对手而意图使其被封停、下架的目的。两案中，犯罪嫌疑人所在的公司与被害公司作为同业者，本应处于公平竞争的状态；但为了打压对方，行为人在明知上传政治类、色情类等有害信息所导致的后果且明知平台会加以审核控制的情形下，上传不良图片、视频后立即截图保存并向有关部门恶意举报，其不仅仅是对竞争者毫无正当理由的构陷，也是对有关部门 "不知情" 状态的利用。因此，完全符合 "其他个人目的" 的主观方面要求。

第二，立法者之所以未采取 "毁坏" 而是 "破坏" 的表述，在行为方式上，明显不限于采取有形物理力的手段类型。立法者在《刑法》第 275 条之下便规定破坏生产经营罪，明显是考虑到了 "毁坏" 与 "破坏" 的差异。那么，在理解 "其他方法" 时，显然不能要求其手段完全等同于 "毁坏机器设备、残害耕畜" 这种有形物理力的行为。从中国裁判文书网上搜集到的相关案例来看，司法实践较为普遍的做法也并非偏执于对 "物理性毁损" 的坚守，而是认可诸如封堵、拦截、阻碍施工生产等 "妨碍型" 行为的犯罪性质。从文义上讲，"破坏" 也当然包括 "扰乱、变乱、损害、消除" 等含义。两案中行为人采取截图举报的方式使对手软件被下架，从根本上消除了对方的经营资格，显然属于 "破坏"。

第三，"经营"与"生产"属于并列的概念，被害公司提供软件给网上用户，虽不属于"生产"但明显属于"经营"。1997年《刑法》在1979年《刑法》的基础上将本罪的范畴由生产拓展为生产经营，明显意在将生产外的经营纳入保护范畴。如果将经营理解为"生产性经营"，便是仍旧限定于生产领域，立法上的变化就失去了意义。从本罪名所处的体系位置上理解，本罪的规范目的系保护他人通过正常生产经营创造财产性价值的权益。伴随着经济社会向制造业、服务业乃至互联网产业的发展，完全没有道理将本罪的保护范围限定于传统领域，而是作出因应社会发展的客观解释。况且，这种解释并未超出"经营"的语义范围。两案中所涉及的公司双方，从事的与网络科技相关的业务明显属于"经营"范畴。浙江省金华市终审的反向刷单第一案以破坏生产经营罪论处，引起了广泛的社会反响，这其实一定程度上也说明，对"生产经营"的固化理解并无益于实现法律效果与社会效果的统一。

第四，对"其他方法"的理解需坚持同类解释，但应考虑"类"的判断角度和方法。作为并列的犯罪构成要素，对"其他方法"的理解需坚持与"毁坏机器设备、残害耕畜"同类解释的原则，但这种同类解释绝非意味着"同一"解释。即，对"其他方法"的判断不仅要考虑到手段本身是否可类比，也应考虑到是否会产生对生产经营类似的危害可能性。一方面，在立法将本罪的保护领域拓展至"经营"的前提下，传统的"毁坏机器设备、残害耕畜"这种有形物理力对应的是"生产"，而"其他方法"大致对应的则是"经营"。"生产"与"经营"的业务性质存在较大差异，也就不能要求其所对应的行为手段完全同一。另一方面，采取有形物理力固然能够破坏生产的正常运行，采取非物理手段对经营所造成的破坏有过之而无不及。在电商时代，信誉是立足之本，也是最基本的生产经营资料，对信誉的抹黑甚至对他人经营资格的扼杀，相对于传统的通过物理力实施的破坏设备行为，其危害性更甚。

二、网络垄断的表现及危害

大数据、云计算及人工智能等信息技术的兴起和发展改变了现代企业的组织运营范式和技术创新模式，以数据为中心的互联网平台企业如阿里巴巴、腾讯、京东、美团、滴滴等构建起了新型的经济组织和商业模式。互联网平台的发展犹如一把双刃剑。一方面，互联网平台经济优化了资源配置，推动了经济发展，也给人们的生活提供了便利；另一方面，伴随互联网平台的扩张，一些平台企业利用自身的市场势力和信息不对称开展"自我优待"、强制"二选一"、滥用市场地位等垄断行为，严重破坏市场竞争秩序，损害消费者合法权益。

2020 年 12 月，中央经济工作会议提出要强化反垄断和防止资本无序扩张。2021 年 2 月 7 日，国务院反垄断委员会发布《关于平台经济领域的反垄断指南》（以下简称《指南》）。市场监管总局先后对阿里巴巴和美团实施"二选一"垄断行为立案调查，并分别以处罚 182.28 亿元和 34.42 亿元告终。据报道，2020 年 12 月，市场监管总局依据《反垄断法》对阿里巴巴集团控股有限公司在中国境内网络零售平台服务市场滥用市场支配地位行为立案调查。经查，阿里巴巴集团在中国境内网络零售平台服务市场具有支配地位。自 2015 年以来，阿里巴巴集团滥用该市场支配地位，对平台内商家提出"二选一"要求，禁止平台内商家在其他竞争性平台开店或参加促销活动，并借助市场力量、平台规则和数据、算法等技术手段，采取多种奖惩措施保障"二选一"要求执行，维持、增强自身市场力量，获取不正当竞争优势。调查表明，阿里巴巴集团实施"二选一"行为排除、限制了中国境内网络零售平台服务市场的竞争，妨碍了商品服务和资源要素自由流通，影响了平台经济创新发展，侵害了平台内商家的合法权益，损害了消费者利益，构成《反垄断法》第 22 条第 1 款第 4 项禁止"没有正当理由，限定交易相对人只能与其进行交易"的滥用市场支配地位行为。根据《反垄断法》第 47 条、第 49 条，综合考虑阿里巴巴集团违法行为的性质、程度和持续时间等因素，2021 年 4 月 10 日，市场监管总局依法作出行政处罚决定，责令阿里巴巴集团停止违法行为，并处以其 2019 年中国境内销售额 4557.12 亿元 4%的罚款，计 182.28 亿元。[1]

（一）互联网平台的主要特征

《指南》将互联网平台定义为通过网络信息技术，使相互依赖的双边或者多边主体在特定载体提供的规则下交互，以此共同创造价值的商业组织形态。作为一种新型的商业组织，互联网平台为双方或多方交易提供了桥梁，并极

---

[1] "市场监管总局对阿里巴巴'二选一'垄断行为作出行政处罚"，载 https://www.ccdi.gov.cn/yaowen/202104/t20210410_ 239411.html，2022 年 7 月 16 日访问。

大提高了交易效率。

互联网平台运营模式具有"双边市场"的特性。双边市场是指两组参与者在平台上进行交易，一组参与者在平台上的收益取决于另一组参与者数量的市场。如百度作为搜索引擎，在向网络用户提供免费搜索服务的同时，向广告商收取费用，而向广告商收取费用的多少取决于用户点击、浏览广告的次数，所以使用搜索引擎的用户数量很大程度上决定了平台的收益。作为双边市场，互联网平台具有单边网络外部性和交叉网络外部性。单边网络外部性是指平台交易中单边用户间产生影响的效应，交叉网络外部性是指平台交易中两边用户相互产生影响的效应。以京东为例，随着消费者数量增加，平台供货商也会相应增加，增加消费者和供货商对平台的黏性，这会增加消费者和供货商对平台的选择。另外，互联网平台具有规模效应。互联网平台发展初期需要大量的资金投入，随着规模的扩大，其边际成本会显著降低。

双边市场、交叉网络外部性、规模效应等特征使得互联网平台相关市场界定和市场份额确定变得越来越困难。互联网平台反垄断也变得越来越复杂。

（二）互联网平台垄断的表现形式

互联网平台常通过垄断损害供应商和消费者的合法权益，其主要表现形式为数据垄断、价格滥用、排他性交易等。

（1）数据垄断。互联网平台为用户提供服务时，看似是免费的，其实是以用户贡献出数据为代价的。互联网平台以极低的成本获得了用户的数据，并对用户数据进行跟踪、分析，刻画出用户的行为，有针对性地为用户提供服务，增加客户黏性，实现数据垄断。互联网平台可以从不同的维度实现数据垄断。其一，要求用户提供超出平台服务范围的数据。在我国，很多互联网平台要求用户提供各类数据，尤其是利用平台的市场势力和用户黏性，要求使用过程中的用户提供授权服务。事实上，这些授权服务和用户获得的服务并不具有关联性，而是平台为了挖掘用户潜在需求。其二，利用数据优势巩固市场地位。互联网平台收集不同维度的用户数据，给用户画像，有针对性地对用户进行服务，增加用户黏性，巩固市场地位。其三，利用数据优势排斥市场竞争。平台不仅可以利用数据优势排斥其他竞争者进入该领域，也可以利用获得的数据进入其他市场，破坏其他市场的有序竞争。根据梅特卡夫定律，网络价值和系统内连接的用户数的平方成正比，这意味着互联网平台的用户数和数据量越多，其价值就越大。

（2）价格滥用。互联网平台的价格滥用主要表现为掠夺性定价和价格歧视。掠夺性定价是指平台发展初期，采取大量补贴的方式获得客户，用低于成本价的方式驱逐竞争者的定价方式。但是，随着平台企业的发展，其市场势力越来越大，不仅可能取消补贴，还可能对平台服务商进行较高额抽成。平台企业常使用的定价模式是价格歧视。平台企业利用数据优势，基于大数据算法对用户的数据进行分析，对相同的商品和服务针对不同的用户采取不同的价格，以期达到利润最大化，"大数据杀熟"就是最为常见的价格歧视表现形式，严重损害消费者的合法权益，扰乱了市场竞争秩序。

（3）排他性交易。排他性交易是要求交易相对人无条件地选择与其或者其选定的商品进行交易。如平台企业要求供应商"二选一"，禁止使用支付宝付款等行为。平台企业涉嫌"二选一"遭起诉的事件屡有发生。事实上，平台企业要求用户"二选一"已经构成了排他性交易。这不是以平台企业的创新、产品和服务质量等为基础，而是带有明显的强迫性质，通过强迫"站队"打击竞争对手，严重损害了用户的合法权益，阻碍平台企业的创新，阻碍市场的公平竞争。

（三）互联网平台垄断的危害

（1）阻碍创新。创新不仅激发企业研发出新产品和新技术，更可能催生出新业态和新商业模式。创新更是平台经济的显著特征。在平台经济领域，伴随着平台企业的网络效应和规模效应，创新加快发展，创新也成为平台生存的重要保证，鼓励和推动创新成为平台企业发展的内在需求。这也表明互联网平台发展初期具有较强的创新能力，但随着平台企业积累大量用户数据信息、算法、技术等资源，市场份额越来越大，从而形成较强的市场影响力和垄断势力。虽然平台企业可以通过超额利润进一步鼓励创新来降低成本，但也可通过垄断势力来获得超额利润，导致平台企业的创新动力不足。另外，大型平台企业可能会通过并购一些拥有较强创新能力的中小企业阻碍创新。大型平台企业实现对中小企业的并购后，往往会采取补贴的方式挤出市场中的其他竞争者。与此同时，互联网平台企业间的并购边界越来越模糊，并购的企业已经涉及社交网络、餐饮平台、搜索引擎等行业，这都在一定程度上抑制了相关行业的创新，给整个行业的健康发展造成了不利影响。

（2）滥用市场支配地位。互联网平台为用户提供多种免费服务的同时收集了大量的用户数据，数据收集和使用为平台企业创造了远超用户收益的价值。大型互联网平台能够取得市场支配地位甚至垄断地位，关键是形成了以技术创新、商业模式创新及数据积累为基础的"护城河效应"，形成对其他企业进入的壁垒，其根源来自对用户数据的有效把控，更是在于用户数据滥用及对隐私权益的侵犯。互联网平台数据滥用具有普遍性，这极易引发数据风险。2020年3月，中共中央、国务院发布《关于构建更加完善的要素市场化配置体制机制的意见》，明确指出数据是第五大生产要素。互联网平台的数据滥用和数据隐私问题不仅关系到滥用市场支配地位，更可能关涉国家安全。

三、网络垄断行为应该入罪

垄断行为，在经济生活中通常指的是生产同类产品的企业利用其市场优势地位，达成划分销售市场、规定产品产量、确定产品价格以获取高额利润的协议或协同行为。不同于英美日等国家，我国《反垄断法》以及《刑法》并未规定相应的刑事责任，仅规定了民事与行政责任。由于民事、行政责任规制垄断行为存在威慑不足或者威慑过度等问题，立法机关也开始思考垄断行为入罪化之问题。2020年，国家市场监督管理总局发布《〈反垄断法〉修订草案（公开征求意见稿）》，设置了垄断行为入罪化的相关条款，其第57条规定：经营者实施垄断行为构成犯罪的，依法追究刑事责任。虽然垄断行为入刑并未得到正式确立，但该意见稿亦是立法者对垄断行为入罪化之重视。通过刑事责任规制垄断行为，使得实施垄断行为的风险和成本都大幅度增高，在一定程度上，能遏制一部分经营者实施垄断行为。但不容忽视的是，垄断行为相较于暴力行为而言，社会危害性偏低，因此，在制裁此类犯罪时，应当坚持刑罚作为"最后手段"的地位；对于民商法、经济法和行政法都难以起到威慑惩治效果的行为，诸如核心卡特尔（hard core cartel），才能对其以刑事处罚予以惩戒。

（一）核心卡特尔入罪的立法体现和域外考察

根据OECD（国际经合组织）之定位，可将核心卡塔尔表述为"竞争者为规定价格、限制产量、制定配额、操纵投标、分配市场的反竞争的协定、具体行为或安排"。核心卡特尔，作为危害效果最大的垄断行为，应当将其视为一种犯罪行为予以禁止和制裁。随着工业革命的完成，企业的组织形式和市场行为发生了较大的变化：大型企业兴起，联合、兼并风潮盛行，企业之规模亦随此风潮日益壮大，占据市场优势地位。市场由自由竞争的第一阶段过渡至寡头垄断竞争之阶段。企业之间对于相互依存性的认知，也使得其从残酷的价格战转向维持垄断价格的默契共谋。卡特尔是寡头垄断发展到一定阶段的产物，卡特尔的产生动因，即寡头之间企图通过共谋以攫取最大的垄断利益。

1. 核心卡特尔行为之域内规制

《反垄断法》第17条第1项至3项的规定反映了各国对核心卡特尔进行认定的普遍做法："禁止具有竞争关系的经营者达成下列垄断协议：（一）固定或者变更商品价格；（二）限制商品的生产数量或者销售数量；（三）分割销售市场或者原材料采购市场……"该条采用概况和列举方式，对核心卡特尔作出了禁止性规定，即禁止具有竞争关系之间的竞争者达成排除、限制竞争的协议和其他协同行为。虽然该法并未将核心卡特尔行为与其他卡特尔行为作明显区分，但其第59条规定，"对本法第五十六条、第五十七条、第五十八条规定的罚款，反垄断执法机构确定具体罚款数额时，应当考虑违法行为的性质、程度、持续时间……等因素"。核心卡特尔基于其危害之恶劣，应当受到相对较重的处罚。

关于核心卡特尔的法律责任追究机制建构，我国采取综合责任制度对该行为进行规制。《反垄断法》第56条规定了行政处罚的措施，"经营者违反本法规定，达成并实施垄断协议的，由反垄断执法机构责令停止违法行为，没收违法所得，并处上一年度销售额百分之一以上百分之十以下的罚款……"；第60条规定了实施垄断行为造成他人损失所应负的民事责任。观之刑事责任，《反垄断法》仅对执法机构工作人员滥用职权、泄露商业秘密等犯罪行为和经营者拒不配合调查之行为进行刑事责任之追究。《〈反垄断法〉修订草案（公开征求意见稿）》第57条增加了规定，"经营者实施垄断行为……构成犯罪的，依法追究刑事责任"，为垄断行为正式入刑设置了接口。仅有民事行政之处罚措施，难以达到威慑核心卡特尔成员之目的，罚款力度之弱、刑事责任之缺乏恰符合核心卡特尔形成要件之一的"行为成本低"。此种法律责任追究机制，难以达到遏制核心卡特尔行为，维护市场竞争秩序和社会公益之目的。

2. 核心卡特尔行为之域外规制

随着冷战时代的结束和全球经济一体化的发展，全球的竞争重点由政治和军事转向经济发展。近20多年来，为应对跨国经济竞争和培养本国企业的竞争意识和能力，世界各国均加速了竞争立法，通过修订竞争法律，加强了对卡特尔行为的处罚，甚至将卡特尔行为（尤其是核心卡特尔）规定为犯罪行为，对违法企业及其相关责任人员追究刑事责任。核心卡特尔入罪化俨然已成为全球竞争立法与刑事立法的新动向和趋势。

核心卡特尔入罪化的趋势表现为：将严重的垄断违法行为认定为犯罪行为并追究其刑事责任。核心卡特尔入罪化趋势的另一表现是：一些卡特尔行为已经被规定为犯罪的国家通过立法的修订不断加重对卡特尔行为的刑法惩罚力度。如美国国会根据经济发展的需要，对《谢尔曼法》进行了多次的修改，到了 2004 年修改时，就将个人罚金刑提高到 100 万美元，监禁期最高增加至 10 年；将公司的罚金最高提到了 1 亿美元。刑事制裁力度的逐渐增大，使得《谢尔曼法》之威慑力更强。除了《谢尔曼法》以外，《威尔逊关税法》《克莱顿法》《罗宾逊-帕特曼法》等成文法中，如"由法院酌情处以 3 个月至 6 个月的监禁""将处于 5000 美元以下的罚款，或 1 年以下的监禁，或由法院酌情两种并用"之规定，均能体现对垄断行为之刑事责任制度构建。2009 年日本国会通过的《禁止私人垄断及确保公正交易法（修正案）》中，将卡特尔和操纵招投标行为 3 年的最高刑期提高为 5 年。2019 年，美国、英国、加拿大等国家修订法律，对卡特尔犯罪刑事制裁之量刑进行加重，也反映出强化卡特尔行为中个人刑事责任的全球趋势。

而核心卡特尔入罪化的案例在域外亦不少见。澳大利亚竞争与消费者委员会（ACCC）指控挪威航运公司（WWO）在国际运输领域犯有卡特尔行为，并已对该公司提起刑事诉讼。在日本，川崎汽船公司因与其他航运公司合作确定 2009 年至 2012 年间运往澳大利亚的汽车、卡车和公共汽车之价格涉嫌卡特尔行为而被定罪。川崎汽船公司被罚款 3450 万澳元（约合人民币 1.6 亿元）。2016 年 7 月，该公司对犯罪卡特尔行为表示认罪，并被处以罚款 2500 万澳元（约合人民币 1.1 亿元）。观之以上案件，不难看出，较之国内，域外对于卡特尔行为的刑事处罚力度已经落实且更为严峻。

（二）核心卡特尔入罪的必要性

核心卡特尔，侵害的是市场经济秩序中自由市场竞争机制这一重大法益。垄断行为严重危害到自由竞争之法益时，就必须要将其纳入法律制裁范围，以最严厉的刑事手段进行制裁，才能最大限度地发挥反垄断法的作用。

1. 核心卡特尔的危害性

市场经营者为了规避自由竞争带来的风险，通常会采取规定价格、划分市场或者联合抵制交易等手段来排除或者限制竞争。与垄断行为相伴而生的，往往是商品或者服务质量的下跌，而消费者的消费成本仍会增加。垄断行为侵害了消费者的自由选择权，而人为地控制生产量和供给量的行为也会阻碍市场竞争机制的运行。产品在这种环境之下也难以实现创新与升级。而与这些后果伴生的，就是社会总福利的下降。

核心卡特尔，在本质上是非法地使自身利益实现最大化，此种行为会扰乱市场的竞争秩序、牺牲社会公共利益，久而久之，就会造成经济效益的降低，最后使得经济停滞不前。通常企业在获得巨大的非法利益后，亦无心注重提高企业内部生产效率、升级产品等企业自身实力的提升，转而想方设法去研究怎样获取更大的非法利益，而其他的经营者见到此种高回报的经营手段，在巨额利润面前，会选择性忽视此种行为的非法性，而去争相效仿。一旦此种情况产生并形成相互影响的广泛效应，对经济的损害是深远、广泛且不可估量的。

2. 核心卡特尔责任体系威慑力之欠缺

我国《反垄断法》第 60 条第 1 款对垄断行为的民事责任作出了规定："经营者实施垄断行为，给他人造成损失的，依法承担民事责任。"即民事责任主要由已经产生侵权事实的相关权利人或者受害人承担。但实际上，垄断行为损害的对象不仅是某个特定的权利人或者受害人，它所危害的对象甚至可能从单一的个体发散到整个市场地区行业或整个社会。垄断行为所牵连的不只是受害者的财产性利益，还有社会公共利益，而民事责任显然无法维护社会整体利益。民事责任对垄断行为的制裁明显存在无法顾及的部分。

根据《反垄断法》之规定，行政责任的承担方式主要通过行政罚款来实现，"处上一年度销售额百分之一以上百分之十以下的罚款"。在前述 2018 年 60 起横向垄断协议案件的执法中，仅广东省海砂联盟价格垄断协议案中三家垄断协议的主要成员受到了销售额 10% 处罚。从 2019 年市场监管总局网站公布的九件垄断协议执法案件来看，现行卡特尔行为的反垄断法规制体系存在违法行为高发、行政罚款比例过低以及威慑效果有限的漏洞：大多数案件都在 1%~5% 范围内进行处罚，有的执法案件甚至未公布罚款比例。与飞涨的非法利润相比，罚款的数额更是九牛一毛，仅靠罚款根本无法起到对垄断违法行为的威慑作用，反而有可能会"助长"同类违法行为的继续蔓延。市场经营者在受到经济制裁之后，往往又会将其责任进行转嫁，比如降低薪水，变动产品的价格或者质量，变相地使员工和消费者承担罚金。

3. 刑罚之不可替代性

在民事制裁或是行政制裁都难以发生效力的情况下，应当以最严厉的刑事制裁手段遏制此种行为。从实际案例我们不难看出，垄断行为所带来的利润是远远高于民事或者是行政制裁手段所判定的赔偿或罚款的，当犯罪成本远低于垄断行为带来的违法收益时，绝大多数的经营者在这样强大的利润及低廉的犯罪成本面前都难抵诱惑，民事制裁与行政制裁的威慑效果在庞大的利益面前更是不值一提。刑法是其他部门法的最终保障手段，运用刑事制裁手段对垄断行为进行制裁的效果显然是优于民事制裁与行政制裁的，也就是说当垄断行为带来的违法收益并不高于与之相对应的犯罪成本，甚至会付出更多更大的犯罪成本时，刑事制裁就已达到威慑目的，也就能去遏制或者阻止垄断行为的发生。民事制裁和行政制裁不但不会让垄断行为得到遏制，反而会使其日益猖獗。对严重危害到社会的垄断行为进行刑事制裁是不可避免的。因而，对垄断行为保留刑事制裁手段是十分有必要的。

核心卡特尔的背后，隐藏的是作为"人"的个体破坏市场竞争秩序，谋取高额利润的意图。单单对公司处以罚款，并不能阻止这些"人"的疯狂逐利行为。而将刑事责任落实到个人之上，面对高额的罚款或者监禁刑，这部分主体从事垄断行为的企图才能得到有效遏制。

（三）核心卡特尔入罪化路径

1. 核心卡特尔入罪的罪名选择

核心卡特尔入罪后的罪名如何确定？有学者认为应当依据垄断行为的类型进行对应的罪名设定，比如"滥用市场支配地位罪""联合限制竞争罪""经济集中垄断罪""行政权力限制竞争罪"等。[1]也有学者主张考虑到由于行政权力限制竞争大多表现为排除或限制外来经营者参与本地招投标或者对标而进行的暗箱操作，可以设立"垄断经营罪"以取代现有的"串通投

---

〔1〕 荣国权、郑巍纬："我国反垄断法刑事责任罪名的设定分析"，载《中国刑事法杂志》2011第 3 期，第 67~69 页。

标罪"。[1]考虑到我国现有的立法、司法、经济形势等多方面现状，如果进行密集的大幅度的罪名设定，对立法体系的调整幅度过大，不利于法律的稳定性。可以采取"低成本高效率"的罪名设定方式，再考虑到立法需要类型化，因此可以考虑将集中核心垄断行为统一设置为"垄断罪"，然后再在"垄断罪"中对垄断行为进行具体的条款规定，将其设置为解释性的法规。而反垄断法作为经济法中的单行法，也可以考虑直接在其中加入刑事责任条款的规定。此种做法一方面是对反垄断法的补充完善，另一方面也不会对现有刑法造成较大的改动影响。而为了不抑制市场活力，也应当秉持刑法的谦抑性原则，应当明确规定，只针对特别严重的核心卡特尔进行刑事处罚。

2. 设立反垄断刑事执法机构

在确立了反垄断法中的刑事责任后，还需要建立一个行之有效的案件启动机制或者说有效的执法机制才能充分达到立法之目的。美国采取的是告发、起诉一体制的模式，由反托拉斯局掌握调查以及起诉职能；日本采取的是专属告发的模式，由日本国会所设立的公平交易委员会向检察机关告发，再由检察机关向法院提起公诉；美国所采取的告发、起诉一体制模式之建立前提，就是主管反托拉斯局的美国司法部拥有公诉职能。[2]众所周知，我国行使公诉权之主体仅限于检察院，其他机构并无公诉权力。而我国的反垄断执行机构是设置在国务院中的反垄断委员会，是一般的行政机构，并无公诉职能，因而在现有的体制之下，难以仿效美国的反垄断案件的起诉启动模式。考虑到我国国情以及现有的反垄断立法现状，日本的"专属告发"模式可能更有借鉴意义。将专属告发权赋予专门的反垄断机构后，由统一的反垄断执法机构行使告发权不仅能够保障处理反垄断案件时的专业性、有效性，以"先行政后司法"的方式也能极大节约司法成本，亦能针对垄断行为这类较专业的经济型犯罪予以准确打击。

3. 设置合理的刑罚

根据我国《反垄断法》第 56 条中"由反垄断执法机构责令停止违法行为，没收违法所得，并处上一年度销售额百分之一以上百分之十以下的罚款"

---

[1] 蒋岩波、黄娟："卡特尔行为反垄断法与刑法的协同规制"，载《江西社会科学》2020年第10期，第190~196页。

[2] 倪娜："核心卡特尔规制的动因、机制及制度构建：国际比较及对中国的借鉴"，南开大学2013年博士学位论文。

之规定，学术界认为，既然现行法律中已有诸如罚款类的财产性规定，那么就没有必要再去专门设置刑事罚金制度，因为二者殊途同归，在本质上都是对违法经营者的财产性惩罚。众所周知，罚款通常是由行政机关对一般违法人员进行的行政处罚，罚金却是需要由法院来进行审判之后执行的一种财产刑，二者概念不同，性质不同，不应混为一谈。

垄断犯罪属于经济犯罪，实施垄断行为的经营者本身必然具有雄厚的经济实力，其犯罪目的一般都是获取巨额的非法经济利益，相比于行政性的罚款，罚金制度有其不可替代之处。在国际上，罚金刑几乎是所有将垄断入罪化国家的通用刑罚之一，在合理设置罚金的金额之后，比如设定为远远高于垄断利润的金额时，就能产生理想的威慑效果。同时，巨额的罚金也能避免由监禁刑所带来的高昂的司法成本。刑事制裁对于违法者的社会名誉所产生的深刻影响，亦是刑事制裁手段之威慑力所在。需要注意的是，我们不仅需要对违法的垄断企业实行罚金刑，也要对经调查后确认实施了垄断行为的高管人员或者法人处以罚金，以此避免个人因法律的漏洞逃脱法律制裁，实行单位和有责个人的双罚制，亦能最大限度发挥罚金刑的作用。综上，应当坚持"多用罚金，慎用监禁"的刑罚审慎原则，以此来建立反垄断刑事责任制度。

科学的反垄断法制度建设能保证我们市场经济秩序的良好运作，民事责任以及行政责任会在不同程度上体现出对垄断行为制裁的无效性，而刑事责任制度的建立则可以起到一个"事半功倍"的效果。再将垄断行为的刑事告发权赋予反垄断执法机构，确保案件处理的专业性和快速性，以便更加精准地打击垄断犯罪行为。同时，在立法模式上给予保障，在《反垄断法》中引入刑事责任制度，以达到威慑、制裁垄断犯罪的效果。与此同时，基于对经济活动的活力考量，也应当秉持谦抑性原则，只对特别严重的核心卡特尔进行刑事处罚。

第八节　窃取虚拟财产犯罪典型案例分析

一、窃取虚拟财产案件司法实践

对"网络虚拟财产"应当如何理解，学界和司法实践都没有一个准确的答案。2005 年，全国首起盗窃 QQ 案件中，公诉机关以盗窃罪提起公诉，而法院最终以侵犯通信自由罪对被告人定罪处罚。[1]2007 年，某法院将胥某等人通过盗打电话窃取 Q 币并将其转移到 QQ 号内再销售获利的行为认定为盗窃罪。[2]2010 年，某法院对被告人周某通过计算机病毒控制他人计算机窃取他人游戏金币并贩卖的行为，作出终审判决，认定为非法获取计算机信息系统数据罪。[3]2014 年，某法院对被告人孔某通过钓鱼手段获取游戏装备后进行出售的行为认定为盗窃罪。[4]2016 年，某法院对庞某等窃取被害人中毒电脑内游戏账号中的游戏装备等虚拟财物的行为认定为非法获取计算机信息系统数据罪。[5]2017 年某法院对张某利用工作便利，篡改服务器数据，使失效的游戏道具礼包码重新被激活，并委托他人在淘宝网上销售，从中非法获利的行为认定为职务侵占罪。[6]2020 年，钟某、叶某侵入服务器，修改相关充值数据，为玩家账户发放游戏币"元宝"，上海市某法院再审改判钟某、叶某等非法获取计算机信息系统数据、非法控制计算机信息系统罪为盗窃罪。[7]

通过以上判决可以看出，对于网络虚拟财产是按照传统财产犯罪的路径予以保护，还是按照计算机犯罪路径予以保护，是侵犯网络虚拟财产行为在理论和实践中存有争议的重要问题。那么，在回答这个问题之前，就要明确网络虚拟财产的性质是什么，它是否属于财物进而能够成为财产犯罪的客体。

二、网络虚拟财产的概念、分类与特征

（一）网络虚拟财产的概念

"网络虚拟财产"本身并非出自法学著作或者法律条文，所以称不上是严格的法律概念，其更偏向于是具有共同特征的对象集合体。目前对网络虚拟财产的定义主要分为两类，第一类是基于虚拟财产的普遍性质，对网络虚拟财产进行概括性的定义，比如林旭霞在"虚拟财产性质论"中，将虚拟财产定义为"在网络环境下，模拟现实事物，以数字化形式存在的、既相对独立

---

[1] 广东省深圳市南山区人民法院［2006］刑初字第 56 号刑事判决书。

[2] 浙江省高级人民法院［2007］浙刑三终字第 73 号刑事判决书。

[3] 安徽省蚌埠市中级人民法院［2010］蚌刑终字第 0097 号刑事判决书。

[4] 山东省日照市东港区人民法院［2014］东刑初字第 120 号刑事判决书。

[5] 广东省惠东县人民法院［2016］粤 1323 刑初 143 号刑事判决书。

[6] 广东省广州市天河区人民法院［2017］粤 0106 刑初 845 号刑事判决书。

[7] 上海市第一中级人民法院［2020］沪 01 刑终 35 号刑事判决书。

又具排他性的信息资源"。[1]第二类则以是否存在于网络游戏为界限将网络虚拟财产划分为狭义的概念和广义的概念，例如刘惠荣教授认为从狭义上来讲，现阶段的虚拟财产就是指存在于网络游戏中的，能够为玩家所支配的游戏资源，主要包括：游戏账号（ID）、游戏金币、虚拟装备等。从广义上来讲，不应当将其范围仅限于网络游戏中，对于那些存在于网络环境中，能够为人们所拥有和支配并且具有一定价值的网络虚拟物和其他财产性权利都可以看作广义上的虚拟财产。[2]网络虚拟财产也被称为虚拟财产，是一种能为人所支配的具有价值的权利，是财产在网络虚拟空间的表现形式。广义上的虚拟财产指的是包括电子邮件、网络账号等能为人所拥有和支配的具有财产价值的网络虚拟物。"能够为人所拥有和支配并且具有一定价值的网络虚拟物和其他财产性权利都可以看作广义上的虚拟财产"；狭义的虚拟财产一般指网络游戏中存在的财物，包括游戏账号的等级、游戏货币、游戏人物、技能等。网络虚拟财产通常可以分为以下四种类型：

（二）网络虚拟财产的分类

第一类是账户，简称ID，获取途径一般为在下载APP并同意相关用户协议后用于登录的"钥匙"。账户类的网络虚拟财产具备的特征类似于日常生活里的钥匙，只要正确输入账号密码，里面的财产任由处置。实践中，有许多这样的盗号行为，有的将账号里的网络虚拟财产进行转卖，有的是直接占有该账户，进行密码改户。但不管是哪种行为，都对游戏玩家的个人权益进行了侵害。第二类是虚拟货币，就是指在游戏中充当一般等价物的各类游戏币。一般而言，它们都有一套与现实货币进行换算的规则，最普遍通行的方式就是进行充值，将现实货币转换为虚拟货币。在不同的游戏里，虚拟货币的价值也不尽相同。有的只需要少量现金即可获得大批虚拟货币，有的则是与现实货币等价，这其实是一种现实货币的虚拟性转化，与支付宝有很大相似之处。第三类是游戏里的虚拟道具与装备，通常是游戏运营商按照游戏规则给玩家提供的帮助性物品。这些物品，主要分为消耗品、装备品及任务品。这些虚拟道具与装备大多通过两种途径获得，一是玩家花费时间精力获得；二是通过现实货币购买。在实践中，犯罪人通常会通过转卖这些游戏装备而大

---

〔1〕　林旭霞：《虚拟财产权研究》，法律出版社2010年版，第10页。
〔2〕　刘惠荣：《虚拟财产法律保护体系的构建》，法律出版社2008年版，第8~9页。

大获利。第四类是游戏角色，即玩家依据喜好选择的虚拟化身。玩家通常会通过打怪、做任务等方式进行升级，使角色具备更炫酷的技能和装备。在这个过程，玩家会花费大量时间、精力甚至是金钱来"完善"游戏角色，获得在现实中不可获得的满足感与认同感。

（三）网络虚拟财产的特征

（1）价值性与现实可转换性：网络虚拟货币的"虚拟"并不是指财产的价值为虚拟，而是财产的表现形式与传统财产形态不同，是以"网络"的方式呈现。根据马克思主义政治经济理论：劳动是价值的根本来源，货币是商品的一般等价物。网络虚拟财产作为"财产"的一种，同样具有价值性，既包括使用价值也包括交换价值。交换价值指人们可以用现实货币去购买或换取网络虚拟财产，也可以通过卖出网络虚拟财产去换取现实货币。使用价值指从人们的精神世界出发，网络虚拟财产的拥有与使用可以使人们在游戏中得到更好的体验，能更好地满足人们的精神物质需求。因此，网络虚拟财产价值性已使其突破网络虚拟世界而扩张到了现实世界，具备了现实可转换性。

（2）可复制性与稀缺性：可复制性与稀缺性貌似是相互矛盾的，但其实是根据不同主体划分的。对于游戏运营商来说，网络虚拟财产具有可复制性，他们会根据游戏的受欢迎程度与市场供需情况来复制生产与投放网络虚拟财产。而对于游戏玩家来说，获取的网络虚拟财产是有限的，他们需要投入大量的时间和金钱，甚至有时候会无功而返。因此，从游戏玩家的角度来看，网络虚拟财产不可再生，具有稀缺性。游戏玩家会根据自己的喜好进行"唯一性"完善，其稀缺性无可厚非。但从经营商的角度来看，虽然网络虚拟财产存在可复制性，可如何将网络虚拟财产制定和恢复出来，仍需要投入一定的时间、精力成本，这也涉及了公司运营所需要付出的金钱，因此这种虚拟财产的可复制性只是证明对象是种类物而非特定物。

（3）排他性：排他性是指特定的网络虚拟财产只能由特定主体所拥有，其他人并不享有对该网络虚拟财产的支配权。网络虚拟财产根据主体的不同划分为两类：对于还没有投放到市场的网络虚拟财产，游戏运营商可以通过现代技术对网络服务器上的电子数据进行管理；对于玩家个人拥有的网络虚拟财产，玩家可以通过自己的账号、密码对其进行管理。

三、网络虚拟财产的法律性质

（一）网络虚拟财产的民法性质

网络虚拟财产在民法学界引发的争议是如何确定其权利性质，而不管如何定义其性质，民法上承认网络虚拟财产是具有价值的物质。现今民法学界学说主要有物权说、债权说、知识产权说和新型财产说。最主要的为物权说、债权说。

"物权说"的主要观点围绕物权的根本特征支配性出发，游戏用户能够在网络虚拟财产上建立起支配意志，而这种支配意思不需要征得任何人的同意，网络虚拟财产的所有者有权对任何一个人主张权利。"债权说"的观点也是从债权的根本性质请求权出发，请求权不同于支配权可以独立行使，债权需要别人的配合才能实现。"债权说"的基础在于网络虚拟财产的建立基础是合同，游戏玩家和游戏运营商之间签订了服务合同，运营商以优质的服务吸引玩家参与游戏或者参加进入游戏平台，玩家支付对价后能够享受到游戏服务，用户占有游戏账号后，账号以及账号下的装备和金币等变成了个人所有的网络虚拟财产。

笔者赞成物权说，虚拟财产的财产权属于物权。虽然虚拟财产因为其依附于虚拟的网络空间不可能对其做到物理上的支配，但虚拟财产一旦产生，就可以以电磁记录的形式保存在计算机中，被权利人所享有、支配，权利人也拥有对该虚拟财产占有、使用、处分的权利，同时排除他人的权利。因此，物权说具有其合理性。

（二）网络虚拟财产属于刑法所保护的"财物"

网络虚拟财产能否被刑法的财物包括，理论学界产生了巨大分歧。否定观点认为，网络虚拟财产只是电子数据，对于游戏玩家，网络虚拟财产价值巨大，但是对于不玩游戏的人来说只是一堆数据。网络虚拟财产只是玩家在精神娱乐游戏中产生的，并不具有劳动价值。[1]肯定观点认为虚拟财产因具备财物的特征，即管理可能性、转移可能性、价值性，所以是刑法上所保护

---

〔1〕侯国云："论网络虚拟财产刑事保护的不当性——让虚拟财产永远待在虚拟世界"，载《中国人民公安大学学报（社会科学版）》2008年第3期，第33~40页。

的财物。[1]

刑法中对于"财产"的规定，主要是第 91 条："本法所称公共财产，是指下列财产：（一）国有财产；（二）劳动群众集体所有财产；（三）用于扶贫和其他公共事业的社会捐助或者专项基金的财产。在国家机关、国有公司、企业、集体企业和人民团体管理、使用或者运输中的私人财产，以公共财产论。"与第 92 条规定："本法所称公民私人所有的财产，是指下列财产：（一）公民的合法收入、储蓄、房屋和其他生活资料；（二）依法归个人、家庭所有的生产资料；（三）个体户和私营企业的合法财产；（四）依法归个人所有的股份、股票、债券和其他财产。"由此可以看出刑法意义上的财产形式多样，即它可以表示为一切合法的有经济价值的物品（无论其有形或无形），本书在阐述网络虚拟财产概念时，便提到过"网络虚拟"只是此类财产的表现形式，即使是网络形式也可以成为财产涵盖的内容。

笔者赞同肯定说的观点。在网络虚拟财产的概念中使用"虚拟"二字，不是指这种财产的价值是虚幻的，更不是指此种财产的法律性质是虚幻的，而是为了与传统的财产形态进行适当的区分。网络虚拟财产不是虚无的，它只是和现实财产存在的空间不一样，网络虚拟财产发挥作用的空间是网络空间，但是它和现实财产一样具有财产价值。同普通商品一样，网络虚拟财产的产生、存续都蕴含了人类的劳动。网络虚拟财产的设计研发者付出了辛苦劳动，运营商通过合同取得代理权，对服务器的日常管理和维护付出了劳动，游戏玩家为了提升账号等级，获取游戏装备也会为网络虚拟财产增加价值。此外，网络虚拟财产存储在介质中，游戏玩家通过控制电脑就可以取得对网络虚拟财产的控制。网络虚拟财产也能够通过线上平台或者线下交易的方式进行流通。在互联网时代，侵犯虚拟财产的行为具有严重的社会危害性，游戏产业首当其冲，对游戏这一产业的健康发展带来了极大的风险，对社会造成了不安全感，需要刑法介入加以规制。可见，认为网络虚拟财产具备财物属性才是刑法的应对之策。

四、窃取网络虚拟财产构成盗窃罪

在司法实务中，侵犯网络虚拟财产的行为之定性并不相同，在理论研究

---

[1] 张明楷："非法获取虚拟财产的行为性质"，载《法学》2015 年第 3 期，第 19 页。

中，学者们对此也存在不同见解。侵犯网络虚拟财产第一案被定性为侵犯通信自由罪，当时法院的判决认为网络虚拟财产不属于刑法的财产保护范围，因此不能定盗窃罪。随着类似案件逐渐增多，以盗窃罪定性的判决越来越多，《刑法修正案（七）》出来之后，司法实践中越来越多的判决将该行为定性为非法获取计算机信息系统数据罪。在有的案件中，还以职务侵占罪来加以定性。

前文中笔者判断了虚拟财产具备刑法所保护的财物属性并不必然可以认定利用计算机窃取虚拟财产构成盗窃罪，因为判断一个行为构成何种犯罪需要严格依据行为是否符合具体罪名的构成要件来认定。因此，若想认定利用计算机窃取虚拟财产构成盗窃罪，就需论证该行为满足盗窃罪的构成要件。笔者更倾向于将窃取网络虚拟财产行为定性为盗窃，故本书以两阶层体系讨论定性为盗窃罪的合理性。

盗窃罪的构成要件是，行人主观方面具有非法占有的目的，客观方面有盗窃公私财物数额较大或者多次盗窃、入户盗窃、携带凶器盗窃、扒窃公私财物的行为，从而侵犯了他人公私财物的所有权。判断窃取虚拟财产是否构成盗窃罪，应紧紧围绕盗窃罪的构成要件进行判断。

（一）客观违法阶层

窃取网络虚拟财产满足了盗窃罪的违法阶层客观要件。盗窃罪在罪状上要求行为人能够采用窃取的手段破坏权利人对财物的占有，然后自己有效控制该财物。在司法实践中，窃取网络虚拟财产通常表现为行为人利用计算机技术非法侵入服务器，转移、划拨走终端服务器内存储和处理的网络虚拟财产或是采用编写外挂程序、设置虚假网址、发送病毒程序等技术手段骗取或者抓取到权利人的账号及密码，随后伪装成权利人登录账户转移走账号内的网络虚拟财产。在行为人完成一系列操作实际占有虚拟财产时，往往权利人还没发现自己网络虚拟财产失窃，由此可见该行为确实满足了盗窃罪"秘密窃取"和"建立新的占有"的客观要件。

有学者认为"窃取网络游戏装备者，不可能转移占有游戏装备，通俗地说就是拿不走，而只可能排除他人使用，自己去非法使用或让他人使用来收取费用"，[1]试图以此来否定"非法占有"的可能性。在传统的盗窃罪中，

---

〔1〕 刘明祥："窃取网络虚拟财产行为定性探究"，载《法学》2016 年第 1 期，第 156 页。

窃取实体财物的行为必须满足"拿走"这一条件，破坏他人对财物的占有，继而建立新的占有。因此，基于此种必须具有事实控制力的占有说，虚拟财产因其不是有体物就被排除在盗窃罪的犯罪对象外。但这种观点已然与现有司法解释相悖，盗窃电力、燃气等无体物构成盗窃罪，但窃取这些无体物必然不是通过"拿走"行为建立新的占有，所以传统的占有理论并不能成为否认窃取虚拟财产因为"拿不走"所以无法满足盗窃罪中"非法占有"要件的理由。

（二）主观责任阶层

在前文肯定了虚拟财产属于刑法所保护的财物的基础上，就要区分行为人是否具有非法占有目的，认定具有盗窃的主观目的需要结合行为人的客观行为来判断。盗窃罪是目的犯，行为人必须具有非法占有目的才有构成盗窃罪的可能。在司法实践中，行为人窃取虚拟财产均通常是为了后续在互联网交易平台或找买家进行变卖，从而将交易所得据为己有。从这一通常行为来说，窃取网络虚拟财产通常都符合盗窃罪的主观要件。如果基于意志外的原因，行为人的某一窃取网络虚拟财产行为没有达到转移占有的目的，那么应当以未遂犯论处。

从犯罪主体角度来看，盗窃网络虚拟财产的绝大多数是年轻人。在我国只要是年满 16 周岁，具备了相应认识能力和控制能力的人实施了客观上窃取网络虚拟财产的行为，就可以成为该罪的主体。

（三）虚拟财产价值的确定

由于数额是盗窃罪定罪量刑的关键情节，因此若被窃取的虚拟财产只是一个没有价值的账号或者其价值忽略不计的情况下，仍不能构成盗窃罪。

虚拟财产的来源可以分为几种：一是网络用户直接在运营商中的商城处购买的虚拟财产，例如 Q 币、游戏币等；二是通过离线交易在交易平台购买的虚拟财产；三是网络用户通过自己的经营成长升级获得的虚拟财产；四是运营商所有的虚拟财产。2013 年最高人民法院、最高人民检察院《关于办理盗窃刑事案件适用法律若干问题的解释》第 4 条明确规定了盗窃罪的数额，其第 1 款第 1 项规定："被盗财物有有效价格证明的，根据有效价格证明认定；无有效价格证明，或者根据价格证明认定盗窃数额明显不合理的，应当按照有关规定委托估价机构估价。"根据该司法解释，第一、二种虚拟财产可以通过平台或账户的交易明细计算出实际交易价格，该价格就是被害人遭受损失的价格，也即行为人的盗窃金额。第三种虚拟财产由于没有交易过程因而价值模糊，依照玩家生产虚拟财产消耗的成本来衡量价格是不客观的，因为不同用户的游戏水平以及运气等因素大不相同，因此应按照虚拟财产本身的价值，即市场交易价格来确定虚拟财产的价格。第四种虚拟财产，例如行为利用植入木马程序侵入游戏服务器数据库，窃取游戏点卡数据后在游戏交易平台上销售，由于游戏点卡可以多次销售的特点，无法对游戏运营商的具体损失进行评估，但是可以依据行为人在窃取行为发生之后到案发前的销赃数额进行认定。